地域公共圏の構想──II

大学と地域形成

大学政策シンクタンクの挑戦

小野友道・上野眞也［編著］

九州大学出版会

本書は熊本大学学術出版助成の支援を受けて刊行された

まえがき
―― いまなぜ大学シンクタンクか ――

　少子高齢化の波が地域を襲い，山間地域などを容赦なく崩壊させている。高度成長期に山村から都市へと流れた結果の過疎に加え，少子化による人口の自然減がこれに拍車をかけている。奈良県の人口1,150人の村では，平成17（2005）年に生まれた赤ちゃんはたったの1人だったと新聞（朝日新聞，2006年1月3日）は伝えている。また都市は中心街の空洞化現象に歯止めが効かなくなってきている。さらに，グローバル化が急激に進み，地域の大きな変革が余儀なくされている。このような現状のもと，地域住民の生活環境に大きな影響を及ぼす問題が山積してきている。例えば，市町村合併あるいは道州制の動きの中で，自治体はどうなるのか。高齢者医療，福祉，介護は維持できるのか。環境問題はどうか，防災や食の安全は，あるいは教育は，などなど地域が抱えている問題は枚挙に暇がない。このような課題を解決する方策はないのだろうか。このままではバブル経済崩壊の憂き目にあって立ち上がれぬまま地域住民の生活レベルは確実に低下していくのではないか。

　それぞれの住民が願うQOLの到達目標に向かって安全で健康的な生活を享受できる場，そしてそれが次の世代へ「持続可能」な生活の場としての「熊本」を創り上げていかねばならない。あたかもそのような時期に私たち熊本大学は平成16（2004）年，法人化し国立大学法人熊本大学となった。大学の使命として教育，研究があり，それを通じて社会に貢献してきたと思っていた。また教員個人あるいは学部単位などで，これまでもいろんな形で専門的立場から地域社会と関わっていたのであるが，もっと直接的，活動的に大学としての社会貢献が世間から要求されてきているのを強く感じるようになった。

加藤周一は「実際に起きる社会問題は，複合的に起きるものですから，専門家が自分の専門領域に〈撤退〉してしまうのは困ったことです」と述べ，学者は研究室の外に出よと檄をとばしている。「研究室の外に出たときに，自分の研究の社会的意義や役割を問う」ことができるが，それで「初めてサルトルの言う〈知的技術者〉ではなく〈知識人〉になる」と記している（論座，2006年1月号）。

　熊本大学は自らが保有する1,000人に及ぶ教員の知的財産（敢えてこう呼ぶ）を地域の問題の解決に向けて，地域の住民・行政等の諸団体と共に考え，具体的な政策提言をしたい。また教員が専門領域にこだわらず横断的に，文系・理系の枠を超えたプロジェクトを組み問題解決に当たりたい。そしてこのような活動の中から大学の内外に政策の立案・企画ができる人材を育成したい。このような考えから政策創造研究センター構想を持つに至った。

　平成17（2005）年4月1日付で本センターの開所にこぎ着けることができ，専任教員として人文社会学系，自然科学系および生命科学系から気鋭の助教授3名，そしてコーディネーター1名が揃った。

　取り敢えずプロジェクトを学内公募し，「山間地の集落機能維持システム構築のための政策研究」「地域資源としての五高記念館の活用整備研究」「土木遺産を核とした野外博物館化による街づくりに関する研究」「白川・緑川流域圏における洪水危機管理システムの構築」「公的病院，消防署の最適配置について」「有明海・八代海の生物棲息環境の評価・保全・再生」の6つを採択した。また特別研究として，「政令指定都市・道州制に関する研究」を追加した。さらに市民が参加するサイエンスショップ型研究として「坪井川と中心市街地活性化」も軌道に乗せた。

　ともかく誕生したばかりのセンターを地域住民の協力で是非とも育てていただき，地域のシンクタンクとして熊本が活力ある魅力溢れる場になるよう努力していくことを誓い挨拶とさせていただく。

　　平成18年3月桜満開の日

小 野 友 道

シンクタンクへの想いとその浮上まで

　法人化前年の平成15（2003）年4月に副学長に就任し，社会貢献も担当することになった。直前まで附属図書館長の職にあって，教育・研究活動の重要な学術情報基盤造りを構想していたので視点が変わるものではなかった。熊本大学は社会から信頼され尊敬される大学を目指し，その活動のための基盤を地道に造っていくことがまず大切であり，大学としてそのような活動を行ってはじめて存在意義が見いだせると考えた。

　社会貢献については学内に広い分野に亘って，優れた多数の研究者が活躍されていることは知っていた。しかし個々としての活動が主で，大学として高い評価を受けるレベルとの認識は私にはなかった。1を横に並べても高さは1である。縦に接いで初めて2にも3にもなる。個性輝く大学造りは，教育・研究活動の基盤を確かにして，高い旗をいくつ立てられるかにかかっている。つまり大学として組織的な取り組みが必要になると感じていた。

　8月までに学内外での調査活動を行うなか，地域における今後の社会課題としてモデルとなる研究分野をいくつか見付け出し，社会と大学が連帯する一つの構想が浮かんできた。それは熊本大学に研究に根ざした課題解決型シンクタンクを創設するというものであった。

　9月に「熊本大学シンクタンク構想」* なるメモ文とポンチ絵を作成した。

　10月に学長にこの構想を説明し必要性を訴えたところ，実現に向け努力するよう要請を受けた。

　独り想いを膨らませ整理することをくり返していたが，具体に動かす段階と判断したので12月に入って当時生涯学習教育研究センターにいた上野眞也助教授に協力いただくことにした。彼の情熱で構想がしだいに体をなしてきた。この構想はその後，学内で浮上し公式に検討に入り多くの方の熱意で

設立に至るが，子細は上野眞也助教授の「熊本大学政策創造研究センター誕生史」の章を参照していただきたい。

　社会から信頼され尊敬される大学を目指し構想されたシンクタンクであり，社会からの高い評価が得られる活動をされることを期待している。

熊本大学理事・副学長　平山忠一

＊熊本大学シンクタンク構想（2003年9月）メモ
　「熊本大学は自然科学，生命科学，社会科学まで広い教育・研究分野のプロフェッショナル集団から構成されています。したがって(1)大学は将来の豊かな地域社会の実現を目指して課題に応じた知の多様な取り組みができます。(2)地域はそこに住む人，その文化，歴史などの特徴を活かし，将来に向け豊かな生活や活動をすることが可能です。熊本大学シンクタンクはプロフェッショナル集団とともに地域課題を問題発見から問題解決まで地域社会と連携して行うことを目指します。」

目　次

まえがき──いまなぜ大学シンクタンクか──……………小野友道　i

シンクタンクへの想いとその浮上まで……………………平山忠一　iii

第Ⅰ部　大学の地域貢献と政策シンクタンク

第1章　知的創造社会における大学の政策シンクタンクの
　　　　意義と役割 ……………………………………… 岩岡中正　3
　　　　──大学の新しいミッション──

はじめに──いまなぜ大学の政策シンクタンクか── ……………　3
1．知的創造社会と政策 ………………………………………………　4
　(1)　知のパラダイム転換──全体知と実践知
　(2)　いまなぜ政策か──政策形成能力
　(3)　政策における全体知と価値
2．大学の地域貢献と大学の政策シンクタンク ……………………　6
　(1)　大学の知のパラダイム転換
　(2)　大学の地域貢献と政策シンクタンク
3．大学の政策シンクタンクと政策教育 …………………………… 10
おわりに …………………………………………………………………… 10

第2章　大学の政策提言と地域形成 ……………………… 田川憲生　15
　　　　──大学と地域──

第3章　熊本大学政策創造研究センター誕生史 ………… 上野眞也 23
　1．政策創造研究センターのねらい ……………………………… 23
　2．シンクタンク・プロジェクト秘話 …………………………… 24
　　(1)　それは1枚のメモから始まった
　　(2)　理念づくり
　3．シンクタンク構想検討委員会 ………………………………… 29
　　(1)　学外委員をいれて──第1回構想検討委員会
　　(2)　第2回構想検討委員会
　　(3)　専門委員会
　　(4)　企画会議
　4．政策創造研究センターの挑戦 ………………………………… 50
　　(1)　政策創造研究センター・キックオフ・シンポジウム
　　(2)　プロジェクト研究
　　(3)　サイエンスショップ型研究

第II部　地域を創る大学

政策創造研究センター・キックオフ・シンポジウム
「熊本の未来──自治体の政策形成と大学の役割──」 ……………… 61

姜尚中東京大学教授記念講演
「地域から考える日本と東北アジアの未来」 …………………………… 89

姜尚中教授へのインタビュー ……………………………………………… 108

第Ⅲ部　大学と地域形成・政策教育を通して

第4章　地域公共圏と政策教育 ……………………… 岩岡中正 *121*
　　　　──アメリカの政策大学院とわが国の政策教育──
　はじめに──地域を創る大学：政策と政策教育── ……………… *121*
　1．わが国の政策教育の現状と課題 ………………………………… *122*
　2．米国の政策大学院 ………………………………………………… *123*
　　(1)　シラキュース大学マックスウェル校公共政策大学院
　　(2)　ニュージャージー州立大学ラトガーズ校公共政策・
　　　　アドミニストレーション大学院
　　(3)　政策教育の日米比較からのいくつかの示唆
　3．米国の大学訪問調査校の概要 …………………………………… *127*
　　(1)　シラキュース大学マックスウェル校の概要
　　(2)　ニュージャージー州立大学ラトガーズ校の概要
　4．ニュージャージー州立大学ラトガーズ校，公共政策・
　　　アドミニストレーション大学院〔インタビュー〕 …………… *134*

第5章　現代の地域課題と政策法務のあり方に関する
　　　　若干の考察 ……………………………… 中川義朗 *149*
　はじめに ……………………………………………………………… *149*
　1．地域政策づくりのための「政策法務」の基本的視点 ………… *151*
　2．「地域政策法務」の意義と課題 ………………………………… *153*
　3．分権時代の政策づくりへの基本視点 …………………………… *154*
　おわりに──課題と展望── ……………………………………… *158*

第Ⅳ部 政策研究

第6章 地域の政策資源としての大学の価値……………上野眞也 163
はじめに ………………………………………………………………… 163
1. 大学を取り巻くビジネス環境の変化 …………………………… 165
  (1) 大学進学の状況
  (2) 都市と大学生——学園都市度を測る
  (3) 九州・山口の大学にとっての将来の顧客
  (4) 各大学の戦略
2. 将来予測 …………………………………………………………… 185
  (1) 18歳人口の減少
  (2) 入学志願者の減少
3. 大学の地域における経済波及効果 ……………………………… 188
  (1) 熊本大学の経済波及効果
  (2) 熊本学園大学の地域経済へのインパクト
4. 今後の課題 ………………………………………………………… 194
  (1) 大学の魅力向上
  (2) 都市の魅力向上——学園都市形成の政策化
  (3) 自治体との連携
  (4) 地域の大学との連携
  (5) 生涯学習など新たなビジネスチャンスへの対応
  (6) 国際的教育サービスの展開の可能性
おわりに ………………………………………………………………… 199

第7章 麦島城跡検討委員会における遺跡保存と道路・雨水幹線
建設の対立緩和に向けたCVMの利用 …………柿本竜治 203
はじめに ………………………………………………………………… 203

1．城跡保存と道路建設 …………………………………………… 204
　　(1)　城跡保存と道路建設における問題
　　(2)　都市計画道路麦島線と公共下水道の概要
　　(3)　麦島城の概要
　2．麦島城跡検討委員会 …………………………………………… 207
　　(1)　麦島城跡検討委員会の設置
　　(2)　麦島城跡検討委員会の経過
　　(3)　麦島城跡検討委員会終了後の展開
　3．麦島城跡と計画変更による建設工事遅延の評価 ……………… 214
　　(1)　アンケート調査の概要
　　(2)　CVMによる麦島城跡の価値の評価
　　(3)　コンジョイント分析による計画遅延の評価
　4．合意結果の事後的評価 ………………………………………… 218
　おわりに ……………………………………………………………… 221

第8章　ヘルスプロモーションによる地域づくり
　………………………………………………… 魏　長年・上田　厚　223
　1．はじめに …………………………………………………………… 223
　　(1)　健康観の転換と健康な地域づくりの展開
　　(2)　ライフスタイルとその評価
　　(3)　ヘルスプロモーション
　2．事例A：ライフスタイルの改善による健康な地域づくり ……… 228
　　(1)　事業と展開の概要
　　(2)　結　果
　　(3)　事業の成果とこれからの課題
　3．事例B：住民参加によるまちづくり …………………………… 233
　　(1)　事業の概要

x　　　　　　　目　次

　　(2)　結　　果
　　(3)　事業の成果とこれからの展開
4．事例C：健康をキーワードとした国際的な地域づくり活動……… *242*
　　(1)　ヘルスプロモーションに基づいたグローバルパートナーシップの構築
　　(2)　パートナーシップ・ネットワーク構築のポイント
　　(3)　健康推進ボランティア活動の拡大
　　(4)　パートナーシップ・ネットワークの構築の取り組み
　　(5)　地域づくりにおけるグローバルパートナーシップに期待される成果

政策創造研究センター・研究一覧………………………………………… *253*

第Ⅰ部

大学の地域貢献と政策シンクタンク

第1章

知的創造社会における大学の政策シンクタンクの意義と役割
―― 大学の新しいミッション ――

岩 岡 中 正

はじめに ―― いまなぜ大学の政策シンクタンクか ――

　今日，経済をはじめとするグローバル化と，国内における分権化の波の中で，たとえばかつての主権国家単位の近代政治システム全体が揺らぎつつある。同時に，先進国においては過度の近代化に対して，功利主義や市場主義といった自由主義の再検討が課題となっている。人々の価値観においてもまた，脱物質主義へ向けてイングルハートのいう「静かなる革命」が進行しつつある一方で，新自由主義政策による資本主義システムの活性化もめざされている。つまり今日は，これまでの近代システム全体が脱構築し，近代後の新しい持続可能な社会システムの構築が模索される過渡期にあるといえるだろう。

　こうした脱近代・脱産業社会への社会的変動は，今日加速しつつある情報化とあいまって，知の意味をさらに大きく重くしつつある。つまり，私たちにはいま，近代後の価値と社会の大きな変動の中で新しい脱近代化システムとしての持続可能社会を構想し実現していく新しい知が必要とされている。私たちの眼の前には，成熟社会，知識（基盤）社会，知価社会が到来しつつあり，その基礎となる新たな産業創出においても社会システムやライフスタイルにおいても，知が価値をもち，知が自己革新によってさらに新たな知を

生み出す，知的創造によって支えられる社会となりつつある。

　この21世紀知価社会において，地域の最大の知の集積機関としての大学には大きな期待が寄せられている。そもそも大学は国公立私立を問わず，研究教育を通して知の継承・発展に携わる公共性をもったシンクタンクであって，今日，知の創出による社会貢献という点で，とくに重大な責務を担っている。

　以下，大学が担うべきこの新しい知，つまり今日の知のパラダイム転換について，また，地域が抱える具体的課題に応える新しい実践の知として「政策」の意味について述べたのち，この政策の研究教育を担う大学シンクタンクの意義と役割，展望および政策教育との関係について，述べたい。

　というのは，この大学の政策シンクタンクの誕生に多少関わりをもってきた私にとって，小さいながらもわが国初のその誕生は，たんなる熊本大学の中の一組織の誕生という以上に，現代の社会と知のパラダイム転換の中における脱近代社会システムとしての地域の構造転換と地域形成にとって，きわめて興味深い理論的かつ実践的な研究対象と思われるからである。

　つまり，大学の政策シンクタンクの誕生は，私たちの共同研究の課題である「地域公共圏の構想」に極めて大きな意味をもつからである。

1．知的創造社会と政策

(1)　知のパラダイム転換――全体知と実践知

　17世紀の科学革命以来，近代科学の知の特徴は，対象である自然を分析・分類・数量化・法則化することによって，とくにアカデミズムでは専門知，理論知とその体系化を行うことにあった。しかし，こうした機械論的な単純化とカテゴリー化の近代知は他方で，生きた全体として対象を認識しこれを具体的に解決する能力を欠きがちであり，特に大学においてはこの弊害を免れなかった。今日，この近代の二元論的機械論的認識を超える脱近代の知が求められている。つまり近代の単純化とカテゴリー化の知や理論知を超える包括的な総合性と具体的な問題解決のための実践性をもった新しい知が求められている。

これまでの近代知の硬直は，知の集積体としての大学の硬直にほかならない。これに対し近代知への自己反省による，脱近代知への脱構築という社会的要請により，いま大学に対して蛸壺的専門分化の閉ざされた知から，生きた現実の知や総合の知および問題解決のための開かれた具体的実践の知への脱皮が求められている。

(2) いまなぜ政策か――政策形成能力

　以上の知の転換という大きな動向の中から，今日，「政策」の重要性が浮上してきた。「政策」を最も狭義に政治・行政の領域に限っても，現在求められているのは地域の現場における実践的解決の知としての政策である。それはまた，かつての「政治」から「政策」への重心の移動と言ってもよい。科学としての政策学の成立は，権力やイデオロギーあるいは利益をめぐる政治学に対して，公共性を踏まえた具体的な問題解決という現場の科学として必要とされたからである。

　今日，「政策」は，このような政治・行政分野に限らずあらゆる分野の集団の意思決定と問題解決の方法としてひろく用いられている。それは課題発見・課題設定・解決・適用・評価というサイクルを通して問題を解決していく現場の知である。今日，このような政策的思考や政策による問題解決が重視されはじめたのは，上に述べた，例えば中央集権のような近代システムの行きづまりから，地域への分権やローカル・デモクラシーおよび自己決定や参画による公共性の創出にあたって，より身近な現場の課題解決の知としての政策がますます重要になったからである。つまり，「政策＝国家意思の発動」という近代日本の図式と安定システムが揺らいで新たなシステムの構築が求められる今日，たんなる行政管理能力ではない，政策の知という新しい知が求められている。そのことは，政治や行政に限らず社会集団のどの分野においても同じであって，社会の活力を維持しつつ安定的共生の持続可能社会システムを新たに構築するという私たちの課題に対して，政策による問題解決のための政策的思考と政策形成能力が今日ほど必要とされる時代はないのである。

(3) 政策における全体知と価値

　政策は具体的な問題解決の知であり，スキルである。しかし，政策は，その実践性のゆえに，公共政策，地域政策，福祉政策，教育政策，環境政策等どれをとっても決して単一の分野に限定されるものではなく，つねに学際的超領域的なものにならざるを得ない。つまり，例えば地域政策のように具体的に住民の一人ひとりの生活の総体にかかわる場合のように，今日解決を迫ってやまない政策課題はどれも，複雑で領域を超えた関連性をもたざるを得ないのである。したがってこの複雑で多面的な課題を解決する政策は，全体知を必要とする。

　さらに政策は，たんに問題解決のための全体知にもとづくスキルというだけではない。政策による問題解決には一定の基準と方向性，つまり人間の歴史と文化の知的集積を踏まえた「価値」ないし規範性が前提とされる。価値や規範性を欠いたスキルのみの政策は無意味どころか時に有害であり，政策なき価値や規範は無力である。これら政策における全体知と価値の必要性は，次に述べるように，大学が政策を創造する政策シンクタンクをもつべき有力な理由のひとつである。

2．大学の地域貢献と大学の政策シンクタンク

(1) 大学の知のパラダイム転換
①　大学の知のパラダイム転換——総合知，実践知，普遍知

　知的創造社会を迎えて知のかたちが大きく転換しつつある今日，大学の知は，まず第一に，閉ざされた専門知から開かれた学際知，超域知ないし総合知へ，第二に理論知から具体的問題解決ができる実践知への拡大を迫られている。この転換・拡大を通して，大学を社会の生きた公共財として新しい知的創造社会の中核に据えることが，平成16（2004）年の独立行政法人化の真の意味でなければならない。ただし同時に，大学が大学としてこれまで重ねてきた人類の知の歴史的集積である理論知や普遍知は，一方で大学の古来の良き知として尊重し，これらによって社会や政策における価値と規範性をしっかりと担保することも，大学の知に課された任務である。

それは換言すれば，大学もまた地域内存在として「グローカル」(glocal)な知を求められているということである。つまり，大学には地域の課題を実際に解決しうる「ローカル」な知と同時に，つねにこれを人類の知的遺産および価値や規範という人類的視点で考える「グローバル」な知という，グローカルな知が求められているのである。

このような大学における知の転換は，例えば文理融合という学際的な知によって具体化される。社会に生起する課題は複雑多様で超域的であり，これに対して教育研究の内容と方法を自由に改善して現実の社会のニーズに応えていく柔軟性こそ，独立行政法人化の最大のメリットである。大学こそ，知的創造社会の中核として，つねに自由で創造的でなければならないのである。

② 大学と社会の循環構造

大学と（地域）社会は，(i)課題，(ii)その解決策としての知（政策提言），および(iii)この課題解決を担う人的・経済的資源において，相互に循環構造をなしている。つまり，地域で生じた課題を大学が受けとめこれを解決し政策提言することによって地域に貢献するだけでなく，大学の知自体も応用化実践化されていくという弁証法的な関係である。また，このように大学が地域に知的に貢献すると同時に，大学に不足する知と人材と財源を地域が供給する。こうして地域と大学がいわば「知的公共圏」を形成し，これが「地域公共圏」形成の知的中核となるのである。

(2) 大学の地域貢献と政策シンクタンク

① 大学の地域貢献

国立大学法人は公共財である。それは，独立行政法人化しても人件費を国費によってまかなわれるという理由からだけでなく，そもそも社会における大学という存在自体が全体として社会的公共財だからである。大学教育という人材育成にしても社会貢献そのものであり，研究もまた，広い意味でそうである。

したがって大学という知的研究集団はそれ自体，丸ごと社会への知的貢献団体でありシンクタンクである。とくに，自立と自己決定が迫られる今日の

地域の中で大学が地域貢献で果たすべき役割は大きい。かつての国家意思の下でピラミッド型に統轄された国立大学としての大学から，独立行政法人化し地域社会の一員となった今日の国立大学は，地域におけるその存在の意味と果たすべき役割は大きい。もちろん大学が，とりわけそれぞれ「科学」という人類共通の普遍的な知の発展にかかわる以上，普遍的であるとはいえ，その普遍知を具体化しこれを地域で実際役に立てることもまた，今日の大学の当然の義務である。

② 地域貢献と大学政策シンクタンク

こうした自覚の下で熊本大学は地域貢献へ向けて平成13（2001）年，生涯学習教育研究センターを設置し生涯学習・キャリアアップ支援事業を開始した。平成14（2002）年より地域課題解決へ向けて大学各部局の地域貢献を統轄し，さらには地域の自治体との連携の下，大学が地域をリードし，その地域が日本や世界をリードするという思いをこめて「ローカル・イニシアティブ・ネットワーク（Local Initiative Network）・オブ（of）・ナレッジ（Knowledge）または熊本大学（Kumamoto University）」＝「LINK構想」を立ち上げた。環境，保健，医療，教育，農村等各分野にわたる地域の切実な課題について，「地域貢献特別事業」として，大学はこれに真剣に向き合いはじめた。つまり，熊本大学は，それ自体が地域のリーディング・シンクタンクたることをめざしたのである。さらにこうした地域課題の解決への試みの上に，2004年，「熊本大学政策創造研究センター」が設置され，このセンターが今日総合的な大学政策シンクタンクとして地域に大きな役割を担うことになった。

③ 大学の政策シンクタンクの意味とその評価
　　──中立性・普遍性，総合性，地域性，経済性

国公立や企業体としてのシンクタンクと比較した場合の国立大学の政策シンクタンクの特徴として，(a)中立性・普遍性，(b)総合性，(c)地域性，(d)経済性があげられよう。

(a) 中立性・普遍性　この点について，国立大学のシンクタンクには，国立大学法人として経済的政治的に中立であり独立性をもつというメリットがある。もちろん価値判断や政策判断において完全な中立はありえないし，

そもそも「中立」とは何かが問題になるだろうが，国立大学は少なくとも社会的公平中立と独立性を追求する条件はもっているといえよう。こうした中立性と独立性は，とくに公共の政策決定においては貴重であり重視されるべきメリットである。

このような中立性は，大学が人類の知と伝統つまり普遍性を担っているということによって担保されている。大学がもつ知の普遍性と客観性の故に，大学は価値的中立性を保ち得るのである。

(b) 総合性　この点については，ともすれば他のシンクタンクがそれぞれ得意分野に特化しがちなのに対して，国立大学シンクタンクには，総合大学として知的総合性をもつというメリットがある。もちろんその総合性が十分発揮されるためには，大学の内部・外部への開放性と有機的ネットワークの構築が必要であることはいうまでもない。

(c) 地域性　この点については，上にも述べたように，国立大学はそもそもその存在自体が地域密着型であり，大学シンクタンクもまた地域課題にひとつひとつ具体的に応えられる点に最大のメリットがある。国立大学シンクタンクは，この地域性をデメリットではなくメリットとして最大限に活かして，他のシンクタンクとの棲み分けをしなければならない。しかし，今日，さまざまな政策課題は必ずしも地域に限らずナショナルあるいはグローバルな問題関連を持つことはいうまでもない。したがって大学シンクタンクが地域課題を扱う際にも，ナショナルないしグローバルな対応をすべきことはいうまでもない。つまり国立大学シンクタンクは，それ自体グローカルな知の担い手であると同時に，それが解決する課題も方法もグローカルなのである。

(d) 経済性　国立大学の政策シンクタンクは，他のそれと比べて，それが大学の研究教育面を担う組織であるという点で，経済的に有利である。したがって大学のシンクタンクは他のシンクタンクと競争する必要はもちろんないが，他方で国立大学という法人組織体においては，生涯学習部門とともに，外部資金を活用した取り組みの開発が期待される部門という特性をもっている。

3．大学の政策シンクタンクと政策教育

　政策シンクタンクは一般的に，収益機能をもった知的産業である。しかしいうまでもなく，大学の政策シンクタンクは収益のみを追求するシンクタンクではもちろんない。大学の政策シンクタンクには，とくに公共性，公平性が期待されるとともにそれが大学の組織であることによって，学生と社会への教育機能もまた要求される。大学に政策を専門教育する学部学科がある場合にはそれと連携しつつ，政策シンクタンクはこれまで大学には欠けていた総合的実践知としての政策について重要な教育機能を担わねばならない。いうまでもなく政策教育は実践教育であるから，政策形成・提言機関である政策シンクタンクは政策教育の最適なフィールドである。そこでは，政策形成プロジェクトへの参加型の実践教育が行われるのである。

　今日，知的創造社会の充実へ向けて，大学院も従来の研究者養成から高度専門職業人養成へとその機能を拡大しはじめた。それは，従来の大学院生に加えてキャリアアップをめざす社会人の受け入れ拡大も含む。政策大学院については，本章の主要なテーマではないが，そのニーズは高く，実際今日，国立大学の法人化を契機に多くの政策大学院が設置されはじめている[1]。今後，社会科学系のみならず学際的総合的視点からこれを積極的に構想することが可能だし必要だと思われる。このニーズ調査の結論の要旨は注2でまとめた[2]（なお，日米の政策大学院調査については本書第Ⅲ部第4章「地域公共圏と政策教育」を参照）。政策シンクタンクは，政策大学院と車の両輪として，とくにサイエンスショップという市民参加型教育などを通して市民や自治体職員のリカレントのための教育機能の一部を担って，高度専門職としての能力を養成するのである。

おわりに

　大学政策シンクタンクという時代の要請に応えて熊本大学は，平成16（2004）年から構想した政策創造研究センターを平成17（2005）年4月本

格的に稼動させはじめた。こうした熊本大学の一連の試みについて地元の熊本日日新聞は，平成18（2006）年1月の社説で次のように述べた[3]。

「課題解決のため地域への政策の提言や担い手の養成を目的としたシンクタンク『政策創造研究センター』もできた。テーマによっては市民も研究に加わる，少子高齢化，経済，高齢者医療・介護，教育など幅広い分野のテーマが考えられ，実現可能な提言まで行うところがこれまでと大きく異なる。

大学も変わりつつある。学生たちも地域社会に出て，フィールドワークを重ねてほしい。その経験は実社会に出てから役立つであろう。

国立大学もこれから一層，21世紀をどう生き残るかという競争にさらされる。優秀な学生を集めて，研究実績を挙げ，学外にアピールして存在感を高めていくことが求められる。もちろん，学術を究める上では国内外の研究機関との交流も必要だ。地域で開かれ，かつ国際性も併せ持つ大学が理想である。

3年目となれば，少しずつ結果を示さなくてはならない。長年かけて蓄積したノウハウと地域のニーズを結びつけ，熊本大らしい切り口での意欲を持ちたい。

地域との連携を大切にし，教育も研究も充実している姿こそ，熊本大を目指す子どもたちが期待するところである。」

地元新聞社は，地域へ一歩踏み込んだ熊本大学の試みを十分評価し今後に期待している。さらに私は，こうした地域貢献がたんなる「貢献」を超えて，たとえばこの政策シンクタンクが政策提言や政策教育のみならず，市民にとって政策と政策形成をより身近なものとする，「政策を市民へ」という地域形成の力になることを期待している。

今日，知的創造社会を迎えて，大学が新しい知の拠点へと変身し地域において果たす役割はますます大きなものとなってきた。熊本大学が学際的総合的実践的な知としての政策の研究・教育・提言の拠点として政策創造研究センターを設置したことは，画期的で時宜にかなったことである。このローカ

ルな試みが同時に理論的でグローバルな大学の知と結びつくことによって，大学の知が生きたものとなるとともに，それが新しい地域と社会を創出する力となっていく。大学は社会の公共財として，いま再生しつつあるのである。

注
1) 平成16年度熊本大学重点配分経費による事業実施報告書「『政策大学院』設置構想のための調査研究」（熊本大学法学部，平成17年3月）参照。
2) 注1の政策大学院のニーズ調査において，私は以下のように結論し，政策大学院を構想した（同報告書，100～102頁）。
 「I．政策大学院をめぐる動向
  近年，社会的ニーズの高まりの中で，国の大学院に関する高等教育政策が，従来の研究者養成から高度専門職業人養成へと拡大しつつあり，これに応じる形で多くの大学が政策大学院を創設しはじめた。
  熊本大学も，公務員やNPOなどの団体や企業が必要とする政策系の専門職業人養成と社会人キャリアアップというニーズに応えて，政策大学院という新しい領域の開発を積極的に進めなければならない。
  また，政策系の高度専門職業人養成に深く関係する公務員試験もまた，政策形成能力の重視へと動きはじめた。
 II．事例調査
  それぞれの大学・大学院の歴史的背景や実績に応じて都市型の公務員養成やリカレント中心，あるいは地域密着型など多様である。
  また政策大学院とはいっても，公共政策，経済・財政政策，国際政策，地域政策というようにそれぞれの得意分野別の個性も，多様である。
 ① 日米の政策大学院を比較すると，以下のとおりである。
  日本の場合はまだ歴史が浅い創生期であり，Policy Schoolとしてのスクール化が進んでおらず，研究者養成と混在している大学もある。社会調査，統計処理，財政分析といった政策の基礎的技法の習得に始まり，政策形成，行政マネジメント，さらには政策評価や倫理へという，一定標準のカリキュラム整備と，インターンシップや課題研究等の教育手法の標準化がこれからの課題である。
 ② 米国の大学は外部資金の獲得をその創設時から経営の中心に据えており，この点は，とくに法人化後の国立大学は学ぶべきである。また，とくに社会人にとって負担感の大きい授業料の設定や長期在学生制度等で，学生の側に立った工夫が必要である。
 ③ 財政・課題・人材の資源として，日本の政策大学院も，ナショナル，ローカルレベルを問わず，自治体や地域との連携をさらに強化すべきである。
 III．アンケートによるニーズ調査

第1章　知的創造社会における大学の政策シンクタンクの意義と役割

政策大学院に関する今回のアンケート調査は，回収率が比較的高く（34.8％，個人32.1％），このこと自体が，政策大学院への関心が高いことを示している。

政策に関する知識や手法への社会的ニーズは高く，その分野としては，プロジェクト・マネジメント，市民参加の手法，地域政策等の具体的実践的能力である。

政策大学院の利用形態は，集中セミナー，派遣型，休日・夜間開講と多様だが，新しいニーズとして，e-ラーニングもある。

職場環境の条件整備が何より大事で，修了者への社会的評価も，これからである。

IV. ヒアリング等による個別調査

ヒアリングから，今日の行財政改革の中で，自治体とくに県レベルでの政策形成能力の育成が強くかつ緊急に求められていることがわかる。この点は前述の「公務員試験の動向」にも符合する。

また，人事のあり方も従来のジェネラリスト型に対して，政策課題別スペシャリストにも配慮し始めている。

さらに，政策関連公開講座への公務員の参加者数からも，政策キャリアアップへの潜在的ニーズを見ることができる。

以上の調査結果から得られる示唆は次のとおりである。
i 「政策大学院をめぐる動向」からは，社会的ニーズの高まりの中で大学院の高度専門職業人養成への機能拡大として，本学でも政策大学院の設置を積極的に進めるべきこと。
ii 「事例調査」からは，政策大学院にはそれぞれの個性がある。しかし，一定の能力を保証するカリキュラムや教育方法などのスクール化と同時に，外部資金の獲得と学生への便宜をはかることが必要であること。
iii 「アンケートによるニーズ調査」からは，政策能力や政策大学院への社会の関心とニーズは存在するが，その形態は，e-ラーニングも含めて多様であり，工夫が必要であること。
iv 「ヒアリング等による個別調査」からは，地方自治体で，政策形成能力を持った人材が強く求められていること。

◎構想のポイント

これらの示唆から，本学は社会的要請にこたえて，次のようなポイントを中心に政策大学院を構想すべきであると思う。
① スクール化

これは，政策大学院として与えるべき一定水準の能力を保証する基本的システムとして不可欠である。
② 地域性と普遍性

いわゆるグローカルな視点であって，熊本大学のこれまでの地域との連携実績（「地域貢献特別支援事業」）及びこれからの政策創造研究センターの展望を踏まえて，人材，財政的支援，課題，フィールドを地域に求める地域密着型の地域性と，他方，総合大学としての高い研究水準に基づく地球的普遍的視野を持つものでなければならない。

③ 総合性

政策による課題解決に当たって，総合大学としての本学が持つ総合的学際的能力を活用する必要がある。

④ 創造性

以上の地域性と総合性に加えて，創造性を特徴とすべきである。政策能力とは，組織の管理運営能力や調整能力だけでなく，政策によって課題を解決し社会を変革し地域を創造していく能力のことだからである。

⑤ 利便性

キャリアアップの社会人のネックになっているのが個人と組織の経済的人的な問題であることを思えば，社会人一般学生を問わず授業料や講義時間など，可能な限りの配慮と利便を与える必要がある。」

3) 熊本日日新聞「社説 熊本大の地域貢献」（平成18年1月10日）．

第 2 章

大学の政策提言と地域形成
―― 大学と地域 ――

田 川 憲 生

　熊本大学にシンクタンク・熊本大学政策創造研究センターが開設された。全国の国立大学は地域には存在するものの，地域社会との連携強化を推進している大学はあるにしても，大学として地域に提言していくという発想はほとんどないのが実態である。それだけに，「大学が地域とともに歩み，地域とともに考え，提言していく」という全国の国立大学に先駆けた熊本大学の取り組みは画期的であり，その成果を大いに期待したいものである。
　私が報道機関に身を置き，そしてもともと熊本大学卒業ということもあってか，江口吾朗前学長時代に設置された熊本大学運営諮問会議の委員に選任されたのが，熊本大学との本格的なおつき合いの始まりだった。そして学長が﨑元氏になり，大学も国立大学法人となった。法人で設置義務となっている経営協議会の委員への就任依頼があり，今日まで熊本大学とのより密接なおつき合いが続いている。経営協議会でも，江口学長時代から一貫して私が訴えてきたのは熊本大学のあり方だった。熊本県内には現在 12 の大学があり，約 3 万人の学生が熊本で生活している。その最大の大学が熊本大学であり，唯一の国立大学である。多くの優秀な教授陣を揃え，社会に貢献する人材を輩出してきた。にもかかわらずか，そうであるが故か，熊本大学は熊本という地域からは遠い存在であったし，敷居が高かった。熊本大学に求めてきたのは，「地域とともにある国立大学を目指してほしい」ということだった。

平成 16（2004）年の 3 月か 4 月の経営協議会だったか，正確には覚えていないが，協議会が終わった時に，小野副学長から「お願いしたいことがあるから」と言われ，しばらくたってから私の職場においでになり，「熊本大学にシンクタンクを作ろうと考えている。すでに学長との協議を終えた。シンクタンク構想検討委員会の委員になってほしい」との依頼を受けた。依頼というより，要請に近い迫り方だったし，私自身も趣旨には大賛成だったので，その場で了承したように思う。国立大学法人熊本大学シンクタンク構想検討委員会がそれで，委員は小野副学長を委員長に 9 人で構成，外部委員として私の他に行政分野から鑓水洋熊本県総合政策局長（経営協議会委員），経済分野から亀井創太郎亀井通産代表取締役社長の 2 人も加わっていた。オブザーバーとして高橋誠一監事がいた。

　﨑元学長は同年 5 月の経営協議会でシンクタンク構想を発表，第 1 回のシンクタンク構想検討委員会が 6 月に開催され，それまで学内で検討されてきた概要が説明された。構想はほとんど完璧に出来上がっていた。「熊本大学政策シンクタンク構想（設置計画案）」と題したもので，「なぜ政策シンクタンクが必要か」「シンクタンクが目指すもの」「構想理念」「社会貢献の両輪――政策シンクタンクと産学連携の推進」「こんなことをやります」との内容が列記されていた。「なぜ政策シンクタンクが必要か」では「熊本大学は地域社会の課題解決に取り組むことが期待されているが，未だ熊本大学の対応体制はこれに応えるには十分とはいえない」「これまでも種々の萌芽的取り組みは試みられてきたが，個人レベルを超えず，熊本大学の組織として顔が見える取り組みとはなっていなかった」「地域社会には熊本大学を，敷居の高い，現実から遊離した研究に没頭しているという大学と捉える認識が見られる」と非常に厳しい自己評価を下している。さらに「シンクタンクが目指すもの」では「熊本大学は，九州中央に位置する総合大学として，地域の課題解決に必要な政策や社会技術の研究を積極的に進める」とした上で「県・市町村，市民企業，NPO などが抱える様々な課題解決に，大学も一緒になって取り組む」「地域の問題を解決する知識・技術・ノウハウ等を，アジアなどの途上国へ国際協力として移転し，持続可能な発展を支援する」とし

ている。シンクタンクをつくって，実際，どれほど実現できるかは別にして，長年，国立大学としての熊本大学を見てきた私にとっては，驚きにも似た思い切った発想である。

　また，「社会貢献の両輪」の部分では，社会貢献には「産学連携による貢献と政策的貢献がある」とし，「政策に関わる分野では，大学は新たに政策シンクタンクを設置し，学・官・市民・企業・NPO など多数の主体と連携しながら，地域社会の課題解決に対して，政策の形成・提案という政策的貢献を行う」としている。そして，具体的には自治体・企業からの調査研究の受託，自治体・企業・市民等との連携した地域政策経営の取り組み，自治体との共同研究，自治体職員の研修・研究支援，第三者機関としての政策提言——などをあげている。確かに，産・学・官連携については熊本大学はこれまでかなりの実績は挙げてきたといえるが，それをさらに進めて，政策の形成・提案というところまで進めたところが大きなポイントだろう。

　委員からは「行政，自治体支援中心の構想となっており，民間，経済界についても視野に入れた構想にしてほしい」「熊本大学は何をするのか，何ができるかを検討するなど，足下を固める必要がある」「川上発想，川下発想があるが，何をすればいわゆる顧客が喜ぶかを考える必要がある」などの意見が出され，私としては「熊本大学には個人的に研究を通して地域と密接につながっている人が多い。そういう教授陣がどれほどおられるのかという実態をつかむ必要があるのではないか」「熊本大学だけでなく，シンクタンクとして行政なり民間の協力をいかに得るかがポイントになる。人材派遣も含めて検討すべきではないか」「シンクタンクとして提言していくからには，今日的な課題を取り上げていくべきではないか。提言するからには，大学として責任も伴う。シンクタンクがむしろコーディネーター的役割も担ったらどうだろうか」「他大学と連携するなどして，熊本大学に足りないものを補完していくことを考えたらどうか」——などと発言したように思う。

　シンクタンク構想検討委員会は同年 9 月の委員会まで 6 回の協議を重ねた。誕生の経緯は別稿で論じられると思われるので，詳細な経緯については省略するが，委員会でまとまったシンクタンクの設置目的は「知の社会的循

環による活性化や，種々の課題解決の必要性が高まっている。このような要請に応えるためには，大学が中心となって企業，行政，団体との連携協力による課題解決を強力に推進することが求められる。（中略）このような観点から，国立大学法人化を機に熊本大学が地域の良き社会形成の構想に積極的に関わり，研究・教育の中に還元し，課題探求力のある人材を養成するという使命を果たすことが期待されている」となった。当初，大学側が委員に提案した内容と趣旨は全く変わっていないのに，正式な公文書となると，こんなに難しい文章になるのは，やはり大学なのだろうか。

　シンクタンクの名称も検討された。なにせ，全国の国立大学では初めてのシンクタンクづくりで参考とすべきものがないこともあり，名称の選考は難しかった。大学内で検討された名称は「熊本大学みらい政策研究センター」「熊本大学地域マネジメント研究センター」「熊本大学みらい政策創生センター」「熊本大学総合政策センター」「熊本大学政策創造研究センター」「熊本大学地域創生研究センター」「熊本大学21世紀創造政策研究センター」などが候補として選ばれ，シンクタンク構想検討委員会専門委員会のメンバーによるアンケートでは2点以上を獲得していた。シンクタンク構想検討委員会では，「地域」はシンクタンクが決して地域の問題だけに限るのではないことから，外すことにし，次いで「21世紀」ももはや現世紀だし，適当ではないと判断した。ついで「みらい」はシンクタンクが未来のことだけ検討するのではなく，現実の課題解決にも研究・提言することから，いかがかとなった。「総合政策センター」はシンクタンクではないような感覚でもあり，最終的には設立趣旨やシンクタンクの要素をすべて含んでいるとして「熊本大学政策創造研究センター」に落ち着いた。ちなみに，この「政策創造研究センター」は専門委員会では点数がトップではなかった。

　熊本大学の政策創造研究センターが設立された平成17（2005）年，熊本では昭和46（1971）年に当時の沢田知事の提唱で経済界も加わって設立されたシンクタンクの㈶熊本開発研究センターが解散した。同センターは県や市町村の地域振興策や調査・研究などを受託し，熊本県内の各自治体の振興に多大な貢献を果たしてきた。平成7（1995）年には熊本広域都市圏（熊本市

と周辺の12町村で構成）を九州の拠点地区に浮揚させる方策を打ち出そうと県内の産学官の英知を結集，「熊本広域都市圏創造会議」を主催するなど活発な活動を展開してきた。熊本広域都市圏創造会議は「都市圏交通」「熊本市中心市街地」「都市圏西南部」「都市圏東北部」「熊本駅周辺」の5部会にワーキンググループが置かれ，実質的な調査・研究を行った。部会討議は全体の合計で73回にものぼり，今後10年間に実施すべきアクションプログラムを策定，発表した。

　アクションプログラムの基本的な考えとして「熊本広域都市圏については，過度の集中には配慮しながら，県都にふさわしい，県政発展の牽引役として，さらには九州の中枢的な拠点としての機能を担っていけるよう，社会資本や諸機能の整備・導入を行う」とし，都市圏域の人口フレームを「おおむね100万人」と見込んだ。そして整備の基本方向として①100万広域都市圏の形成，②多角的な都市構造の構築（一極集中型から重層的な多核型の都市圏構造への転換を促す），③九州の拠点，県政発展の牽引役として都市機能の高次化，④産業の空洞化等に対応できる研究開発・生産機能の強化，⑤アジア，九州における広域交流拠点の形成，⑥様々な交通ネットワークの整備，⑦災害に強く魅力ある都市づくり――の7項目を設定した。現時点からみても，しっかりとした視点で構成されており，いまでも，現在展開されている各種政策はこのアクションプログラムの基本が生きているといっても過言ではないだろう。

　しかし，熊本開発研究センターも調査の受注に入札形式が導入されるにしたがって，受注率も低下。経営的にはこのまま継続すれば厳しくなるとの予測から，平成17（2005）年7月，創立以来34年にわたる歴史にピリオドを打った。熊本開発研究センターが発足したのは，日本全体が「新全国総合開発計画」についての意欲が高まる中だった。当時の沢田県政が「新全総」の地方版モデルを描こうと全国でもまれな公的シンクタンクをつくったのである。この間，地域が抱える数多くの問題について，延べ1,000件を超える提言や報告書を作成したという。国の三位一体の改革や平成の大合併の嵐が吹き荒れた平成17（2005）年のその時，熊本開発研究センターの存在と役割が今こそ必要となった時に，県が，同センターの解散に踏み切ったのは，何と

も残念でならないし，その判断は妥当だったのだろうかといまでも思う。

　そうした時に熊本大学からシンクタンク構想が持ち上がったのである。先程も述べたが，県や県内市町村は国の三位一体の改革と平成の大合併の嵐の真っただ中にある。三位一体とは名ばかりで，各自治体は財政難にあえぎ，実態は地方切り捨ての政策と批判されてもいる中だけに，自治体にとっては信頼される相談相手，もっといえば専門知識を持った専門家集団（シンクタンク）からいろんな観点から提言を受けたり，調査・研究により，その結果を政策に取り入れて地域づくり等に役立てるといったことが今，一番必要な時なのである。熊本大学では，市民講座の「有明海・八代海を科学する」や「有明海環境の修復・維持方策づくり」「高齢社会における地域公共政策支援事業」「芦北地域総合政策研究」「ヘルスプロモーション」などシンクタンク的事業を行ってきた。また，県や各自治体の各種審議会や研究会の委員などにはかなり多くの教授陣が参画してきたといえる。しかし，大学が地域社会の課題などに関してシンクタンクという組織を作って，政策立案や提言に乗り出すことになったのである。組織的には教授陣数人で構成されているが，熊本大学は総合大学であり，「地域産業の形成」「環境技術の開発」「地域福祉」「人材育成」などテーマごとに大学の組織的，学際的取り組みによる総合力が発揮できる点は他のシンクタンクにはない強みである。

　平成17（2005）年度に政策創造研究センターが取り組む研究テーマは「山間地の集落機能維持システム構築のための政策研究：大学院社会文化研究科の山中進教授ほか」「地域資源としての五高記念館の活用整備研究：工学部環境システム工学科の伊藤重剛教授ほか」「土木遺産を核とした野外博物館化による街づくりに関する研究：工学部環境システム工学科の山尾敏孝教授ほか」「白川・緑川流域圏における洪水危機管理システムの構築：工学部環境システム工学科の大本照憲教授ほか」「公的病院，消防署の最適配置について：医学部附属病院長・倉津純一教授ほか」「有明海・八代海の生物棲息環境の評価・保全・再生：理学部理学科の内野明徳教授ほか」――に加え，特別研究やサイエンスショップ型研究として「政令指定都市・道州制に関する研究：政策創造研究センターの上野眞也助教授ほか」「坪井川と中心市街

地活性化：政策創造研究センターの畑中寛コーディネーター」の全部で8テーマだ。ここでも分かるように，医学部から工学部，大学院社会文化科学研究科，理学部など担当学部は広範で，総合大学としての熊本大学の強みがいかんなく発揮されている。また，政策創造研究センターのスタッフは研究テーマとして政令指定都市・道州制，坪井川を利用した市街地活性化などいずれも熊本県及び熊本市が今日抱えている緊急かつ重要問題を取り上げているのには拍手を送りたい。

　その一方で，熊本大学政策創造研究センターが今後，本格的に展開していくためには課題も多いと思う。一つはいかに営業力をつけるかだろう。つまり，調査・研究・提言の委託をいかに多く受注するかだ。財政的にもシンクタンクとしての認知という観点からも決して軽視すべきことではない。大学の予算で賄うのもいいかもしれないが，その際はどうしてもシンクタンクとして県民が求めている問題やテーマとは懸け離れていく懸念がないとはいえない。そうなればなるほど，シンクタンクではなく，一つの研究科になってしまいかねない。受託を得るということは，熊本大学が地域の中に入り込むことになるわけで，「地域とともに」という地域に存在する国立大学としての役割を果たすことにつながってくると思う。

　二つ目はシンクタンクとして市民や企業，県外の大学との連携をいかに強化するかだと思う。熊本日日新聞社は大学側からの派遣要請を受けて記者1人を助教授として派遣した。いわゆる大学人としての視点だけではなく，市民の目線で研究することが大切だし，企業との連携は企業が持つ人脈を生かせる点や共同研究なども可能となり，その効果は大きいと思う。ちなみに熊本日日新聞社の記者は「政令指定都市・道州制に関する研究」のスタッフとしてかけずり回っている。1年3ヵ月という短い期間だが，熊本日日新聞社と熊本大学政策創造研究センターとの共同企画の展開なども考えられよう。同時にシンクタンクでの経験は帰社後の記者生活を送る中で，生きてくるものと期待している。県外の大学との連携では，熊本大学に経済学部や農学部がないという欠点を補える利点がある。その分野，分野の日本の権威の教授陣にその都度，政策創造研究センターのスタッフになってもらうということ

も考えてもいいのではないか。

　三つ目は提言するからには責任も伴う自覚を持たねばならないと考えている。調査・研究し，そして提言するからには，実行が伴うようにコーディネーター役を引き受けるくらいの気持ちを持っていただきたい。そうでなければ，在京のシンクタンクと何ら変わらない存在となってしまう。地域にある国立大学であるからこそ，その提言に県民は重きを置くだろうし，期待もしよう。先に熊本開発研究センターについて詳しく述べたのも，このためである。行政や民間それに他大学を巻き込んで，政策提言をし，そして実行を迫っていくだけのことまでやっていただきたい。熊本県民は「議論あって，実行なし」と言われて久しい。つまりは行政も毎年といえるほど予算を使って調査しているが，その結果は棚晒しとなっている。民間も観光問題等で提言しているが，なかなか行政も動かない。こういう図式が熊本では長年続いてきた。もう，ここらでこういう図式を終わらせないと，熊本は益々他県に水をあけられていくであろう。これはひとり熊本大学という観点からではなく，大学コンソーシアムの事業として県内の大学が連携して熊本という地域社会に打って出ることも検討してはどうだろうか。

第3章

熊本大学政策創造研究センター誕生史

上 野 眞 也

1．政策創造研究センターのねらい

　政策創造研究センター（以下「政創研」という）は，全国に先駆けて熊本大学が地域課題の解決や問題性の緩和により社会貢献するために創られた組織である。大学はこれまでも教育や研究活動を通して社会に奉仕することを主目的としてきたが，熊本大学はそのような役割を更に拡大・明確化して，知的分野の成果を直接地域社会へ還元することを，大学の重要な，そして全く新しい使命として位置づけた。

　このような社会的機能を担う類似の学内組織として，企業への技術支援を行う地域共同研究センターや，地域の人材育成を目的とした生涯学習教育研究センターが既に設置されていたが，新たに地域の抱える課題を研究し，解決へ向けた政策提言や利用可能な技術を提供することにより社会に寄与することを目的とした政創研が，平成17（2005）年4月に発足した。

　平成16（2004）年に国立大学法人となり，新しい大学像を模索するなかで，政創研は熊本大学が一番初めに大学の将来ビジョンを形にしたセンターである。構想から実現まで非常に短期間に計画が進められたが，もちろん全く順風満帆なプロセスというわけではなかった。本章では，政創研誕生までの物語をそれに関わった当事者の一人としての立場から書きとめ，将来の記

録として残しておきたいと思う。

2．シンクタンク・プロジェクト秘話

(1) それは1枚のメモから始まった

平成15（2003）年12月19日，上野眞也（当時生涯学習教育研究センター）助教授は平山忠一理事・副学長から電話で呼び出され，次のような1枚のメモを示された。

熊本大学シンクタンク構想（案）
　熊本大学は自然科学，生命科学といった実学の他に社会の課題に向き合う社会文化科学まで広い教育・研究分野のプロフェッショナル集団から構成されています。
　したがって将来の豊かな地域社会の実現を目指して課題に応じた知の多様な取り組みができます。
　地域はそこに住む人，文化，地理，歴史などの特徴をそれぞれ持ち，将来に向けた豊かな生活や活動が期待できます。
　また変化の時代では，内的・外的な力によって地域も変化していくことが必要になります。
　熊本大学の知的プロフェッショナル集団は，これら地域課題を問題発見から問題解決までトータルな研究・提言・モデルを地域社会と連携して行うことができます。

「これからの熊本大学に必要な役割がシンクタンク機能だ。これを具体化するプランを考えてほしい」。この平山副学長のアイデアは，これまでの熊本大学の地域貢献支援等の延長線上にあるものの，従来日本の大学が正面をきって使命としていなかったものを「シンクタンク」という概念で表現したものだった。この構想案については岩岡中正法学部教授から17日に内々に話を聞いていたことではあったが，本務と全く異なる平山副学長の依頼は上野にとって唐突なものであり，どのように応えることができるのか戸惑いを

覚えた。平成13（2001）年に熊本県庁から大学へと異動してきて，大学の在り方に違和感を覚えつつも，多くの可能性を秘めた組織であると考えていたため，新しい試みに挑戦できるチャンスになるのではないかと思った。政治学を専門とする岩岡教授・上野にとって，大学の教育・研究の知的成果は，社会と接する点で「政策」に転換され，社会に受容されていくように感じられていた。法律や政治，経済が政策に近い学問であることは誰もが認めているが，医療政策，教育政策，環境政策，防災，都市，交通計画など大学の各部局の専門教育内容は，知識や技芸を教えるとともに，それらを社会の中に実現させていくことを目的としている。そこで，平山副学長のアイデアを新しい組織へと具体化するためには，より善き社会の構想を実現化していく「政策」という視点でこの新しい試みを捉えたいと提案した。幸いこの発想は，平山副学長，そして地域貢献担当の小野友道理事・副学長の賛同を得た。

　全くゼロから組織とその役割を構想するという仕事は，仕事の中でも特にとても楽しくやり甲斐のあるものである。上野はかつて30代のとき，熊本県職員としてアメリカ合衆国に初めての県の海外事務所をひとりで設置したときの，苦しいが，ワクワクするような興奮のようなものを再び感じた。岩岡教授は，政治思想史の専門家であるが，現在の組織のあり方や将来の方向性を的確な時代のキーワードで捉え，また人間関係にも精通している。平山副学長は，一見強面に見えるが，その実軽やかなフットワークと柔軟な発想で，どんどん議論を深めていく。小野副学長は，スタッフを信頼し，飄々と難しそうな交渉局面を目的達成に向けて乗りこえていく。このプロジェクトはまだ副学長2人とその意気に共感する教員による小さなプロジェクトでしかなかったが，熊本大学を発展させるためには法人化に合わせて攻めの改革が必要であり，我々はこの構想をその礎にしたいと燃えた。

(2) 理念づくり

　熊本大学では，熊本大学LINK構想（Local Initiative Network Kumamoto (Knowledge)）という大学の地域貢献のためのシナリオが平成14（2002）年に公式に認められ，文部科学省の地域貢献特別支援事業の支援を受けながら，その取り組みが行われてきた。このLINK構想の策定にも，2人は奇

しくも関わっていた。平成13（2001）年に新設された生涯学習教育研究センター長の岩岡教授は，全国でも後発のセンターに新たな役割，特色を持たせたいと，上野を大学に招いた。大学からの依頼で行政から突然出向してきた上野は，行政政策と大学の連携を強めることで，社会に価値のある大学の活動が作り出せるのでないかと考えた。財務省から出向していた田島淳志熊本県企画振興部長からの情報提供もあり，いち早く熊本大学で地域貢献事業の構想を作りあげ，文科省へ申請することを目論んだ。岩岡教授と上野で構想原案を書き，LINK構想という名称をひねり出し，大学事務局へ大学としてオーソライズするための行動を促した。

このLINK構想は，(1)地域課題解決への先導的役割，(2)逞しいローカル・シティズンの育成，(3)地域の優位性を活かした産業振興，(4)環境を保全できる暮らしの実現，という4つのテーマを掲げ，全学的な取り組みを目指すこととした。学内のオーソライズには紆余曲折を経たが，幸いこの大学が積極的に地域形成に関わるという構想案は文科省の評判もよく，3年間熊本大学は文科省の財政支援を受けることができ，大学の自己資金とあわせて様々な地域貢献事業に着手する機会を得た。

我々は，この時限的な国の支援措置で一定の成果が上がりつつあったものを，事業終了後みすみす無に帰すのではなく，この構想の第1番目の理念である「地域課題解決への先導的役割」を担うというミッションを，大学の中へ制度化し定着させることが必要と思った。そしてこれこそが，﨑元達郎学長の大学経営を支える平山・小野副学長たちが目指した地域貢献分野で全国の先駆けになるというユニークな大学像の体現方法であると思えた。また将来的には政策科学が大学の教育・研究分野でも重要になり，熊本大学に政策大学院構想を持つためにも良い足掛かりになるものと期待した。

平成16（2004）年1月，数枚のコンセプト図，組織案を元に副学長，岩岡教授や学長特別補佐の古賀倫嗣教育学部教授と議論を行い，少しずつアイデアが形を成してきた。当初の案（図I-1参照）では，安全な地域デザインプロジェクト，地域づくりプロジェクト，人づくりプロジェクト，健康・安心プロジェクト，水・環境プロジェクト，国際協力プロジェクトの6つのグローカルなテーマについて研究・政策提言する組織を構想した。スタッフは，

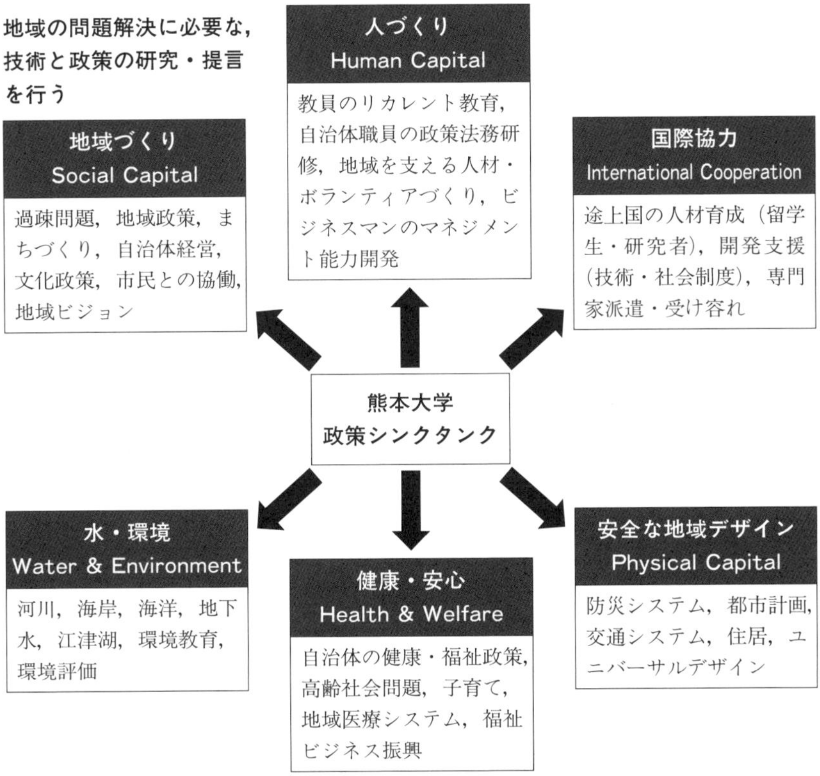

第3章 熊本大学政策創造研究センター誕生史

地域の問題解決に必要な，技術と政策の研究・提言を行う

地域づくり Social Capital
過疎問題，地域政策，まちづくり，自治体経営，文化政策，市民との協働，地域ビジョン

人づくり Human Capital
教員のリカレント教育，自治体職員の政策法務研修，地域を支える人材・ボランティアづくり，ビジネスマンのマネジメント能力開発

国際協力 International Cooperation
途上国の人材育成（留学生・研究者），開発支援（技術・社会制度），専門家派遣・受け容れ

熊本大学 政策シンクタンク

水・環境 Water & Environment
河川，海岸，海洋，地下水，江津湖，環境教育，環境評価

健康・安心 Health & Welfare
自治体の健康・福祉政策，高齢社会問題，子育て，地域医療システム，福祉ビジネス振興

安全な地域デザイン Physical Capital
防災システム，都市計画，交通システム，住居，ユニバーサルデザイン

図 I-1　シンクタンク構想の当初案

専任教員6名を学長留保定員枠を活用して配置する。これをサポートする体制として，プロジェクトマネジメントを担当する者，研究補助員を予定する。組織については，生涯学習教育研究センターなど学内の共同研究施設の統合を検討し，将来的には機動性を活かした活動をするため財団法人化も視野に入れる。シンクタンクは平成16（2004）年10月を目標に設置する。また，熊本県など地方自治体が設置した㈶熊本開発研究センターが経営不振により閉鎖を検討していたことから，この財団の熊本大学への譲渡についても水面下で県と協議を続けた。

平成16（2004）年2月27日，崎元学長にプランの必要性と概要について説明した。全く突然の提案であったにもかかわらず学長は静かに我々の提案を聞き，暫し沈思黙考したあと，明確に実現へ向けての助言が学長から語られた。「方向性としては良いと考える。教員6名の要求は難しい。既存のセンターを改組する計画は文科省の概算要求との関わりもあり時間がかかる。センター新設は大学が独自でできるようになったので，全く新しく学内施設を設立するほうが早い。財団法人については，法人化後であれば可能性があるが，学術振興財団などとの整理が必要。開発研究センターのことは時間をかけて検討しよう」ということであった。

　このサジェスチョンは，密かに構想を練ってきたプロジェクトチームにとって大きな励みとなった。そして実現への取り組みの方向性は，学長のこの助言で固まった。専任教員3名体制，コーディネーターを配置，そして学内措置で新規組織を設置するというプランに変更した。しかし問題は，どうやって大学の公式な計画としてオーソライズを得て，できるだけ早く実現するかということである。法人化を機に，国の組織から，地域で自律的に活動する組織へとその体質を変化させていくためには，まず社会が大学をどう評価し，何を期待しているのかを，大学関係者自身が正確に知ることなしにはできない。大学自身による改革計画ではあるが，社会と大学のインターフェイス的役割を担うこととなる新組織のあり方には，外部の識者の意見を入れることが不可欠と考えられた。新しい変革は，日本では常に外圧という形で現れ，それへの対応として変化が生まれてきた。そのためシンクタンク構想検討委員会を設置し，そこでこれまで検討してきたプランを具体化するための詳細な議論を，学内・学外の委員により行うこととした。ただ，このような手続きは従来しかるべき事務局を決めて任せるものであったが，時間が惜しいこと，目的の方向性は定まっており議論を一からやり直したくなかったことなどから，異例ではあったが従前の教員によるプロジェクトチームで会議開催に向けた準備を進めた。

　また行政との連携についても根廻しをしておく必要があり，5月12日小野副学長，平山副学長，上野が鑓水洋熊本県総合政策局長を訪ねた。県は鑓水総合政策局長，石和田二郎総合政策局企画課長，永松俊雄熊本県総合政策

局政策調整課特定政策推進室長が対応。熊本大学の取り組みについて理解と協力を依頼し，了承を得た。

　そして平成16（2004）年5月20日には﨑元学長自らが経営協議会でシンクタンク構想について発表し，全学的な取り組みの議題として大学内で認知されることとなった。そこでは副学長たちの周到な根廻しにより，熊本大学の平成16（2004）年度目標・中期計画の中に「シンクタンク」というキーワードが挿入された。

3．シンクタンク構想検討委員会

(1) 学外委員をいれて —— 第1回構想検討委員会

　平成16（2004）年6月2日第1回のシンクタンク構想検討委員会が開催された。メンバーには，小野友道，平山忠一，足立啓二の3理事・副学長，岩岡中正法学部教授，山村研一発生医学研究センター教授に加えて，外部委員として鑓水洋熊本県総合政策局長，亀井創太郎亀井通産代表取締役社長，田川憲生熊本日日新聞社取締役・編集局長，そしてオブザーバーとして髙橋誠一監事に就任を依頼し，また陪席として永松熊本県特定政策推進室長，古賀倫嗣学長特別補佐・教育学部教授，上野が参加した。ゲリラ的に附属図書館長室で開催した初の委員会では，当日は事務局からの手伝いを得て，学長が会議開催の挨拶を行った。これまで参加していなかった長木正治理事・事務局長もこれ以後検討委員会に参加することとなった。会議では，小野副学長の司会の下，﨑元学長が「シンクタンク構想を計画し組織化する」という決意を明確にした挨拶を行ったことから，熊本大学がこの構想を本気で実現しようと考えていることが大学内外へ伝えられる機会となった。

　平山副学長の「なぜシンクタンク構想が必要か」という説明から会議は始まった。
平山副学長　　従来の熊本大学は，主として研究と教育という2つのこと，特に研究ということを見つめてきたわけで，社会にはあまり目を向けていない，言い方は悪いですが，「孤高の大学」といったイメージがありました。

この21世紀は「知」の世紀と呼ばれ，「知」を非常に重要と捉える世紀になってきています。そういう視点からも，また国立大学の改革という視点からも，法人化を迎えて，少し意識を変えていく必要があると感じています。学長の挨拶で触れられたように，文部科学省の地域貢献特別支援事業というものをきっかけに「地域」を見る機会を与えられました。そして地域には地域課題というものが山積していることを感じました。

熊本大学には，文系のみならず理系・医薬系も含めた政策系の部門もたくさんあるわけですが，その点を活かし，またそこを活性化するためにも，シンクタンク構想の実現は重要なことだろうと思います。「政策的な提言」というものは，この熊本の地に熊本大学が立地しているからこそ当然考えていかねばならない本学の使命であると考えています。

そうした地域社会の課題解決に取り組んだという姿勢を示すためにも，熊本大学を組織として顔が見えるものに作り上げたいと思います。そのためには，個々がレベルアップしていけばよいだけではありませんし，また同時に，横並びの意識を変えていかなくてはなりません。

このことを受け，各委員から次のような意見が述べられた。

田川取締役　これからは手広くやっていかないと，結局は熊本大学だけの独りよがりで終ってしまいます。せっかく熊本大学がこれまで地域貢献で見えなかった分を始めようということで非常に嬉しいのですが，それには熊本県民のみならず広く内外から協力を得ることが大事でしょう。またそれが大学の先生方にも刺激を与え，学生たちの勉学意欲にも影響を与えることにもなります。そして地域社会と大学が呼び水となって，だんだんと市町村から研究受託が入ってくると思います。このことは行政にも良い影響を及ぼすでしょうし，我々新聞社も応援したいと思います。（中略）

これまでは大学の先生方が学外に出て活躍される場合も，個々にゲリラ的に活躍されている感じですね。熊本大学全体として見えてこなかった面があると思います。それがこれからは組織として見えるようになるということで，このような取り組みはたいへん嬉しいですね。

鑓水局長　大学のこのような変化の中で，シンクタンクができていくというのは当然の流れではないでしょうか。実際シンクタンクができて活動を始める中で，県としてどういう対応が取れるのかはまだ先の話ですが，私自身非常に評価しています。

岩岡教授　大学には資源はあるし，能力もある。問題は「貢献」という名前をどうするか……。本当は「自己変革」ということが大事かと思います。「知」を表に出すということは，自分の知が変わっていくということです。理論知から臨床知へと，自分の学問が変わるということです。

高橋監事　コーディネーターには人を得なければなりません。研究プロジェクトを必要としているところにコンタクトして，そのニーズを評価して学内に持ち帰り，学内のしかるべきところにオーガナイズしてプロジェクトを率先し，トレースする。これにはかなり斬新な感覚を持った人が必要でしょう。またスタッフについても，学内だけに限りません。経済的報酬についてなど分からないことはまだあるとは思いますが，国立大学法人としての大きな使命がかかっている以上，本腰を入れて取り組まなければならないでしょう。

　最後に小野副学長から，シンクタンクの名称については引き続き検討すること，専門委員を委員会の下部組織として置くこと，陪席者がそれに就任することが諮られ了承された。
　その後熊本県では，6月8日に鑓水局長から潮谷義子熊本県知事へ，熊本大学のシンクタンク構想に関するブリーフィングが行われた。

(2)　第2回構想検討委員会
　1ヵ月後の7月2日に，第2回の政策シンクタンク構想検討委員会が，熊本大学事務局3階会議室で開催された。

亀井社長　シンクタンクの事業内容がどちらかというと行政あるいは自治体支援的な事業体系になっているような気がします。民間の経済人としてこの委員会に参加しているのですが，自分とは繋がりがないように感じます。

政策形成研究事業というのは分かります。九州大学などはビジネススクールを作って福岡の民間企業の経営者育成なども行っています。熊本大学には経済学部がないので，せっかくシンクタンクをお作りになるのでしたら，もう少し民間企業や経済界に対して支援いただけるような事業も入れてください。

田川取締役 政策教育機能というのには，シンクタンクの財政基盤を強化する，いわゆる基本給的なものを取りたいという狙いもあるわけでしょう。それはそれでいいのですが，政策シンクタンクの方が重要であると思います。今までの大学の教育機能を使いながら，地域貢献事業を行うことはいいことですが，同時に政策シンクタンク機能をいかに評価するかということも真剣に検討すべきでしょう。熊本大学でなければならないような特色を打ち出す必要があるでしょうし，みんなが身近に感じるようなものを徹底的に研究していかなければなりません。経済学部と農学部が熊本大学にないのは残念ですが，熊本大学の位置を十分に利用しながら，熊本県立大学や九州東海大学など県内の大学と連携して，熊本大学で足りない教官を補充しながら，本当の熊本のシンクタンク構想を実現していってほしい。

熊本大学というカラーを活かし，リーディング・ユニバーシティということをもう少し自覚して引っ張っていくことが必要です。

高橋監事 地方分権という流れの中で，熊本が今までの熊本と違ってくるわけです。その中で熊本大学がどのような役割を果たすかということが問題です。いつまでもローカルの大学では駄目なんですよ。

平山副学長 その上に発展的に大学院構想まで，起草したメンバーでは考えています。発展的な視点を持たないといけないと思います。

山村教授 私も高橋さんの考えに近いものがあります。法人化されたことにより大学自体が問題を抱えているわけです。その中で地域の課題にも取り組まなければなりません。行政的課題として地方自治はこれからどうやって進めていくのか，また熊本大学自身をどう変革していくのか，それらの問題をすべて一体化して考えなければなりません。大学法人化された関係者に聞くと，かなり厳しい状況があるようです。いくつかの大学が統合を考えざるをえない状況になっています。熊本大学の課題の1つとして経済学部と農学

第3章 熊本大学政策創造研究センター誕生史

部がないことがありますが，それらも踏まえたうえで，今後の対応を今のうちから真剣に考えておかねばなりません。

高橋監事 山村先生のおっしゃったことは，本学の将来像やアイデンティティをどこに求めるかをもっと掘り下げて考えないといけないということですね。本学がどこに道を探していくか，今の改革のやり方だと今あるものを全部残したまま進んでいこうということで，結局は改革にならないわけです。スピードが遅すぎるわけです。また1，2年先のことだけでなく，4年，5年，6年先のことも見据えて進めなければなりません。

鑓水局長 そもそもこのセンターを作るきっかけは，熊本にある知的資源を結集しようということであったと思います。あとは政策シンクタンクの機能の中身をどうするかにかかってくる話だと思いますが，先程から意見が出ているように熊本大学が持っている知的な財産を活用しつつも，経済も取り扱っていけるような仕組みにしていただければと思います。その中で，田川さんもおっしゃられたように，熊本らしさをどう出していくかですね。行政でも熊本らしさを一生懸命探しているところですが，大学の知的資源を提供するなかで，逆のアプローチ，つまり最初に何か決めるのではなく，いろんなものを集めていってそこから熊本らしさを作り出していくことも考えてよいのではないでしょうか。

山村教授 熊本らしさを作ること，そのためには何をすべきかということについては必ずしも整理されているわけではありません。熊本らしさといっても誰も明確に問題提起したということはないんですよね。そのレベルから話を始めなければいけないでしょう。それで課題が明確になれば，解決のためになすべきことが自ずと出てくるのではないでしょうか。

亀井社長 マーケティングの世界には，川上発想・川下発想という言葉があります。川上発想というのは，上からこれこれがあるからこうしなさいと命令することですね。川下発想とは，ニーズは何なのか，社会変化はどうなっているのか，どうすれば顧客満足度が最大になるかということを考えることです。知的資源というのは熊本大学にはたくさんあると思うのですが，それは川上発想です。その中で地域貢献という名前をつけてやっても，それは熊本が求めているものとは違うかもしれないんですね。まずは，熊本は熊

本大学に何を求めているのかという川下発想に立たないと，シンクタンクの役割は見えてこないのではないでしょうか。

田川取締役　政策提言について言えば，例えば経済同友会や商工会議所などで政策提言がなされていますが，そういったところへ誰かを派遣して一緒に研究することも必要ではないでしょうか。その他にも各大学とも連携しながら研究することも考えられます。私は熊本大学と熊日新聞とが一緒になって政策提言をまとめて紙面で大々的にキャンペーンを展開するのもよいのではとも思います。

　私は熊日新聞が本当に熊本県民に愛されているのだろうか，と考えることがあります。では熊本大学はどうでしょうか。尊敬はされているかもしれませんが，いろいろな所へ出ていって県民と一緒になって汗をかき，知恵を出していくということで熊本大学も評価されると思います。

小野副学長　事務組織も全く違った形で参加させるなど内部的には大分変えたのですが，まだ外部にはそれが全然見えていないという，非常に忸怩たる思いがございます。ただいまの貴重なご意見については今後専門委員会で検討して，具体的なことを提示していきたいと思います。

(3)　専門委員会

　これまでの2回の構想検討委員会を受けて，具体化のためのそれぞれの課題検討を深め，企画案を作るプロジェクト・メンバー方式の第1回専門委員会が，平成16 (2004) 年8月3日に事務局3階会議室で開催された。

小野副学長　このセンターは熊本大学が一丸となって生み出すプロジェクトです。﨑元学長も極めて積極的に予算や人事についてご発言いただいております。これまでも地域貢献ということではそれなりに成果を挙げていましたが，それは国から与えられた，いわば練習みたいなもので，これからは大学が独自に課題解決に取り組む体制を作らなければなりません。国もその方針であることは予算を見ても分かります。それで，新センターの機能として，パンフレットを既に配布していますが，シンクタンク機能と，人材の育成という教育機能を持っていて，その先には政策という切り口を活かした大

学院構想もあります。学長もそのお考えです。センターの体制としてはセンター長，参与会などなどがありますが，その下に一番肝心なリーダーとして専任教員を3人おく予定です。3つのポストを用意していただきました。まだ未確定ですが，5年くらいを任期として，色々な部局から人を出していただいたり，あるいは外部から人を呼んできたりして，5年でひとつの大きな仕事をしてまた元の部局に帰っていく，助教授クラスのポジションを想定していますが，センターがひとつのキャリアパスとなるようなシステムにしたいと考えています。

　10月開設という猛スピードが要求されます。独創性も言わずもがな求められていますので，走りながら軌道修正していくぐらいの覚悟で仕事に当たってもらいたいと思います。また大学の事務局の皆さんにも，忌憚のないご意見を自分の立場を離れてでも発言していただきたいと思います。

　タイムスケジュールについてですが，9月7日に検討委員会があります。それまでに1，2回この検討委員会を持ちたいと思います。高橋監事もおっしゃるように，印鑑のいる仕事でなく自由に発想していく場にしていきましょう。

永松室長　　私自身このセンターが是非とも実効力を持つ組織になってもらいたいし，なるべきだと考えています。というのも，同種のセンターを先に立ち上げた大学もありますが，一応看板を上げて，形式的に地域貢献もやっていますという作り方であったために，周りから見てその成果が見えないというセンターでした。外から見ていると，そういう組織しか作れなかった大学というのは，大学の先生方および事務局が，要はきちんと考えてなかったというように見られています。そういうこともあり，熊本大学という名にふさわしい，逆に言えば打って出るような形に是非ともするべきだというのが私の考えです。

　それで実務的なことになりますが，例えば10月に立ち上げて，シンクタンク機能と政策機能の各種事業を行う予定になっていますが，県の場合は9月に入ると予算作業に入るので，10月に立ち上げた後で押っ取り刀でいろんな所に掛け合いに行っても，正直少し遅いという感じがします。県なり市町村なり行政機関を対象として何かを仕掛けていくのであれば，9月には実

働部隊が動き出さないと食い込んでいけないという感触を私は持っています。また可能であれば、これらの方々が10月1日に異動してきてから仕事始めという形ではなくて、先ほど申し上げたように早くからあちこちに目配りをして、いろいろ動いておくべき部分が結構あるので、関係機関やその関係者、団体に対してきちんとした作業や対応、必要な協議をやっておく必要があると思います。特にキーになる方についてはそうです。

　それからポイントはやはりリーダーの3人とコーディネーターの方、調査研究プロジェクトの核になる方々でしょう。センターが実働するかどうかはこれらの方々にかかっています。他のところを見ても、立ち上がりの時に形式的な立ち上がりをしたところは、立ち上がったあともそのままです。最初にどれだけそういう人たちをこの組織にうまく集められるか——要(かなめ)の人を数人でよいのですが——が非常に大きなポイントです。

古賀教授　実は広島大学が地域貢献特別支援事業の中で何をやったかというと、広島県内の全市町村に「広島大学はどんなことがお手伝いできるでしょうか。あなたの市町村ではどういう課題があって、どういう形でお手伝いできるでしょうか」というメッセージを含めた案内を出したということです。まさに御用聞きですね。そういった意味では、チラシの案内だけでなく少し具体的な顔見世が必要ではないでしょうか。これまでこの構想委員会でも外部委員の方々から、熊本大学は敷居が高かったんじゃないか、地域のことをあまり顧みなかったんじゃないかというご批判を受けていまして、その通りだと思います。そういった意味では、特に市町村のレベルまで敷居を下げるような働きかけを、できる時点でしてはいかがでしょうか。

上野　それに関しては古賀先生の言われる通りです。しかしもう片方では検討委員会の亀井さんや田川さんがおっしゃっていたように、県民の需要は非常に多様で、私たちが持っている人的資源やノウハウを超えている部分も確かにあります。最初、計画の段階では6つの分野で、それに総花的にいろいろな課題を含めた絵を描きましたが、現実には専任ポストが3つしかなく、5年間でそれなりの実績を上げるとなると、スタート時点では、広く薄くよりも、将来構想も睨みつつ成果が出るものを手堅くいくつかやっていくということも、ある意味重要ではないかと思います。

第3章　熊本大学政策創造研究センター誕生史

そうすると，先ほど永松さんがいわれたように，学内のトレード人事をイメージすれば，核となっていただける方々を先に見つけて，その人のやっている研究が本当に地域課題解決ときちんと結ばれて，大学が組織的にやる政策シンクタンク機能として成果があるものと認められるものかあらかじめマッチングをやった上で，いくつかの分野をスタートすることが必要なのかなという気がします。

そういう意味でも，教員については公募であったり選任であったり手続きはきちんとルールに則ってやるべきでしょうけれど，片方では先行して，そういう心づもりを持った方を探したり，その気になっていただいたりと，この2ヵ月でいろいろとやらなければならないでしょう。

森山総務課長　地域貢献には余裕がないのかもしれませんが，人の面とか，核になれるような人がいれば，そこを手がかりにという方法もあるのではないでしょうか。

岩岡教授　併任の問題ですが，10月に立ち上げるには9月にはシーズを摑んでおいて実体のあるものとして始めておかなければなりません。まず核になる人は併任発令でやっていけるのではないかという気がします。貴重な3ポストは，外部から全国的にちゃんとした人を取るにはしばらく時間がかかりますが，学内からスライドさせると何かもったいないような感じがします。人の集め方を議論しておくことが大事ですね。

小野副学長　そうですね。また先ほども言いましたように，このセンターで仕事をした後はどこかに飛躍してもらいたいぐらいで，5年くらいが任期でしょう。それからリーダーとしては，学内に人的その他の足場があって活躍しプロジェクトをまとめる能力のある人を探す，あるいは思い切って外部から足場を作る能力のある人を探す，また全員が学内からでなく，1人は学外からとかいろいろな構想があるでしょう。

上野　5年間競争的環境で雇うというのは，雇用する側としては非常に良いスタンスとして採るわけですが，応募する側としては普通は応募したくありません。発生医学研究センターといった先端医学分野の研究所には応募が来ているようですが，今は就職難ですから大学院が終わった人間がとにかく5年でもといった形で応募することはあるでしょうが，下手をするととんで

もないものを摑む可能性もあります。そういう意味で，もちろん全国公募というのは構わないと思いますが，田川さんがおっしゃっていたように熊日新聞の記者さんや県内の行政機関で研究されている方などに出向いただいて2，3年で成果を出していただくなど色々な方法があるのではないでしょうか。生涯学習教育研究センターでもそうですが，併任教員というのはなかなか責任感が持てなくて戦力にならないというのが実感です。すばらしい人材をどうやって採用するかが本当に大事ですね。

小野副学長　学長とまだ雑談レベルなのですが，部局から有能な人材を出してもらった場合は，そのポストはちゃんと確保しておこうとのことです。また外部からお呼びする場合は，5年とか4年の約束で来ていただけると思います。

　ただお断りしておきますが，政策部門，教育部門，社会技術部門などの名称にはまだこだわらないでおいてください。

中野教授　1つの政策部門リーダーにいくつものプロジェクトがつき，また部門リーダーは助教授クラスで元気のある方でこれから飛躍されることを念頭においているとのことですが，併任でそれに協力する方々はどういう方を想定されているのですか。リーダーの仕事は分かるのですが，それを補助する立場ですよね。

小野副学長　補助といいますか，実際の実務プロジェクトを担当する方になります。先生の心配はこうですね，「本当はリーダーは教授クラスでないと動かないのではないか……」。

中野教授　そこまでは言いませんが，若い方で今から非常に伸びられる方を念頭に置いているのはよく分かります。しかしその場合，もっと偉い人がついてリーダーがお伺いを立てなければならないようでは，ちょっとやりにくいのではないかと思いまして。だからそこのところの状況はどうなるのかなと……。

上野　そこが一番悩ましいところだったんです。助教授ポストを3つというように学長がおっしゃられたのはそう以前のことではなく，教授ポストを3つ配分されるのが一番据わりが良いのではと私はイメージしていました。ただ，いくら教授を据えたといってもプロジェクトチームが動くかどうかは

別問題だと思います。例えば地域づくりの中でも，市町村の行財政改革をやってみたり，商店街の振興をやったり様々なプロジェクトがありますね。あるプロジェクトがものになりそうになったら，商店街の振興であったら，それを得意にしている研究者とその仲間の方々など，うまく成果が出せそうな人間を集めて皆さんで研究をして，5年で成果を出していただくという形です。センターに併任になる方についても，一方的に併任を各部局で割り当てるということではなく，部門リーダーや調査研究リーダーあたりと相談しながら一緒にチームワークを組めそうな人間を推薦いただく，あるいは客員研究員や特別研究員など外部の方々についてもそういうネットワークの中から出てくる方を推薦していただいて承認できたらよいのではないかと考えていました。

中野教授　そういう意味では，活発にやられるリーダーがある程度その辺りを集めてこられるというかたちですよね。

小野副学長　そうですね。動いてみないと分かりませんけれど……。

上野　これまでの行政組織も大学の組織もそうでしょうが，割とリジッドに堅い組織で動かしてきました。そういう方法で動かない部分に対しては昔からプロジェクト方式でアドホックにやってきたわけですね。この発想は，テーマに応じ，人的資源に応じながら，うまく成功できそうなものについてはプロジェクトチームをどんどん新たに作っていけばよいのではないかというイメージです。

中野教授　それともう1つ質問ですが，政策部門，教育部門，社会技術部門というのが現時点でのアイデアで，外部資金と事業計画案が示してあります。委託研究が受けられる，見込めるというのが1つの前提だと思いますが，この名前がよく分からないんです，理系・文系という区別とはあまり関係がないということですか。

小野副学長　その区別をやめて，理系・文系でプロジェクトができたらというのが，一番の特徴ではないかと思っています。文系も理系も入っていただいて——場合によっては理系だけ医系だけということもあるかもしれませんが——原則として文系・理系ということには全くこだわらないということが売りだと思っています。

岩岡教授　「政策」という概念は，法学部の中に公共政策学というのがあるので，そこだけに該当するみたいに思われていますが，実はすべての自然科学も医系も社会に出ていって働きかけるときには政策という形をとります。あるいは目標や達成方法を考えるときは，政策という概念をとりますので，非常にニュートラルな概念です。

小野副学長　たぶん理系というのは，政策という言葉にほとんど馴染んでいないところがあります。医学部だけ考えると，公衆衛生の分野で「○○医療政策」というように少し変わりつつあります。私たちも政策という言葉の捉え方を変えないといけませんね。

上野　理系の方にとって政策という言葉に馴染みがなかったというのはその通りだと思いますが，「社会技術」という言葉も使っています。この言葉も馴染みがないかもしれませんが，既に国も巨額の資金を投入してこういうプロジェクトを動かしていますし，本の題名にもなっています。これは，例えば工学部ですと土木工学科は防災の政策やシステムを作っています。建築科は都市計画をやっています。あるいは機械工学科は医療福祉機器を作っているかもしれません。医学部でも医療福祉政策を現実に作っています。社会技術というのは，アカデミズムが求めている真理探究はもちろん重要なのですが，片方で現実の問題に今ある技術でなんとか対応できないかということで行われている技術開発です。コンピュータ分野では，様々な合意形成や意思決定プロセスをきちんとソフトウェア化していくことが現実になされています。理系・文系を超えた双方の様々な課題を解決する知恵を持ち寄って——最終的な解決は往々にして技術がものをいうことがあり，そこには理系の知がどうしても必要になりますが——融合型の組織にできたらすばらしいなという思いを込めています。

岩岡教授　小野先生も先程おっしゃいましたように，熊本大学の個性を出すということで，LINK構想というものを作り，その中では「ローカル・イニシアティブ」と言っています。そのLINK構想の業績で全ジャンルができたんです。これを1つに纏めて表に出すシンクタンクになっていくと個性ができます。政策大学院というものが今あちこちの大学にできています。政策学などを中核にしたものが多いようですが，その中で熊本大学の個性をひ

とまとめにして，社会・地域に貢献をしていくとともに，またその地域から新しい課題を受け学問を変えていく……こういうサイクルをつくり熊本大学の個性を出していくことが重要だと思います。

古賀教授　しかし何となく失礼なものの言い方になりますが，それだけ説明が必要だということ自体やはり少し問題があるのではないでしょうか。部門の名を見ると，名は体を表すではありませんが，「政策」・「教育」はある程度分かります。「社会技術」というのはある時は理念を言ったり開発手法を言ったり様々なところがあるので，できればもう少し分かりやすい言い方——文系・理系の曖昧なグレーゾーン風に言うと，「環境」とか「応用」などその辺りの言葉の方が分かりやすいのかなと思いました。

上野　実は色々なテーマ名については調べてみました。最近流行の言葉というとシンクタンクの分野では，「○○ソリューション」という表現があります。環境ソリューションなどですね。そういう具合にテーマをポンと出せればはっきりするんでしょうが，センターの目的で6つ掲げていたものを当面ものになりそうなものとして3つに絞り込んでいます。そのまま活かそうというわけではないのですが，ネーミングの仕方で相当認知度が変わってくる部分もありますね。

中野教授　多分リーダーがきちんと決まってやりたいことが出てくれば，中味は分かってくると思います。社会技術部門にしても何でもできるわけではないので，多分リーダーの色というものが出てきますよ。そして5年間はそういったことをやっていけるということが全面に出てくればよいのかなと思います。キャリアパス的な考え方もありますし，任期制ということも意味があるように思います。とても新しいことを5年間は活発にやっていこうという話ですね。サポートしてもらう人はある程度選考権を持つという形で。

永松室長　大学の組織について私はよく分からないのですが，普通の組織だと若手の新進気鋭の人に実働部隊になってもらうということはよく分かります。ただ年長者や自分より遥かに経験がある人，あるいは自分より上位のランクにいる人に対しては，なかなか気にしてものが言えないんです。だから通常の組織の発想では，多分その部門リーダーとしてある程度色々なところに目配りが利く教授が兼任でいて，その下に専任の助教授がいて，実際は

その専任の助教授が動いてやっていくという形をイメージします。しかし仮に大学院卒ですぐセンターに来られて，40～50歳の教授の先生方が兼任で研究リーダーになっておられるとすると，その方がどれくらい指図できるのかよく分からないですね。だから専任の方が取りまとめの役をするのか，その役目も併せて研究リーダーに与えるのか。ひたすら実績を積み上げていく部分と，取りまとめの部分，それらを誰に任せるのかがよく分かりません。

上野　学長が３つポストをお示しになられた時，全部が助教授ということではなかったようです。そこには教授ポスト１，２の含みはあったと思います。しかし永松さんがおっしゃったように専任の人間が３人いて，センター長を支えながら日常の運営をやっていく，また併任の教員は一緒になって，半分は外部にいて共同研究をやるという形ですので，この３人の教員がどれだけ協力しあいながら，センターとしての方向性をきちんと示して研究プロジェクトを展開していけるのか。その辺りの力量というのは，確かに20代や30代前半の人間だけ揃えていては動かないだろうなというのはその通りだと思います。

永松室長　これは戦術的な話で，最近田川さんが言っておられますが，熊本日日新聞の紙面を組む姿勢が変わってきています。田川さんご自身書いておられましたが，これまで熊日新聞は「批評すれども提案せず」と言われてきたということで，政策志向に大きく舵を切ったということです。それは紙面構成でも分かります。この前は，県庁の各部局がどんなことをやっているかを詳しく紹介したペーパーを別冊にして新聞と一緒に配ったのです。これまでの熊日新聞には考えられない方針転換で，熊日新聞自身も地域貢献については，マスコミの果たすべき役割は大きいと自覚しており，それを実行に移さなければならないと思われているんじゃないでしょうか。ですから田川さんが前回の会議のときに「熊日新聞と熊本大学とで一緒に何かやれませんか」と言われたのは，実は熊日新聞のある意味本心に近い発言だと思うんです。だから熊日新聞から例えば客員研究員や特別研究員という形で来てもらって一緒に何か企画したり事業展開したりすると，新聞にきちんと成果を書いていただけますね。いくら良い成果を出してもやはりメディアに載らなければ誰も分かりません。新聞では難しいことも簡潔に書いていただける

し，詳細はよく分からないけれども何かすごいことをやっているということがイメージとして広く伝わります。特に熊日新聞の地域貢献への志向は波長としては合うと思います。お互いのメリットになる部分については積極的に活用するという試みは，たぶん他のシンクタンクではやっていないので，活動自体を表に，みんなの目に触れるようにする大きな仕掛けの1つだと思います。

小野副学長　私が医学部にいたとき，肥後医育振興会と熊日新聞とで肥後医育塾というものをやっていました。一面ぐらい使って写真も載せてくれて，すごい宣伝効果がありました。

上野　小野先生と一緒に田川さんにお話を伺いに行ったときにも，田川さんの方から記者を出したいという話をおっしゃられましたので，後は熊本大学がどう受け皿を作るかにかかっているのかなという気がします。

小野副学長　そのように外部からもお呼びしたいですね。

岩岡教授　なにか地域の事業をやるときには必ず熊日新聞を入れますね。熊日には発信機能があるし，それ自体シンクタンクになっています。

上野　話を元に戻しますが，熊本大学が今，大きな新しい試みを始めているということですね。いずれにしましても秋にはお披露目できると思いますが，既に色々な大学で新しい試みがなされ，うまく情報発信をしています。ニュースでも取り上げられているので，元気な大学が一目瞭然で分かるようになってきました。だから出すタイミングを考えて，新鮮なうちに使わないともったいないという気がしています。

小野副学長　この前記者会見を行ったんですが，まだリーダーが3人というところまでしか言わないという方針で臨んだので，少し奥歯に物の挟まったような発表になってしまいました。場合によっては，また会見を開くことも学長と相談して決めたいと思います。

古賀教授　私はこの問題を考えるとき，熊本開発研究センターがなぜ駄目になったのかを反面教師として考えることにしています。これは第3セクターだったんですが，確かに今マーケットが厳しくなってきていて，東京辺りのシンクタンクが入ってきて競争に負けたというのも一因です。しかしそれ以上に今日の会議の前半で議論されたように，組織の問題，人の問題が大

きかったんではないでしょうか。県のセンターでは熊本大学のセンターでいうセンター長の権限が極めて強かったということが1つ。それからセンター長を支える参与——県のセンターでは常務理事と呼んでいました——が，県からの出向と市からの出向でそれぞれが縄張意識を持っていてきちんとした意思決定機能を持たなかったということがもう1つです。それでもうまくいっていたのは，やはり自前で育てた部門リーダーが2人くらいいて，彼らが熊本大学で言えば調査研究プロジェクトを担当して，九州電力や西部ガスなどから出向してきている人たちの大半のスタッフを育ててきたような気がします。その意味では，何度も繰り返し出てきますが，中核となる部門リーダーをどういう役割として設定するかということと，また客員研究員などの外部からの力をどういう筋道で入れてどれだけ権限を委ねるのかということを組織論としてきちんと議論していないと，県のセンターと同じようにネタがなくなったらお終いということになるのではないでしょうか。

永松室長 県の開発研究センターのことは私も知っていますが，行政ニーズ・社会ニーズが変化していることも挙げられると思います。昔のように，ビジョンを創ったり調査をしたりするという分野は，市場規模が4分の1から5分の1に縮小してきています。にもかかわらずそれに対応できなかった。また現在熊本県内でも政策評価を導入している市町村があり，他のシンクタンクでそれを請け負っているところもあります。実際，三井総研，三菱総研，野村総研といったところは，その種の要望にも応えます。だから県のセンターはいわゆるシンクタンクに求められているニーズを捉え切れていなかったのではないでしょうか。また，あまりに多くの人が出向してくるので，必ずしも関心のある人が来ていたわけではなかったという問題もあります。「どうしてここに派遣されたのだろう」と思う人がいたり，県庁の職員である程度ポジションの高い人が派遣されることが多いのですが，内部管理的なことはできてもシンクタンクに求められる経営感覚に欠けるような人が派遣されたりということです。だから人を出してもらう場合でもよく考えなければ，かえって迷惑になるということもあります。古賀先生がおっしゃったように，組織的な部分の工夫をしないといけません。市町村の意向を調査するというのは非常に大事だと思うので，その聞き方自体を議論して潜在的

に困っていることを上手に吸い上げるような調査ができれば，本センターの今後にとって大きな資産になるでしょう。それは設立前からでもやっておいてよいと私は思います。

岩岡教授 センターの目的として，シンクタンク機能と政策教育機能という大きなものが2つありますが，これからの課題として具体的に詰めなければならないのは，教育の評価，つまり大学へどう還元するかということでしょう。地域貢献も大事だし，営業も大事だし，地域への研修も大事でしょうが，大学の大学院教育にもどう還元されるのかという視点です。大学院社会文化科学研究科，自然科学研究科，医学薬学研究科などの学生たちにどのように寄与するのか。現在，学内では拠点研究Bがいろいろとやっておられますが，私は文系の者なので，大学院生の力というのはすごいなと思って目を見張っているところです。ですからそれをどうリンクして制度化するかということを詰めておかなくてはならないでしょう。地域社会に貢献することも大事ですが，大学院のことも考えなくてはならないと思います。かつて先導機構という研究拠点の構想もありましたが……。

小野副学長 そこはあまり動いていませんね……。

岩岡教授 動いていませんね。そこは生命とか言葉はきちんとできているのに具体的に何が見えるかというとどうも……。そもそもそこは最先端の学問を具体的にどう役に立てるか，領域を超えて考えて，新しい第4の先導大学院にしようというものでした。世界的な競争の中で技術や医学を競うことも大事だけれど，そのような形で先導の時代課題の解決に役に立つという意味の学問を行うのは大学院かもしれませんが，技術を競うだけが大学院の先端ではありません。その場その場で役に立つ，ローカルで普遍的なもの，その制度化が大事だと思います。

川上研究協力課長 今，岩岡先生がおっしゃったように，大学院生のパワーは大学にしかないマンパワーですね。私は宮崎から熊本大学に来たのですが，宮崎のある先生がベンチャー企業を立ち上げて「大学から金は要らない，出さなくていい。私は大学院生の若い知性を新しいベンチャー企業に反映させていきたい」と言っていました。そこでその先生は地域共同研究センターに研究室を構えたのですが，それはやはり院生が来るからなんです。優

秀な先生もいらっしゃいますが，若い院生のパワーを活かしていくことが重要だと思います。

上野　そのことに関してですが，この政策教育機能の中に，有償で社会人のための高度な政策形成プログラムを入れています。これらを教育プログラムとうまく組み合わせて，学生も一緒に学べる形にきちんとしていくのもひとつの手だと思っています。

　ただ少し話はずれますが，受託研究と絡んで私自身困っていることがあります。理系の受託研究と違って私たち政策系の研究というのはどうしても地域社会に出ていって人海戦術で調査をしたりしなくてはなりません。そこにはどうしても雇用が発生してしまうし，現場に出ていく出張もあります。ところが現在の受託研究のフレームだと，アルバイトを雇用して出張させることには相当の理由が必要です。まして学業が本務である大学院生を出すなど認められないというのが，研究協力課と相談した結果です。これは研究協力課が悪いわけではなく，今の会計制度に対する監査の結果だそうです。私たちの調査はあらかじめ決まったフレームで全てをやるわけでなく，臨機応変に人を動かしたり，補足調査をしたりするものなので，そういうものに対しては今の大学の外部資金導入のやり方だと，官公庁からのお金を政策研究では受けられなくなります。また受託した資金をセンターの他の研究や運営にまわすことも制度上できません。そうすると大学とは別の任意団体等でお金を受け取るしか方法がないのが現状です。今後は医薬系や工学系で行われている受託研究と質が違うような，地域社会と関わる調査・研究が増えてくることが見込まれるわけなので，その際のお金の受け皿の作り方について，真正面から大学の資金に入れるのか，別の形で運用できるようにするのか少し検討しなければなりません。このことはセンターが動き出してからでもかまわないでしょうが，いずれにしても政策系の受託研究の契約は今のところは難しい点が多くのこっているという気がします。

小野副学長　そういう動きにくい問題もあるんですね。そのような意見を踏まえて，具体的に叩き台を作っていかなければなりません。制度設計の問題，人事の問題，予算の問題，部屋の問題，これらについて個別に案を作っていきましょう。3つか4つのグループに分かれて検討していきますか。

上野 　グループに分かれなくても，それぞれの専門の課長さんたちが一番詳しいのではないでしょうか。例えば予算に関しては主計課，制度の部分──客員研究員など外部の方の受け入れや新しくポストを作ることなど──は研究協力課，センターの設置規則云々は総務課などですね。今おっしゃられた項目については，中心となられる方々がこの会議にそろっているという気がします。

小野副学長 　そういう方に私たちが相談していって……。

上野 　そうですね。叩き台を作って，小野先生のところに集めて，それに検討を加えれば，早くいくのではないでしょうか。

永松室長 　まずは諸規定の問題ですね。いろいろな大学の規定がありますが，そのまま使えるものと別に規則を作らなければならないもの，変更しなくてはならないものなど，結構検討しなければなりませんね。外部からの客員研究員・特別研究員，フェローといった人たちがどのような採用形態なのか明確にしないと，規定をいじる必要があるのかさえも分かりません。この辺りをまず固めて，事務方に至急渡しましょう。

山崎主計課長 　どんな組織なのか，どういう人員でやっていくのか運営体制が見えないと予算も具体的にできるのかなと思います。人件費もどの程度必要なのかなかなか作業しづらいですね。組織論も気になります。学外的に連携する機関で大学の中に足腰がしっかりしたものを作らなければいけません。学外的に見た場合，産業的な面から見れば地域共同研究センター，教育的な面から見れば生涯学習教育研究センターがあり，これらのセンターとの違いを明確にしていく必要があるのではないでしょうか。その中でそれら既存のセンターとの予算のやり取りや連携の仕方など大学の中での組織論ですね。それをはっきりさせた上で，予算，人事，諸規定を詰めていかないといけません。

永松室長 　仮に熊本県がこのセンターに人を派遣するときには派遣法を使う方法があります。派遣となると，経費は基本的にこのセンター持ちになります。それができないときには，県が熊本大学に何らかの形で人件費相当分を補助する形になります。ただ，熊本大学のように大学の規模が大きいと，県も財政的にちょっと苦しい状況なので，人件費の補助が必要となれば，派

遣という方法は多分難しいでしょう。もう1つの方法は，研修です。研修だと県が費用を負担しますが，その代わりあくまでも研修なので，どちらかと言えば若い職員のための研修という形になるのではないかと思います。いろいろ考えていくと，民間の場合はどうかといった問題があるのかなど，結構事務的に詰めるところがあると思います。

上野　その話はもっともですね。ただスケジュールが非常に詰まっているので，まさにここで考えなければならない問題です。誰かが決めてくれるのを待つのではありません。それでは会議を設ける意味がありませんからね。必要に応じて先生方のお時間を取っていただきながら議論しつつ，それぞれの分野を詰めていかなくてはなりません。全員が共通認識を持たなければならない部分もあるでしょうが，先程の地域共同研究センターと生涯学習研究センターの件についても，これまで何度か議論していて，私自身は整理ができていたつもりだったんですが，皆さんにきちんと報告する機会がありませんでした。そのようなことも検討しながら最終的な計画を作るのがこの会議なので，これからは随時開催していただきたいと思います。

小野副学長　どうですか，このメンバーであと何回か集まってはいかがでしょうか。

山崎主計課長　この3つの部門をどうするかということが見えません。

小野副学長　今度はもう少し併記できるようにしなくてはいけませんね。

上野　簡単に言えば，部門が3つになったのは，ポストが3つになったからで，最初は6つ用意されていました。

小野副学長　これが最終的な組織ではないと私たちは思っています。たまたま3人から始めるという話なんです。

上野　スタート時点で3人のチャンスをいただいています。ただし計画は6つのジャンルに分けながらたくさんあります。その中から1つでも2つでも成果を出していく。そして当面何が成果として出せるかということを詰めていく。そうすれば当然ここに誰が張り付くか見えてくるのではないでしょうか。

小野副学長　それではこのメンバーで集まれる人が集まるという会議を近々開きたいと思います。それまでに宿題ですが，ご自分が得意なところで

問題点を10ばかり挙げておいてください。それを基にディスカッションをしましょう。

このような学内の専門委員による議論，また総合企画室からの質問状を受けて，8月13日には第2回専門委員会，8月30日には第3回の専門委員会が開催された。そこで「熊本大学未来政策科学研究センター（仮称）の設置について（案）」を作成し，またタイムスケジュールの検討，熊本大学未来政策科学研究センター（仮称）設置準備委員会の検討などについて，9月上旬まで専門委員会で作業を進めた。

そして9月15日，第3回シンクタンク構想検討委員会に「熊本大学未来政策科学研究センター（仮称）の設置について」が提案され，了承された。シンクタンクの名称については17個の案のなかから「熊本大学政策創造研究センター」に決定された。スケジュール的には，規則等の整備及び設置場所の問題が解決できず，当初目標としてきた平成16（2004）年度秋の開設は困難となる。

このセンターの事務を所管するところについても，当初から大きな問題となった。これまでの地域貢献を担当してきた総務課（地域共生戦略室）にしたい事務局と，さらに企画的な動きを重視し他課を希望する我々との考えの違いが，シンクタンク構想検討委員会開催時から燻ってきた。これについては最終的に理事レベルで整理をしてもらい，研究協力課が所管となる。当初異動してきたばかりの東雅彦部長，川上研究協力課長もこの成り行きには戸惑ったようだが，よくプロジェクトチームと事務局の橋渡し，調整をしていただき，構想の提案書が完成することとなった。

(4) 企 画 会 議

これまでのシンクタンク構想検討委員会による提言が学長に出され，それを受けて，学内で新組織を制度化するために大学の企画会議にその案が掛けられた。具体的な検討は，企画会議シンクタンク設置ワーキングで全学の委員による検討が行われ，12月中旬には「熊本大学政策創造研究センター（仮称）についての検討報告書（案）」が作成される。そして平成17（2005）

年1月27日に企画会議から教育研究評議会に「熊本大学政策創造研究センター（仮称）についての検討報告書」が提出された。そして1月28日付で全学の部局長に「熊本大学政策創造研究センター（仮称）に係るご意見等について」という照会がなされた。

当初から企画に従事した上野らは，企画会議が修正した事項について問題性を感じ，生涯学習教育研究センター長及び法学部長名でいくつかの修正意見を提出した。例えば，専任教員の公募について，任期の定めのない部局職員が異動した場合，任期付き職員にすることの可否，大学院研究員の雇用，センター運営経費について，あるいは統合対象機関の長を準備委員会のメンバーにすることなどの意見を提出した。残念ながら，これらについては反映をみず，センターにとって今後の課題として残っていると考えている。

2月3日付で人文・社会科学系，自然科学系，生命科学系の3名の教員の公募が行われ，あわせて再任審査に関する業績評価等を「学内共同教育研究施設等の人事に関する委員会」に業績評価委員会を設置して行うこととなった。

政策創造研究センターは，平成17（2005）年4月1日をもって小野理事・副学長をセンター長として発足。教員人事は，それより一月遅れ人文・社会科学系および自然科学系の2名が4月下旬までに決定され，学内からの割愛による配置換えの人事異動の発令が5月1日付をもって行われた。

4．政策創造研究センターの挑戦

平成17（2005）年5月1日，明治時代の赤レンガ造りの書庫を改装した政策創造研究センターには，生涯学習教育研究センターから異動した上野，工学部から異動した柿本竜治助教授がスタッフとして着任し，センター開所記念の式典が挙行された。生命科学系の人事は円滑に進まず，またコーディネーター公募人事もこれからということになった。

その後，8月1日付で生命科学系教員として魏長年助教授を，また学外から熊本大学への潜在的・顕在的な期待の探索と大学が持つ人的資源とのマッ

チングや,プロジェクト研究,受託研究等の円滑な実施に向けた学内外の調整業務を担う任期制職のコーディネーターは,学外から元熊本開発研究センター研究員の畑中寛氏を採用し,加えて技術補佐員等2名を擁するスタッフでの稼動体制となった。

発足当初,センター専任教員がこれから任期の5年間に行う研究のテーマ,方向性を決める必要が生じた。生命科学系教員が未定であったが,政治学が専門の上野は集落崩壊が心配される中山間地域などへの公共政策的支援の研究,土木計画学が専門の柿本助教授は効率的で安心安全な都市の研究をライフワークの研究テーマとしていたことから,この2つが重なりあう領域として,持続可能な地域社会をどのように実現していくかという研究を第1期5ヵ年のセンター研究の方向性とした。

鳴り物入りで新設されたセンターであり,着実な成果を上げていくことが要請されていることから,まず地域社会へ組織のお披露目をすることを目的として,次のような「キックオフ・シンポジウム」を企画した。

(1) 政策創造研究センター・キックオフ・シンポジウム

5月30日に熊本市国際交流会館ホールで開催したシンポジウムは,政策創造を切り口としたものになるよう工夫を凝らした。詳しくは本書の第II部を参照いただきたいが,記念講演に東京大学教授で熊本出身の姜尚中先生,パネルディスカッションは幸山政史熊本市長,鑪水洋熊本県総合政策局長,田川憲生熊本日日新聞社取締役・編集局長をお招きし,岩岡教授がコーディネーター,上野がセンター代表のパネリストとして登壇することとなった。限られた時間に,関係者への依頼,会場手配,印刷物の作成,広報周知活動と目の回るような業務が重なったが,中原英昭研究協力課専門職員をはじめとする研究協力課職員の親身な協力を得て,開催に漕ぎ着けることができた。

当日は月曜日の朝からのイベントであり,客の入りが心配されたが,230席のホールは市民,行政職員,学生等で満員となり,入れなかった観客はテレビ放送が見られる別室へ案内するといった大盛況となった。この催しに関する参加者のアンケート評価は次のとおりであった。

1．パネルディスカッションについて　参加して大変よかった　42％
　　　　　　　　　　　　　　　　　　よかった　51％
　　　　　　　　　　　　　期待したほどよくなかった　7％
2．記念講演会について　　　　参加して大変よかった　71％
　　　　　　　　　　　　　　　　　　よかった　27％
　　　　　　　　　　　　　期待したほどよくなかった　2％
3．熊本大学のイメージ
　　　　　　最近積極的な活動をしているように感じる　64％
　　　　　　　　　　　これまでとあまり変わらない　17％
　　　　　　　　　　　　　　　　よくわからない　19％
4．政策創造研究センターへの期待
　　　　　　　　　今後のセンターの活躍を期待したい　78％
　　　　　　　　　　　　　　　まだよくわからない　21％
　　　　　　　　　　　　　あまり期待できなさそうだ　1％

(2) **プロジェクト研究**

　政策創造研究センターが主宰して取り組む地域課題解決の研究テーマについては，以下のような形で公募した。従来の学際型の共同研究は，ともすると活動が低調で資金集めだけの意味しかないようなものに堕する危険性があったことから，全てのプロジェクトに政策創造研究センターの専任教員が参加して研究の進行管理に留意する体制をとった。このことは初年度の専任教員の負担を非常に増加させているが，研究自体はいずれも順調に進み，成果が上がりつつある。

　① 募集の対象

　第1期の政策創造研究センターのプロジェクト研究については，以下の3つのテーマを設定している。今回は，このテーマに関する研究プロジェクトを募集。

　なお，このテーマについては，一定の成果が出たと認められた場合，あるいは成果が出る見込みがないと判断された場合，新たな第2期のテーマに交代をする。各プロジェクト研究は，1～3年程度で，成果が見込めるもので

あることが求められる。
　テーマ①　持続可能な地域社会の形成に関する政策研究，政策提言
　　　　　　具体的には，中山間地域などの条件不利地域に関する公共政策の研究，地域資源を活用した産業創出に関する研究，住民の安心・安全に寄与する自治体の行財政改革に関する研究などの申請を希望。
　テーマ②　公平で，効率的な社会資本の整備に関する政策研究，政策提言
　　　　　　具体的には，公共交通機関と都市づくりに関する研究（交通政策），地域防災と都市づくりに関する研究（防災政策），土地利用と都市づくりに関する研究（土地利用政策）などの申請を希望。
　テーマ③　安心で，安全な地域社会の形成に関する政策研究，政策提言
　　　　　　具体的には，地域医療・健康・福祉政策に関する研究，水・環境政策に関する研究などの申請を希望。

② 申請者，募集内容等
○ 本プログラムの申請者は，学内の教員が研究代表者となり，最低3名以上の共同研究として申請すること。共同研究メンバーは，以下の要件を備えることが必要。
　① 3名以上の共同研究チームとし，その中に共同研究者として政策創造研究センターの専任教員を1名以上含むこと。
　② プロジェクトの構成員は，専任教員，兼任教員のほか，必要に応じ，市民研究員，政策研究員を加えることができる。
　③ 学際的な研究の推進体制とするため，複数の学問分野の研究者を共同研究者に含むことが望ましい（人文・社会科学，自然科学，生命科学という3分野のうち，少なくとも2分野の共同研究者であることが必要）。
○ プロジェクト研究に参画する本学に在籍する教員は，兼任教員となる。その任期は，参画するセンターのプロジェクトが終了するまでとし，発令は行わず，プロジェクト参画者名簿をもって発令に代える。兼任教員は，プロジェクトに参画するとともに，専任教員と協力して，セ

○ 学外の教員，及びプロジェクトチームが推薦する行政や企業，団体等の職員は「政策研究員」として，組織に所属していないが研究に従事することが求められる者は「市民研究員」として，共同研究者になることができる。なお，政策研究員，市民研究員については，要綱に基づき政策創造研究センター運営委員会の承認を得て，受け入れが決定されることとなる。これらの研究員には，謝金等は支払うことができない。研究に必要な出張費等は，研究費から支出することができる。
○ 熊本大学において，平成17（2005）年度に選定されている学内の拠点形成研究A，B，地域貢献事業，学長裁量経費のプログラムと同一または類似の取り組みについては申請することはできない。重複申請し，重複して採択された場合は，本プロジェクトの対象から外すこととする。
○ 申請に当たっては，別紙様式に従い申請書を提出すること。
○ 今年度の募集件数は，3テーマで，それぞれ2件程度，合計6件程度とする。
○ 1プロジェクトあたり，最高200万円程度の研究事業費の範囲内で，申請のこと。
○ 各プロジェクトは，1～3年程度で終了し，成果が期待されるものであることが要求される。予算は，年度ごとに審査を行うので，次年度に継続して申請する場合も，前年度の事業報告書及び当該年度の事業計画書を提出して再度審査を受ける必要がある。
○ プロジェクト研究は，学際的な研究活動が実質的に行われることが前提である。少なくとも月に1回以上定期的に研究会を開催し，その成果も単独の論文を束ねたものではなく，共同研究の成果として発表されることが求められる。

応募された案件の中から，参与会の意見を聞き，政策創造研究センター運営委員会で，次の7本を第1期平成17（2005）年度のプロジェクト研究として採択した。

テーマ①　持続可能な地域社会の形成に関する分野
　１．「山間地の集落機能維持システム構築のための政策研究」
　　熊本県芦北町の山間地を主たるフィールドとした研究成果を踏まえ，わが国の急速な社会経済構造，人口構造の変化に伴う条件不利地域の再構築に向けた小さな産業づくりの政策提言を行う。
　２．「地域資源としての五高記念館の活用整備研究」
　　五高記念館を，本学の教育・研究，情報発信，学生活動，地域交流の拠点，及び熊本市における歴史的な博物館機能を果たす施設として利活用するための可能性を調査・研究し，その整備手法について政策提言を行う。

テーマ②　公平で，効率的な社会資本の整備に関する分野
　３．「土木遺産を核とした野外博物館化による街づくりに関する研究」
　　美里町をフィールドに，文化財としての歴史的建築物や土木遺産，準文化財的な構造物や文化的な景観地等を調査・評価し，これらを野外展示物とした，歴史と自然が共生する文化ある街づくりを提案する。
　４．「白川・緑川流域圏における洪水危機管理システムの構築」
　　超過洪水に対する現行施策の問題点・課題を整理し，洪水ハザードマップに利用実態調査，住民アンケート・ワークショップを踏まえ，白川・緑川流域圏における住民に分かりやすく信頼性の高い洪水危機管理システムの政策提言を行う。

テーマ③　安心で，安全な地域社会の形成に関する分野
　５．「公的病院，消防署の最適配置について」
　　天草の公的病院，消防署をフィールドに調査研究し，財政的効率化を図りながら，住民にとって効率的で安心な医療施設と救急サービス提供の最適なあり方や経営改善の方法を提案する。
　６．「有明海・八代海の生物棲息環境の評価・保全・再生」
　　生物相の把握という最もオーソドックスな手法を軸に，生物多様性

保全のための生物棲息環境の評価を行い，ハマグリをモデルに資源管理の確立とブランド化を目指す。また，事業者や地域住民との話し合いを通して合意形成を行い，環境に調和した防災や事業開発を行うための技術手法を確立する。

テーマ④　課題研究

　この研究テーマは，参与会で強く求められたものであり，当初予定の6本に追加した。

「政令指定都市・道州制に関する研究」

　熊本都市圏の将来にかかる熊本市の政令指定都市の問題，および大都市制度と道州制の議論をにらんだ九州にふさわしい道州制度のあり方と熊本県の役割などについて，多方面から考察・分析を加え，熊本県，熊本市及び熊本県民への熊本大学からの政策提言としてまとめる。

(3)　**サイエンスショップ型研究**

　大学の知的・人的・物的資源を結集した研究成果を地域社会に還元し，併せて地域政策を担う人材を育成するため，近年欧米で多く行われている，大学と市民が協働で地域課題の研究に取り組む「サイエンスショップ」型研究を事業化し，その成果を地域社会の抱える課題解決に向けた政策提言として公表する。

　サイエンスショップ型研究とは，大学をベースにして，専門家や学生が，地域の市民やNGOの要望にこたえて調査研究，技術開発を一緒になって行い市民の政策形成をサポートする仕組みで，1970年代にオランダの大学で誕生し，現在はオランダの全大学で展開されているほか，デンマーク，ドイツ，フランス，イギリス，オーストリアなど欧州各国，カナダ，韓国にも広まっている。近年は欧州連合（EU）でもサイエンスショップ推進に助成が行われるなど，高く評価されている。米国には1960年代頃から別のルーツで，CBR（Community-Based Research）という同様の活動があり，欧州のサイエンスショップとともに，国際的なネットワークが作られている。

事業は主としてコーディネーターが企画・運営しており，本研究の趣旨に最も適した研究課題及び市民メンバーを選定し，その課題の解決に適した学内の教員や研究者等からなる専門家メンバーを召集する。市民メンバーと専門家メンバーがプロジェクトチームをつくり，協働で研究課題に取り組み，課題解決に向けた政策提言を行う。

平成 17（2005）年度の研究課題は，「坪井川と中心市街地活性化」とした。坪井川は，熊本城の内堀として市民に親しまれ，昔は食料物産等の物流ルートとしても重要な役割を果たしてきた川であったが，近年はその役割を失っている。現在，「築城 400 年と熊本ルネッサンス」県民運動の一環で種々の川を活かすイベントが行われているが，本研究では，「坪井川」を歴史的，学術的に捉え直し，中心市街地の活性化に向けた新たな政策提言を行うことを目的としている。工学部がものづくり創造融合工学教育事業の一環として中心市街地の上通に開設している「まちなか工房」との連携により，研究調査活動を進めている。

第II部

地域を創る大学

熊本大学政策創造研究センター・キックオフ・シンポジウム
「熊本の未来──自治体の政策形成と大学の役割──」

日時：2005年5月30日（月）9：45～13：30
会場：熊本市国際交流会館7階ホール

学長挨拶
　﨑元達郎
政策創造研究センター紹介
　小野友道（熊本大学理事・副学長・センター長）
パネルディスカッション
　「熊本の未来：──自治体の政策形成と大学の役割──」
　パネリスト：
　　幸山政史（熊本市長）
　　田川憲生（熊本日日新聞社取締役・編集局長）
　　鑓水　洋（熊本県総合政策局長）
　　上野眞也（熊本大学政策創造研究センター助教授）
　コーディネーター：
　　岩岡中正（熊本大学法学部教授）
記念講演「地域から考える日本と東北アジアの未来」
　　姜　尚中（東京大学大学院情報学環教授)
閉会挨拶
　平山忠一（熊本大学理事・副学長）

政策創造研究センター・キックオフ・シンポジウム

「熊本の未来──自治体の政策形成と大学の役割──」

﨑元達郎熊本大学学長の挨拶
<small>さきもとたつろう</small>

　皆さん，おはようございます。非常に天気のよい月曜日の朝からにもかかわらず，たくさんの方に参加いただきましてありがとうございます。「キックオフ」というのは，ラグビーの用語ですね。最初にボールを蹴って始めるという意味ですが，私たちの政策創造研究センターがこれから始まるということでシンポジウムを企画いたしましたところ，ご出席いただきましてありがとうございます。

　2004年6月に，このシンクタンク構想という形の具体化につきまして調査・検討する委員会を立ち上げました。それから間もなく1年が経とうとしております。検討委員会の委員及び関係各位のご尽力もありまして，これまでの構想が実り，2005年4月に熊本大学政策創造研究センターという名前でセンターを開所できたことは，本当に喜ばしいことでございます。

　このセンターは地域社会の抱える様々な課題について，熊本大学の知的・人的・物的資源を結集して，教育研究の成果を政策提言等のかたちで地域社会へ還元させるとともに，大学院の学生がこの研究に参加することにより，地域政策の担い手としての人材育成をするということで，地域社会の活性化・発展に貢献しつつ，併せて熊本大学の教育の進展に寄与することを目的として設置したものです。

　ご存じのように今日，グローバル化や少子高齢化の進展など，我が国の社会のあり方を変容させるいろいろなインパクトがあります。地域社会では，少子高齢化の進展，産業構造の変化や雇用機会の減少などを背景に，複雑な環境問題，あるいは防災，食の安全に関わる問題，高齢者医療，介護問題，

第II部　地域を創る大学

写真II-1　﨑元達郎熊本大学学長

　教育問題などの解決困難な多くの社会問題を抱えておりますし，こういう問題は熊本地域に限らず各地域に共通の問題です。こういう時代に持続可能な地域社会を維持していくために，知の社会還元による活性化や種々の課題解決の必要性が高まっています。このような要請に応えるべく，本学は高度な知的・人的・物的資源を活かして，行政・企業・諸団体及び市民と連携・協力しながら課題解決を強力に推進していかなければならないと考えています。このセンターがその機能を十分に発揮して，地域社会の課題解決に積極的にとりくむことで，社会発展に大きく貢献できるものと期待しています。
　本日のキックオフ・シンポジウムでは，東京大学教授の姜尚中（かんさんじゅん）先生に，大変ご多忙の中を遠路熊本の地までご来校いただき，「地域から考える日本と東北アジアの未来」とのテーマでご講演いただきます。姜尚中先生には心よりお礼申し上げます。また，パネルディスカッションのパネリストとして，幸山政史（こうやませいし）熊本市長，鑓水洋（やりみずよう）熊本県総合政策局長，並びに田川憲生熊本日日新聞社取締役に大変ご多用の中をご参加いただきました。日頃より本学の教育研究に対してご協力・ご支援を賜っておりまして深く感謝申し上げます。
　これからの熊本が，単に九州の地理的中心地というだけでなく，様々な機

能を持ち活力ある持続可能な地域社会となっていくためには，明快な地域の将来のビジョンとそれに向けての着実な取り組みが求められています。本日のシンポジウムが，パネルディスカッションにおける熊本の未来についての議論や記念講演での姜尚中先生のお話を伺うことによって，様々な地域の課題を学問的にも深める良い機会となることを期待しています。最後になりましたが，本学政策創造研究センターの開設及び本日のキックオフ・シンポジウム開催に当たり，多大なご尽力，ご支援を賜りました関係の皆様方に心より感謝を申し上げ，私の挨拶とさせていただきます。

小野友道熊本大学理事・副学長・政策創造研究センター長によるセンター紹介

　熊本大学の政策創造研究センターを簡単に紹介させていただきたいと思います。このセンターは4月1日に設立されたばかりで，黒髪キャンパスの工学部があるところにレンガ造りの非常に小さな建物でスタートしますが，将来段々大きくしていこうと夢をいだいています。このレンガ造りの建物は100年を超すもので，中を改修させていただいていますので一度お立ち寄りいただきたいと思います。

　本センターは熊本の活性化を願い，熊本大学が地域の皆様と地域が抱えている問題をどのように解決していくか，具体的な政策提言として社会に提案していくことが目的であり，3つのテーマがあります。まず第1に地域社会が抱える課題の解決に向けて何かお役に立ちたいということがあります。第2にそれを通じて市民，学生ともに地域に貢献できる人材が育つことを夢見ています。最後に，それがひいては大学の教育研究への幅の広がりと深さを増していくことだと信じています。センターの特色として，大学が保有し活用できる，それぞれ専門分野を持っている1,000人にも及ぶ教員という研究人材を文系・理系という枠を超えて窓口をこのセンターに一本化し，複雑な問題――例えば安全とか危機管理等いろいろなキーワードがあるかと思いますが――に対して共同して仕事をしていくプロジェクトにしたいと思います。

　組織はまだ小さなものですが，センター長1名と専任教員に人文・社会科学系，工学部や理学部の自然科学系，そして医学・薬学などの生命科学系1

名ずつの計3名をおき，それと社会とのインターフェイス機能を発揮するためのコーディネーターと技術補佐員をおくことにしています。

　当面私がセンター長をうけたまわります。私はもともと医学の臨床をやっていました。専任教員は人文・社会科学系から上野眞也助教授。5年前に県庁から大学の方に来ていただいた政策の専門家です。また自然科学系から柿本竜治助教授。専門は都市計画で工学博士です。生命科学系は現在全国公募中で，7月過ぎには人事が決まる予定で，この3人を中心にセンターを運営していくことになります。発足したばかりですが，さしあたり以上のテーマを掲げて地域の行政や企業と大学が共同して提案していただくようなプロジェクトをまずは学内から募集して立ち上げたいと思っています。

　その他に政策研究員という行政や企業から本センターにプロジェクト研究を一緒に進めるために派遣していただくものと，もうひとつ市民研究員という組織に所属していない人に共同研究に参加いただく研究員制度も新設しました。

　最後にサイエンスショップ型の研究を行うということも特徴です。あまり聞き慣れない言葉かもしれませんが，ヨーロッパではよく行われている，地域の皆様とともに研究・調査するタイプのものであり，これも新しく立ち上げたいと思っています。

　先般，熊本市内の上通りに熊本大学の工学部が「まちなか工房」をつくりました。少し切り口は違いますが，やはり地域の皆様と一緒に何かをしていこうという同じ方向を目指しているものです。まちなか工房は市内の便利のいい場所にあるので，市民参加型のサイエンスショップの場所としてもお借りしたいと思っています。

パネルディスカッション――熊本の未来――

岩岡中正法学部教授　今日は政策創造研究センターのキックオフにご参加いただきましてありがとうございます。先程学長の挨拶と小野センター長・副学長の説明がありましたように，全国に政策大学院が設置されつつありますが，独立の機能として，このようなシンクタンクを設置したというのは全国初の試みです。法人化をして，熊本大学は地域貢献という視点を，大学の

写真Ⅱ-2　パネルディスカッションの様子

新しい役割として重視するようになりました。大学における知の創出と，それを地域還元していくことを目的として，4月に設立。そして5月1日には人事も決まり，先にご紹介がありましたような先生方を中心に活動を始めているところです。

　今日は，熊本のオピニオンリーダーであり，熊本の未来や，自治体の政策形成と大学の役割というテーマを語る最もふさわしい方々に，お忙しいところパネリストとしてご参加いただきました。大学が解決すべき課題がどういうものであり，それは何を目指していて，熊本の未来像の中でどんな課題を解決すべきか，そしてそれを政策という切り口を通して解決していく時に大学がどんな役割を果たせるかということについてお話をいただきたいと思っています。簡単にパネリストの皆さんのご紹介を申し上げます。

　まず，幸山政史熊本市長です。県会議員を経て，平成14（2002）年に熊本市長になられました。地方政治の若きリーダーとしてご活躍でございます。大変多くの地域の課題に取り組んでおられます。

　それから2番目にご発言いただきますのは，鑓水洋さんです。大蔵省を経て熊本県総合政策局長として熊本県の政策のトップに立って中枢となる政策

を担っておられる方です。

　さらに田川憲生さんをお迎えしております。熊本日日新聞の論説委員や編集局長を経て現在取締役です。熊本大学に対して，先程の鑓水洋さん同様，日頃から貴重なアドバイスをいただいております。

　最後に上野眞也助教授です。先生は，実はある意味でこの政策創造研究センターの原動力として働いてこられました。5年前に熊本県庁から熊本大学にスカウトされ，大学の教員として活動してきました。大学にはない外部の知恵を出していただくとともに，学究としての蓄積も重ねられています。来月には，『山間地域の崩壊と存続』という中山間地域の研究書を出版されます。

　ディスカッションの進行方法については，最初に皆さんに10分ずつお話をいただきます。テーマは「熊本の未来」で，熊本の未来についてどんな政策課題があるのか，さらにそれに大学はどうコミットするのか，大学への期待というものを含めて，お1人1ラウンド10分程度でお話しいただきます。その後，その話を受けてもう1ラウンド5分ずつくらいで，補足して話したいことや他の方のご意見を伺います。そして皆さんのお話を簡単にまとめた後で姜尚中先生に全体のお話を聞いてのご感想と，政策創造研究センターという熊本大学の取り組みについてのご助言・アドバイスを頂けたらと思います。

　では最初に幸山市長から，熊本の未来が直面する課題と熊本大学への期待についてお話しいただきます。

幸山政史熊本市長　皆さんおはようございます。トップバッターというのは緊張するものですが，与えられた10分の中でできる限り分かりやすくお話することができればと考えています。今日は大きくは4つに分けて話をいたします。まず地方分権時代に私ども自治体に求められているものという話。それから未来という中で熊本市の特性とは何かということをもう1回見直す時期に来ているのではないかという意味で熊本市の特性の話。それを見直しながら，熊本市が今，何に取り組もうとしているかという市としての方針の話。それから大学との連携についてお話をさせていただきたいと思っています。大学との連携共同については，それぞれの項目ごとに入ってくるか

とは思いますが，その流れの中でお話しさせていただきたいと思います。

まず地方分権の時代に何が求められているのかということです。全国的な状況については，先ほど学長からお話がありましたように，いろいろな問題がございます。例えば環境問題がそうですし，少子高齢化の問題もそうです。また経済もなかなか上向かないような状況であり，それに伴った厳しい財政状況という現実があります。そして現在，国による「三位一体の改革」が進められているところです。これは地方分権——地方が自立をして自らの自己決定，自己責任のもとで政策判断・決定をして，市民とともに地域づくりに取り組んでいく——という意味では非常に望ましいことですが，その一方では国と地方を合わせて700兆円を超える借金——世界でもこれだけの借金を抱えているような国はありません——をどう返していくかという財政的に非常に苦しい状況があるということも事実です。そのような状況下で，地方自治体がどうやって地域の皆様と一緒になっていろいろな問題に取り組んでいくか，また地方自らによる政策立案能力が問われているのではないでしょうか。よく使われる表現ですが，地方自治体も国の出先的な事業官庁から政策官庁への転換をしなければいけません。さらには地方自治体ではなく，地方政府としての気概を持たなくてはならない時代だと思います。地方分権という言葉に，私たちがどれだけ真剣に取り組んでいくのかが，今まさに問われているのではないでしょうか。全国的な流れの中でも，都市間競争の中でも，どうやって勝ち残っていくのか，が問われていると思います。

また，熊本市の特性の課題として，例えば，6年後には九州新幹線の全線開業を控えています。さらに2年後には熊本城の築城400年を迎えます。これを契機にもう一度熊本の歴史・伝統や文化を見直して，そしてそれを全国に発信していきたいという思いもあります。また，九州の中の熊本県，熊本市の位置付けとして，九州中央に位置するという地理的優位性を最大限に引き出し，その拠点性を高めていく必要があるのではないかと思っています。その場合，その手段の一つとしてやはり政令指定都市への移行が早期に実現しなくてはならない大きなテーマではないかと考えています。地方分権の時代にあって，熊本市の特性が何なのか，また熊本市の良さや個性をもう一度

見直して，さらにはそれらを伸ばしていくことに力を入れていかなければなりません。財政が右肩上がりの時代なら，「あれもこれも」やれましたが，現在はなかなかそれが許されない時代です。「あれかこれか」というように選択しなければならない時代にあって，熊本市の個性・特性というものをいま一度見直す必要性があるのではないかと考えています。

　熊本の良さについては，よく言われるように，環境が挙げられるでしょう。地下水に代表されるような熊本の環境は大事に守り育てていかなければなりません。熊本市のような人口50万人を超える――現在67万人ですが――大都市で上水道がほとんど地下水でまかなわれているような都市は他にはありません。この熊本の財産である地下水をきちんと守り育てていくことは，都市間競争という意味でも重要な武器になるのではないでしょうか。ご存じのとおり最近大きな企業誘致が決まりましたが，進出理由として，熊本の水を魅力として挙げていらっしゃる企業がありました。水は市民一人ひとりの財産であると同時に，対外的な戦略的武器にもなっているのです。また2年後に築城400年を迎える熊本城に代表される熊本の歴史・伝統・文化を見直して，全国に発信していくことも大事でしょう。さらに，熊本市は農業が非常に豊かな都市でもあります。近郊型農業が代表ですが，生産高は都市のランキングでいうと全国の中で5番目に位置します。メロンやスイカ，ミカン，ナスなどの生産が盛んで，これだけの大都市の中で農業がきちんと位置付けられているということは，大きな財産ではないかと思います。また医療面も熊本の良さとして挙げられるでしょう。数だけで計れるものではありませんが，医師数は九州の都市の中では第1位，全国37の中核市の中でも第3位という位置付けになっています。一般病院数でも中核市の中で第2位です。また，教育の分野も挙げられます。先日の熊本日日新聞によると，熊本市の大学生の数は人口比で市民1,000人当たり40人で，37の中核市の中で第3位ということです。この学園都市としてのイメージを今後の政策の中にきちんと組み込んでいくことが必要でしょう。

　以上のような熊本の特性はすべて生活に欠かせないものばかりです。これらの特性を一体化して発信していけば，全国的にも熊本の個性が伝わっていくでしょう。熊本市は人口67万人ですが，都市圏では101万人という人口

集積を抱えており，これだけの豊かな財産を持っている都市はないのではないか，自然環境と都市とがほどよく調和した都市はないのではないかと私は思っています。

熊本市では，市としての戦略として，昨年まちづくり戦略計画というものを策定いたしました。その中で重点的に取り組むべき分野を選定しました。1つ目が環境です。地下水やごみ減量，公共交通機関の利用促進などの問題が含まれます。2つ目として，子供に視点を当てています。子育てしやすい環境や個を育む学校教育の充実を通して元気な街づくりを目指しています。これまで述べてきた熊本市の特性を見直した結果，やはりこういったものに力を入れていくことが，熊本市の魅力を高め，発信力の増大に繋がってくるということです。

現在，都市間の競争はますます激しくなっています。道州制という問題もこれまでは夢のような話でしたが，先般の地方制度調査会の審議の中でいくつかのパターンが示されるほど現実味を帯びてきています。そのような状況の中，九州の中で熊本をどのように位置づけるか，熊本の魅力をどう発信していくかということについて，いろいろな方との連携が必要になってくるでしょう。その中でも特に大学の研究者の方々との連携は重要になってくるでしょう。県内12の大学と2つの高等専門学校で，コンソーシアムの構想も着実に進んでいるところです。これも先ほどの熊本ブランドの中にきちんと位置付け，学園都市という発想をもっと発信することができればという思いを持っています。

岩岡教授 市長として，大変情熱を込めて，熊本の豊かな潜在能力をどう展開するか，今日の最大の課題として政策形成能力をどう高めるかということについてご指摘いただきました。また熊本市の課題として，環境，文化的アイデンティティ，農業，医療，子育て，交通といった個別的・具体的な点についてご指摘いただき，熊本市はとても大きな財産を持っていると知ることができました。さらに，この潜在能力を高めて，存在感のある都市にしていくことが，暮らしやすい都市の創造と持続可能社会の形成に繋がるということです。また，最後に県内の大学のコンソーシアム構想ということも出てきました。学園都市として，地域全体の教育力をアップさせることによっ

て，熊本の魅力がさらに発展していくということです。そして，その際，大学が持っている「知」が地域社会に大きく貢献できると私は考えています。市長のおっしゃった種々の課題・地域政策というのは，すべてが関連しあっていて，総合的に考えなければなりません。熊本大学は総合大学としてそれらに十分応えられる学際的な知を持っています。これからは，私どもの政策創造研究センターが，地域の課題を考える拠点となるものと信じています。

それでは，引き続き，鑓水洋局長のお話です。

鑓水洋熊本県総合政策局長　熊本が抱える課題と大学への期待ということですが，お手元の「元気で明るい熊本づくりに向けて」という県庁のパンフレットをもとに話を進めていきたいと思います。冊子の「本県を取り巻く社会経済情勢」の中で，「少子高齢化社会」，「九州新幹線」，「厳しい行財政事情」という大きな問題を挙げています。これらについて若干述べていきます。

まず最初に「少子高齢化社会」についてです。熊本県は全国よりも7年先行して高齢化が進みます。今後日本では子供の出生数より高齢者の死亡者数が大幅に上回る社会になることが予想されています。日本の人口はここ1，2年でピークを迎え，その後は人口が減少していきます。出生数1.28という数字が大きく取り上げられていますが，これが多少上昇したとしてもほとんど影響がなく人口減少社会は現実のものとして受け入れなければならないでしょう。ちなみに2003年は出生者が113万人，死亡者が101万人です。これが2030年になると出生者75万人，死亡者175万人と，毎年100万人ずつ人口が減少していくことになります。この人口減少社会が予想される中においての熊本県の状況ですが，熊本県では実は人口の減少が既に始まっているのです。東京，大阪，名古屋などの大都市では当面人口の減少は少ないものの高齢化が著しく進みます。しかしながら地方では，人口の減少は激しく進行するものの高齢化の進展そのものは緩やかなものです。冒頭で述べた「7年先行する高齢化」ということですが，かつて地方は大都市よりも10年高齢化が先行していると言われていましたが，その差が縮小しているのが実情です。大都市では将来の高齢者予備軍を大量に抱えている一方で，地方では現在高齢者を大量に抱えているということです。これは地方では今後は高

齢者が減少していくということでもあります。2030年までの熊本を予想すると，高齢者以外の生産年齢人口の減少率は全国平均より低いことが見込まれています。すなわち働く人々の減少率が低いということは，とりもなおさず大都市と地方との間の今の経済格差が縮まっていく可能性があるということではないでしょうか。したがって人口動態的に見たときに，熊本県は決して将来を悲観する状況ではないと思います。また，今後高齢化がどんどん進んでいく大都市圏に先駆けて高齢社会のモデルを作り上げることが我々の使命ではないかとも思います。

2番目の新幹線開業についてです。6年後の2010年に九州新幹線が全線開業を迎えます。新幹線が開通するとストロー効果の問題が生じるなどのマイナス面も言われていますが，やはり新幹線の開通は熊本の潜在能力を発揮する最大のチャンスではないでしょうか。これは地域の総合力が試される問題であり，また九州全体を活性化するという視点で考えていく必要もあります。

3番目の行財政事情の問題です。これも大変厳しい状況が予想されます。しかしながら，地方分権が進む中で本当の意味での責任ある地域経営ができるかどうかの試金石となるのではないでしょうか。熊本の持つ潜在能力を最大限に発揮するために，伸ばしていく分野，維持しなければならない分野，あるいは撤退する分野などを見極めた資源の最適配分を県民の理解と協力を得ながら進めていくことが重要になるのです。これは行政だけではうまくいきません。現にJリーグをめざす県民サッカーチームの「ロッソ熊本」や熊本城築城400年を機に文化と活力あふれた熊本を復活させようという「熊本ルネサンス運動」などの行政主導ではない市民主導の動きが高まってきていることを見ても分かると思います。

以上のような熊本県の抱えている課題とその認識に立ち，また今後の都市と地方の相対的な力関係の変化の様子を見据えたうえで，地域が持つ人材・資源を最大限に発揮させるという地域経営の視点から県では重要施策とそれに基づいたプロジェクトを編成しました。もちろん県や市町村を含めた行政だけで取り組むには大きな問題ばかりです。十分な成果を出すには，県民の皆様，企業あるいは大学とのパートナーシップをしっかりと組むことが何よ

りも重要になってくるでしょう。そこで大学に期待する点をいくつか申し上げます。一つは先程から話題になっている，課題解決のためのシンクタンク機能です。行政ニーズが多様化，複雑化する中で，これまでになかったような難しい課題や，専門的な知識を必要とする課題が増えています。この傾向はますます増加していくでしょう。これまで行政と大学との関係というのは，おそらくは組織体組織という関係ではなく，行政の特定の課題に対して特定の研究者の方々に，ある意味では個人的にお願いしてご協力を仰いできたというのが実態ではないでしょうか。それが大学が法人化されるなどいろいろな変化がある中で，地域貢献という観点からも行政と大学が組織として連携する分野が今後大きく広がっていくと思います。その意味からも政策創造研究センターが開設されることは，県としてもたいへん期待しているところです。

　具体的なテーマごとに述べていきましょう。まずは経済的な問題です。熊本県は確かに水や緑に恵まれた豊かな地域ですが，一人ひとりの豊かさについてはまだまだ頑張れる余地はあると思います。若者の働く場を確保する上でも産業振興は重要です。地域の持つ特性を活かし，バイオ関連や半導体関連セクター産業がますます重要になっていくでしょう。

　また農業県という特性についてですが，おいしい素材をそのまま提供するだけでなく，様々に加工したり，付加価値を高めたりしていくこともこれからの課題になるでしょう。

　最後に環境面です。これは未知の分野と言いますか，行政にとっては分からないこともたくさんありますので，大学の研究成果あるいは技術開発に大いに期待しています。

　以上，地域貢献という観点から申し上げましたが，大学には人材育成という機能もあり，そのことにも大いに期待しています。少子化の中で優秀な人材の奪い合いも予想されますので，地元に貢献する人材をいかに効果的・効率的に育成していくか，大学の機能はますます重要になっていくでしょう。

岩岡教授　熊本県が直面する課題について鑓水局長からご報告いただきました。また，具体的な政策を実現するにあたっても政策形成のあり方が変わってきているとのご指摘です。ルネサンス運動やロッソ熊本といった，市

民と行政のコラボレーションによる新しい参加型政策形成の動きが見られるとのお話です。この点については，政策創造研究センターも熊本大学というある意味で大きな一市民としての立場から，アカデミックな，そして比較的中立の立場から政策提言ができるのではないかと考えています。サイエンスショップ型の研究という話もシンポジウムの冒頭で出てきましたが，いろいろな形でのパートナーシップが組めるのではないでしょうか。

　大学と行政の間の歴史を少し振り返ってみましょう。政策創造研究センターができるときに基盤となったのは，熊本大学に地域貢献特別支援事業という文部科学省の呼び水的な事業が始まり，3年間継続したことです。その趣旨に沿いつつ，この事業を制度化しよう，私たち自身の力でこの事業を担っていこうということで，「ローカル・イニシアティブ・ネットワーク熊本」というキャッチコピーを考えました。「ローカル・イニシアティブ」という政治学の用語は使いましたが，肝心なのはネットワークという地域からの発信であり，その中枢は大学が担うのだけれども，ネットワークの中でこそその力が発揮できるのだということです。そして「LINK構想」と名づけました。ローカル・イニシアティブ・ネットワーク熊本（Local Initiative Network Kumamoto あるいはナレッジ Knowledge）の頭文字です。「知」を用いた地域発信のネットワークを作るということです。

　では，3番目に，田川さんにお話しいただきます。

田川憲生熊本日日新聞社取締役　皆さんのお手元に5月24日付の熊日新聞を配布しています。「大学の進む道」というタイトルで開催したフォーラムを掲載しています。これを見ると，熊本の大学がいかに変わりつつあるかということが手に取るように分かります。国立大学だけでなく私立大学も生き残りをかけて全力を挙げて改革に取り組んでいて，各大学とも手を取り合って進んでいるところです。

　本日のテーマに入りますが，1年ほど前，熊本大学にシンクタンクを作りたいという話があり，「田川，お前の知恵も貸せ」ということで，私も大学の方へ何回か通いましたが，まさか熊本大学がシンクタンクを作るなど到底考えられないことでした。それまでの熊本大学といいますと，本日は大学関係者の方が大勢いらっしゃっていますが，熊本にありながら熊本とはまった

く別の地域にある大学という，身近には感じられない大学というイメージでした。地元のために一体何をやっているのか全体が見えてこない，キャンパスが何となく別世界というような印象を熊本県民は持っていたのではないでしょうか。熊本大学のそれぞれの先生は，地域のいろいろな問題についてかなり詳しい方々がいらっしゃるんでしょうが，それが具体的にトータルとして見えてこない，そんな感じですね。昔の五高と県民や市民との繋がりが，まったく完全に切れてしまった感じです。その意味で，この政策創造研究センターの開設は非常に時機を得た，ある意味，国立大学の取り組みとしては驚くべきものだと思います。幸山市長や鑪水局長の話にもありましたように，地方は非常に大きな問題を抱えているところです。財政問題など，単に県や市だけでは解決できそうもない複雑な状況が地方を取り巻いています。そのような中で熊本大学が政策立案機能を持つシンクタンクを設立し，地域に対して具体的な政策提言をしていくということは，熊本大学が大学として地域に責任を持つということであると私は捉えています。

　そこでセンターに期待すべき点ですが，私個人としては，6年後に全線開通する九州新幹線を当面の最大の課題にすべきだと思います。これまで熊本の転換点というものはたくさんありました。たとえば大学関係で言えば，帝国大学が熊本でなく福岡の九州大学にもっていかれたということがありました。新幹線についても，福岡までで止まってしまったことで，福岡でプール現象が起き，九州の中で人的・経済的・学問的一極集中が生じる事態になりました。だからこそ，今度の九州新幹線の全線開通という問題を真剣に考えないと，大きな失点を再び私たちの後の世代に残す結果になる可能性があります。また，熊本市の政令指定都市化という問題もあります。熊本の拠点性を考える上で，何としても実現すべき必要があります。下手をすれば鹿児島市に先を越される可能性があります。新幹線が開通すると起点と終点が繁栄して，熊本は単なる通過点になってしまいかねません。現に鹿児島は新幹線の部分開通で経済が非常に活性化しています。

　また道州制の問題も真剣に検討すべき問題でしょう。実現不可能だと思っていたものが，10年後か15年後かは分かりませんが，その可能性が見えてきました。道州制が仮に施行された場合，今のままだと福岡に州政府が置か

れる可能性があります。九州の中では福岡に何でも集中しているので，それが一番簡単ですから。しかし，本当にそれでいいでしょうか。九州の均衡ある発展を考え，あるいは国の出先機関は熊本にも集中しているという点や，水問題を始めとした危機管理的な背景を考慮すると，州政府の場所は熊本に置かれてよいのではないでしょうか。これまで述べられてきたような利点を活かし，福岡を含めた九州各県の経済界とも連動しながら，早く動き出すべきだと思います。その他，観光問題やスポーツ振興の問題などいろいろな問題をからめながら，新幹線の問題を全力を挙げて考えていくべきでしょう。6年後のこととはいえ，あまり時間はありません。

　以上のような観点から，熊本大学がこの時機に政策創造研究センターを立ち上げられたということは，大きな意味があると思います。これまで熊本県には，県が出資をした熊本開発研究センターがありましたが，2005年の秋に閉鎖されることになりました。これで銀行系や流通関係のもの以外県内の大きなシンクタンクというのはなくなるわけです。県がなぜ開発研究センターを閉鎖するか私にはよく分かりませんが，これからは熊本大学の政策創造研究センターに大いに期待しなければなりません。このセンターは県民から非常に高く評価される可能性もありますが，やり方によっては全く評価されないということもあるでしょう。熊本県の課題をつかんで，的確な提言をしていただきたい，と思います。そしてその実行に当たっては，市民や企業など多くの人たちを抱きこんでやってください。政策立案能力と同時に政策実行能力が，今こそ求められる時代です。熊本大学のシンクタンクが熊本の大きな発展に繋がるものと非常に期待しております。

岩岡教授　熊本日日新聞の田川さんから熊本大学に対する期待の言葉をいただきました。10年ほど前に法学部で公共政策学科が設立され，そのキックオフ・シンポジウムを行った時にも田川さんからいろいろご忠告をいただいた記憶が蘇ってきました。その時にも，単に大学が地域に門戸を開くだけではなくさらに「打って出なさい」と言われていました。

　田川さんは大学と地域の関係を最初におっしゃられましたが，今では隔世の感があります。次第に熊本大学も地域の課題に応える大学になりつつあるんだなという感じがしました。また九州新幹線の問題，道州制の問題，観

光・スポーツ振興の問題など具体的なお話をいただきました。その中で一番心にとまったのは，大学が牽引役となって地域政策を責任を持って提言しなければならないということで，重責を感じます。またニーズを把握した上で市民や地域社会を巻き込んだ具体的な政策提言をしなさいということで，その実現のための貴重なアドバイスをこのキックオフ・シンポジウムに際していただけたと思います。

　では最後に上野先生です。今回，政策創造研究センターのメンバーとして，2人の先生が既に決まっています。上野先生はそのお1人として特に政策の専門家として，熊本の未来像や課題ならびに熊本大学のシンクタンクの役割について述べていただきます。

上野眞也政策創造研究センター助教授　　私からは，政策創造研究センターが設置され職員も配置されたので，今後の希望などを中心にお話ししたいと思います。先程から，3人のパネリストの方々がおっしゃられているように，このセンターに大きな期待をしていただいてたいへん緊張しています。私も2003年の暮れに平山副学長から1枚の紙を示されて，それをアイデア化できないかという相談をお受けしました。そして小野副学長とともにいろいろな議論を繰り返す中で——大学というところはそれまでどこで意思決定がなされているのか，どうやって結論が出るのか私には分からなかったのですが——，非常に驚異的なスピードで学長のご判断をいただいてここまで来ることができました。本日こちらにご列席の田川さん，鑓水さん，そして，この場にはいらっしゃいませんが亀井通商社長の亀井創太郎さん，このお三方には外部委員として県民を代表して大学の関係者と議論をしながら，企画をずっと検討していただいてきました。シンクタンクとは何だろうかという問題もやはりずっと引きずっています。大学はこれからは独立し自立していくことが求められていて，外部資金を得ることも大きな目標となっています。このことはこのセンターだけではなく，大学自身が自活とまではいきませんが，社会に認められながら大きな資金を動かしていくような組織体になる必要があると思います。

　ところで皆さんは熊本大学の予算規模をご存じですか。熊本第2の都市八代市の一般会計よりも大きな予算を動かしているんです。その半分は病院関

係ですが，非常に大きな経済主体でもあります。学生数は1万人を超え，職員も2,000人くらいいます。これだけの人間がいるとおそらく市議会議員が何人か出てもいいかもしれないくらい，実は大きな組織なんです。しかし残念ながら学生たちはどうも住民票はほとんど実家に置いているようです。学生の65％が県外から来ていて，彼らは選挙も納税もほとんど実家の方でしているというのが現実です。ただ4年間あるいは6年間・8年間この熊本の地で過ごしていただく経済効果というのは非常に大きいでしょう。第五高等学校があった時代から熊本は教育都市であり，私たちは市内の上通り・下通りに若者があふれているのを当たり前のように思っていますが，これはやはり県内にある高等教育機関に若者が九州を中心に集まってきている成果なのです。今後も私たちは教育をサービスとして提供することはもちろんですが，それをビジネスあるいは産業として見ていくと，都市にとって非常に大きなインパクトを持っていると思います。先程から何度も述べられているように，福岡は商業都市になりました。しかし熊本は昔から行政都市でもあったわけで，そのことを福岡との差別化という形でいかに打ち出していけるのか，新幹線開通の問題も含めて大きな課題になるのではないかと思います。

　シンクタンクに関してはいくつかお話が出ました。日本でシンクタンクというと，例えば三菱総研や野村総研などの名前をすぐに思い浮かべられると思います。しかしながらこういうところは，と言うと失礼ですが，基本的に外から受託をし，そのテーマについて研究をし発表をなさるということで，資本の論理で動いていく部分，営業として動いていく部分がどうしてもあります。これに対して欧米のシンクタンクは全てではありませんが，例えば財団法人だとか大学が設立したものであり，中立的な機能が評価されて資金を集めて，政策提言を出していくようになっています。その視点から見ると，本センターは我が国のシンクタンクの中で――非常にでしゃばった言い方かもしれませんが――初めて中立的な形で，経済だけでなく幅広い分野に，大学が集めている知の集積の部分を提供していくものであり，そしてそれを教育の中に還元していけば，知のサイクルができるのではないかと思います。

　私たちはまだとても小さな組織です。今日会場でお世話いただいている柿

本先生は工学部の都市計画が専門です。それから私は政治学が専門です。もう1人は現在選考中ですが，生命科学系の方が入ります。当面このメンバーで何がやれるかを議論していますが，大きなテーマとして，持続可能な地域社会（サスティナブル・ソサエティ），もう1つは人口減少社会の中で私たちが地域で安心・安全に暮らしていくための知恵や政策を考えています。さらに，それらを実現していくためには，限られた政策資源である税や様々な民間の取り組み，人材などが非常に重要であり，それらの資源を選択しながら集中的にどこかに配分しなければなりません。またそれらの資源は効率的にかつ公平に使われなければなりません。この問題については柿本先生が中心となって研究をする予定です。近年は経済的な効率性が非常に求められていますが，効率性だけを求めていくと，どうしても「規模の利益」が実現されるような都市の考え方が中心となります。しかし「もう山から下りて来てください，お金がかかりますから」という話では私たちの地域は暮らしていけません。そのため効率性も考えながらも，どこかでやはり公平な配分をできるだけ客観的に出せるような研究をしていこうと考えています。

　さらに，安心・安全に暮らせる医療や福祉政策という切り口が大事になってくるでしょう。以上の人文・社会科学，自然科学，生命科学という三本柱は切れているのではなく，全て一本に繋がっていると考えています。私たちは，全学部の中からたまたま3人が配置されているということで，このメンバーはこれらのテーマが3年なり5年なりで終了すれば，必要ならまた続投ということもあるかもしれませんが，新しく緊急のテーマが生まれたときには新しい研究者にバトンタッチしながら，熊本大学は常に地域の課題に対応していくことを考えています。

　全ての問題に対応することはできないかもしれませんが，組織として地域課題解決という形でお役に立ちたいし，そのプロセスを経ることで大学の学部あるいは大学院の教育自体も随分変わってくることを期待しています。

岩岡教授　このセンターを立ち上げるに当たり，外部の先生方と相談をしながら，実質的にその中心となって構想をまとめてこられた上野先生から，大学シンクタンクの意味についてお話しいただきました。大学シンクタンクとこれまでのシンクタンクとの違い，つまりクライアントに対する商業の論

理・営業の論理だけではないということ、また大学がシンクタンク機能を持つことの意味についてです。また私たちは「ローカル・イニシアティブ」——大学がイニシアティブをとって地域を創っていくことを目指しています。いわば最も今日的な意味で、ローカル・デモクラシーのひとつの大きな柱、参加政策の柱としての役割を大学が果たす、さらに地域に学びつつ地域に対してできる限り提言しリードする、そういうセンターでありたいというお話でした。

　資源の公平な配分という問題についても、大学だからこそ公平で客観的な立場で提言ができる組織体であると自負しています。これからの展開については、3年から5年の期間、もっと短いものもあるかもしれませんが、期限を区切りながら一つひとつの具体的な課題を解決し提言をしていくということです。

　以上、貴重な意見をパネリストの方々からいただきました。熊本の地域の潜在的な豊かさをどうやって維持し発展させ、より豊かな住みやすい熊本を作っていくのかという点で共通点が見えてきました。熊本、九州を視野に置きながら、新幹線開通の問題や観光・スポーツ振興の問題あるいは厳しい財政事情や少子高齢化の社会の中でこの熊本をよりよく発展させていくことです。学園都市、行政都市、そして何より環境都市、持続可能都市としての可能性が熊本にはあります。その政策を最初に申しましたように総合政策として、大学が総合的な学際的な知恵を動員して貢献してほしいということです。また熊本大学が地域貢献を通して政策形成能力を持った人材を育成していくことも大事だという話もありました。

　田川さんからお話が出ました政策実現能力を持った人材育成については、政策というとどうしてもテクニカルなものだと考えられがちですが、そうではありません。ある意味で政策の基礎となる、価値観や理念が極めて重要であり、時代の動向と自分自身の哲学を持った政策マンでなければ、政策の実現のための情熱は出てきません。そのことも含めて田川さんは、今こそ本当に政策実現能力が求められているとおっしゃいました。これは非常に重要な指摘です。私たちも基本的な政策提言を行うとともに、その取り組みを通じて政策能力を持った人材の養成が地域から求められているということがよく

分かりました。政策提言や研究を通して，その成果を各都市・地域に送り出す，ある意味では大学自体が全体としてそのような課題を持たされているわけですね。つまりその点が他のシンクタンクとの大きな違いです。熊本県のシンクタンクである熊本開発研究センターがなくなるということが，即熊本大学への期待となるのかはわかりませんが，大学らしいシンクタンクの活躍が期待されていると思います。

新しいシンクタンクのあり方と熊本大学への期待についてお話も一巡したところで，次にもう一言ずつ補足なり感想なり，さらなる展開を皆さんから述べていただきます。

幸山市長　熊本大学とはこれまで，教育学部とはユア・フレンド事業として小中学校の不登校児対策を，工学系とは先程も話に出たものづくり創造融合工学教育事業の拠点である「まちなか工房」を，また経済分野では平成13（2001）年から産学連携支援を始めています。さらに平成17（2005）年の11月からはインキュベーション施設を新たに作るなど，それぞれの分野ごとでの連携はこれまでにもやっております。このことを補足しておきます。

今後熊本大学のシンクタンクに望むこととして，私ども行政は縦割りということでいろいろな限界を指摘されることがありますが，総合大学としての強みをもっと活かしていただきたい，パッケージとしての政策提言を是非ともお願いしたいと思っています。たとえば熊本都市圏の抱えている大きな課題として交通問題があります。またさらには，「効率的」・「公平」ということでは，熊本市の政令指定都市化の構想の中で必ず出てくる問題——今後も熊本市を大きくしていってよいのか，他の市町村が衰退するのではないか——があります。それらについて今後連携をとって検討したいと思いますし，熊本県だけでなく九州全体としての視点の中でも検討しなければならないでしょう。

その他にもお願いしたいことはいろいろあります。私たちはプラン・ドゥ・シー・チェック・アクションといって，立案だけでなく実行まで含めて一貫性を持たせた中で市民協働の取り組みを進めていますが，その市民の中に大学も入っていただいて，計画立案段階から実行，その成果の検証，そしてそれを踏まえた再実行というところまで一緒になって取り組んでいただ

きたいと思っています。それと情緒的な話になりますが、若い人たちが元気な街というのはやはり非常に活気があります。熊本は今でもNPOボランティアやまちづくり大学など大学生たちがいろいろな場で活躍していますが、大学にはさらに人材育成という面でも期待していますし、私たちも若い人たちとの協働をもっと具体化していかなければならないと思います。

岩岡教授　短い時間にかかわらず、多くの問題を分かりやすく述べていただき、ありがとうございました。ここで感じたのは政策実現能力ということです。しかしながら政策実現能力には幅広い教養が必要です。現在学生の教養教育のあり方が問題となっていますが、大学はそのために基礎教育をしっかりするということがこれからの非常に大きな問題でしょう。また学生との協働の問題についても言及されました。これも耳の痛い問題です。次に鑓水局長からお願いします。

鑓水局長　人口の増減の話がなされていましたが、熊本県では15歳から24歳までの若年層の県外転出が非常に顕著で、平成16（2004）年度も2,000人を超える転出超過となっています。これは福岡県を除く九州各県の問題でもあります。これまでの高度経済成長期以降、地方は都市部に人材を供給してきましたが、地方分権の大きな流れの中でこの傾向を変えていかなければならないことは非常に大きな課題でしょう。幸い熊本県には大学の数も多いし、大学も理工系、医療保健、音楽大学までバラエティに富んでいるので、その強みを活かして県外から熊本に学生を集め、大学を卒業した方も県内に定住していただくことが大事になると思います。その意味では居住環境や治安をはじめとして生活の場としての熊本の魅力を、行政と大学とが一緒になって発信していかなくてはならないでしょう。

　それからこの政策創造研究センターに対する期待ですが、これまで理工分野については大学と産業の連携が非常になされていたと思いますが、人文系の分野についてはなかなかなかったのが実態でしょう。このセンターは全国的に見てもたいへん先駆的な取り組みなので、熊本大学にとどまらず県内の他の大学とも連携をとりながら、オール熊本という立場から研究を進めていただけるとありがたいですね。

岩岡教授　ありがとうございました。たいへんポイントを得た指摘でし

た。若年層の転出超過は深刻な問題です。大学のコンソーシアムが現在検討されていますが，学園都市に来てさらに定住してほしいということです。かつての旧制第五高等学校は全国区でしたが，その学生たちは帝国大学に散っていって定住はしてくれませんでした。これからは学生たちに定住して熊本の地で活躍してほしいと思います。

　さらに本センターへのもう1つの期待として，熊本大学では地域に対する人文社会系の取り組みや発信が少し弱かったのではないかということがあると思います。これまでは理工系や医薬系の研究の成果を社会に直接役立ててきました。これに対して，大学の知を地域に還元するという出口の方法，これはすぐれて社会科学とくに政策学の問題です。技術を外に出していくことも大事ですが，どのような未来社会や地域社会を作るべきかということを1つの視点でまとめあげ，どのように1つの方向性を持って地域に出していくか，その理念と方法——これは紛れもなく人文・社会・哲学・倫理，とりわけ社会科学とくに政策学の仕事だと思います。その意味で総合的で集約的な視点を大学は持たなければなりません。

　また熊本大学が地域に貢献するというとき，熊本大学はオールマイティではないので他の大学との連携が必要になってきます。これも大事なことで，このことにより地域の教育力や文化力がさらにアップし，ひいては定住への魅力や文化や経済における地域の活性化につながっていきます。そういう視点から取り組まなければならないということを教わりました。では，田川さんお願いします。

田川取締役　これまでの話に一言付け加えさせていただきますと，この政策創造研究センターにとって一番大事なのは，私は「連携」という言葉だと思うんですね。それはまず大学内からです。熊本大学は大所帯なので，このセンター自身が，熊本大学にはどういう教官がいて，どういう人たちと繋がっていて，どういう動きになっていて，学生たちがどういう動きをしているかを掴むこと。大学内にはすごい能力を持っている方がたくさんいらっしゃるので，外に向けて出る前に，まずそことの連携を図ることが大事だと思います。

　ついで大学間の連携についてです。熊本には12の大学があります。九州

あるいは日本全国の大学やその教官たちとの連携をやっていただきたい。熊本県内だけに閉じこもることなく，日本全国あるいは世界で活躍されている人たちの視点を活かして，連携を図っていくことを期待します。

　それから行政との連携です。県や市町村との連携や県内の企業との連携が大事ですね。熊本開発研究センターの話をしましたが，そこには熊日新聞も１人派遣していましたし，いろいろな企業も人間を出していました。そういう意味では今後は大学からの働きかけが重要です。スタート時には３人と少ない教員から出発することになりますが，先程も申し上げたように熊本大学には学生・教官たちがたくさんいらっしゃいます。また県内・国内含めて考えると，仕掛け次第ではすごく大所帯になることも考えられます。そのような視点を持ってやっていただきたいですね。

岩岡教授　　ありがとうございました。地域連携大学間コンソーシアムの問題をさらに進めた形でのご発言でした。最後に上野先生の方から言い足りなかったこと，強調したいことなどありましたらどうぞ。

上野助教授　　田川さんのお話はまさにその通りだと思いました。３人の教員はもちろんそれぞれのテーマで研究をやりますが，３人でやれることには限界があります。今考えていることは，私たち３人はある意味でコーディネートをしながら学内に多くの共同プロジェクトを立ち上げていく，そしてその中で他の大学の先生方，企業や団体の方あるいはNPOなどですばらしい専門知識をお持ちの方と一緒になりながら共同プロジェクトを動かしていくというフレームを考えています。

　それから幸山市長から述べられた交通問題，政令指定都市の問題，あるいは自治体のリストラのような状況下で熊本都市圏以外で合併ができなかった市町村がどうやって自治体経営をしていくのか，道州制の問題とも話が繋がってきますが，県と市町村との関係性をどのように再構築していくのかということ。従来の一般的な政治学や行政学の話ではなく，医療政策や福祉政策や交通政策など具体的な課題に対して，それぞれの専門知識を持った人たちを集めながら少しずつ問題を解きほぐしていくような研究ができたらと考えています。

　また私自身にとって今気になっていることは，熊本の約７割を占める中山

間地域で，人口減少が著しく集落の戸数もものすごい勢いで減少していることです。今後10年，15年くらいで集落が維持できなくなるところも随分と出てくると予測されます。これらの地域ではある部分ではどうしても撤退ということを考えないといけない時期に来ていると思いますが，現在そのような地域で人々が暮らし農林業を営んでいることで守られている自然や河川，森林，田畑など国土をどうやって維持していけばよいでしょうか。農業という産業政策だけで考えるのではなく，環境や国土保全など様々な視点から見ていかなくてはなりません。加えてこのような地域では，地域活性化のために大企業の企業誘致を行おうとしてもなかなか難しくなっています。自立して暮らしていくには，小さな商売かもしれませんが自営業を増やしていくことも1つの解決策ではないかと思います。最近ではコミュニティビジネスという言い方がなされますが，こういう地域の中で地域課題をうまくビジネス化しながら定住化していくことができる，また地域が存続していくことができる仕組みを作っていくことが求められています。ヨーロッパでは25年くらい前にサッチャー改革が行われ自治体の解体みたいな動きがあったんですが，その経験をふまえて既に日本が直面している課題に対していい知恵が出されています。それを再度日本あるいは熊本の地に合う形に直しながら，地域の中で何とか経済が回っていく仕組みを考えていかなければいけません。

　非常にたくさんの課題を抱え，また期待もしていただき，私たちがそれらにどこまで応えられるかたいへん不安でもありますが，学内・学外のいろいろな方々がこのセンターを温かく見守ってくださっています。成功するのか失敗するのかどちらか極端に出るかもしれませんが，ぜひ成功の方向へもっていけたらと思っています。どうぞよろしくお願い申し上げます。

岩岡教授　学内連携の話から地域の問題たとえば市町村合併の問題まで取り上げられました。地域のかたちあるいは行政のかたちが大きく変わりつつある時代にそれらの問題を具体的な課題としてやっていきたい，あるいは特に中山間地域の維持・再生という問題，さらにこれに関連するコミュニティビジネスの問題，それらの具体的な課題に今後取り組んでいきたいということでした。最後に姜先生がお見えになっていますので，ひとことご意見をいただけたらと思います。

姜尚中東京大学大学院情報学環教授　問題はもうほとんどパネリストの方々がご指摘された気がします。私は今日タクシーに乗っているときに「どこからおいでになりましたか？」と聞かれたので，「千葉県」と答えたら，何か千葉の田舎から来たのかなという。「どうして東京からおいでになったと言わないんですか？」と言うので，「いいえ，住まいが千葉にあります」と答えました。近藤勇で有名な流山市というところです。千葉県は実は北海道と同じくらいに交通事故の死亡者数が多く，全国で大体ワースト3に入っている県です。それからインフラが熊本と比べても非常に劣悪で，私が江戸川を越えるときつまり千葉県から埼玉県に行くときには，1つ川を越えるのに20分，30分かかるときがあります。その橋の状況も一向に改善されません。それから先程の幸山市長の話の中で，熊本は医者の数が多いという話が出ましたが，千葉県はこの点でもおそらくワースト3に入っているんではないでしょうか。つまり人口当たりの医者の数が非常に少ないということです。大きな病院へ行っても数時間待たされるというときもあります。つまりそれだけ暮らしがしにくいという状況なのですが，それにもかかわらず東京という巨大なブラックホールがあるため，一応そこに人が集まってくるという現象があります。だから私は熊本に帰って感じるのは，熊本は何事にもほどほどなのではないかということです。

　「ほどほど」という意味は，非常に自然環境に恵まれ，温暖な気候であり，歴史や伝統もあるということです。しかしながら，若者がそこに定住するようなエキサイティングな面が少ないとも言えます。それはまた同時に都市の別の魅力だと思うのですが。したがって市長さんがご指摘されたように熊本の持っている良さ，環境や農業などを維持しつつ，どうやって若者の定着を図るか，この両立不可能なテーマを何とか考えていかなくてはなりません。その意味で田川さんのご指摘通り，政策創造ということをネットワーク型政策創造つまり人的にもコンテンツにおいても組織においても，内外に開かれてネットワーク型に常に繋いでいく。地域を閉ざされた空間として考えずに，常にネットワーク型に考えていく。したがって大学の中もやはりネットワーク型の知の形態を追求していかなくてはならないと考えます。

　そうするとおそらく一番大切なことは，小野先生からご指摘がありました

が，コーディネーターの方です。私は今たまさかトヨタ財団というところにも属していますが，この財団ではPO（プログラム・オフィサー）というものを設けています。POがいることによって，現場のニーズが何であるかということを，実際の知識を持った先生方にフィードバックできます。現実的には大学の中にいる教官というのはそういうアンテナがなかなか張りづらい面があります。ですからコーディネーターという存在がどのようなもので，どのような人材がそこに張り付くのか，検討された方がいいのではないでしょうか。これは1人よりはもっと人数を増やした方がいいでしょう。実際には文部科学省のいろいろな人事問題があるでしょうが，プログラム・オフィサーという形で，ある程度の高度な知識を持ちつつ，しかも実践的な志向があり，そして自分の足で現場に赴いて問題を的確に把握し，それを必ず政策形成にフィードバックできる役割があることによって，この政策シンクタンクも変わってくると私は思います。このことは非常に重要だと思います。

　それからもう一つは，田川さんもおっしゃったように，大学は意外と縦割り社会ですから，どういうプログラムを作ってどういう人を配置するのか，おそらく文理融合型の政策創造を狙ってらっしゃるのでしょうが，そのやり方も重要です。上野先生もおっしゃったように政策科学，政治学，生命科学と都市計画などの文理融合を目指す際，大学の中にどのような人材がいて，どういう研究をしていて，プロジェクトごとにどのようにして柔軟に人を集めていくのか，これにはおそらくセンター長の小野先生の強い権限がないと大学は動かないんじゃないかと思います。ただですらマンパワーが少ないということで大学はどうしても防衛的な面がありますからね。だから3年なり5年なりプロジェクトを組んでその中で行政や市民からどういう人を入れながら大学の中でどのような担当者を張り付かせるのかという流動教員の存在が大事になってきます。

　現在，東京大学の中でも，基幹教員と流動教員の2つに分けています。流動教員は言ってみれば現住所と本籍地が違うわけです。他の学部にいて流動教員として3年くらいの単位でプロジェクトをして，それからまた自分の本籍に戻るということです。ですからそういう点で大学にとって一番難しくネックになる点は，やはり人事構成だと思います。私は人間をもっと柔軟

に，プロジェクトごとに動かしていけるようなシステムが必要ではないかと思います。これに成功すれば，これは日本のみならずアジアの大学にとってある種のパイロット的な役割を果たしていけるのではないでしょうか。そのように感じました。

岩岡教授 ありがとうございました。たいへん重要なご指摘で，コーディネーターや文理融合型の柔軟な人事を活かすシステムのあり方が，本センターが成功するか失敗するかの最大のキーポイントになるんですね。この点はセンターの構想段階から非常に考えられてきたことで，あらためて重要な指摘を姜先生にいただきました。上野先生からこの点についてセンターがどう考えているか一言コメントいただけますか。

上野助教授 コーディネーターについては1名体制でスタートしますが，県内の行政，民間に精通した方を選考していただくことになっています。本当は姜先生のおっしゃる通りプログラムの大きさに合わせてPOをもう少し充実させて進めた方がいいのでしょうが，人の採用はたいへん難しく，大学の予算で枠外で採用いただくことになりました。何とかここからスタートしたいと思います。

　学内の様々な人的ネットワークあるいはシーズについては，細々ですが過去3年間やってきた地域貢献事業の中で，どのような方々が社会との接点を持った研究をなさっているか，あるいは発言されているかが見えてきました。まずこの辺りから緊急度に応じながら参加を求めていくことになるかと思います。大学の全ての教員が何らかの社会貢献をするということではもちろんありません。教育に専念する方も，あるいは基礎研究に専念する方もいらっしゃいますが，ある方についてはいくつか重なりながら地域連携という仕事にも携わっていただくことを期待しています。

　最近このような動きは積極的に出てきていますので，私たちの方から話を持ちかけて参加いただく場合もあれば，プログラムのご提案をいただきながら参加いただくという仕組みも作っていこうと思います。

岩岡教授 はい，ありがとうございました。姜先生がおっしゃるようにプログラム・オフィサー的なところまで踏み込んだ能力をきちんと持てるよう学習していただく以外にありません。またそのような人を活かす柔軟な人事

システムの創造をセンターのみならず大学自体も格闘しているところです。このことは外からの提案，内からの私たち教員からの提案という形で，学長以下その任にある方々にお願いをしていますし，またそのことは十分にお考えになって現在進められていることと思います。

　長時間になりましたが，熊本大学の政策創造研究センターの創設に当たり，幸山市長，鑓水局長，熊本日日新聞の田川取締役，そして学内から上野先生に，熊本の未来がいかにあるべきか，またそれを実現する政策がどのような課題を抱えているか，それに対して本センターが何をすべきなのかということを議論いただきました。それらの期待に応えるため，地域課題に対処する知のネットワーク，他の大学とのネットワークあるいは世界とのネットワークを通じて，ローカルな問題にグローバルに応える，そういう大学の政策創造研究センターであってほしいということでした。同時に政策能力，形成能力，政策実現能力を持った人材をこのセンターで育てていってほしいという，貴重なご意見をたくさんいただきました。今後ともこれらのご意見を大事にしつつ進んでいきたいと思います。どうか今後とも本センターに対してご理解とご支援をお願いいたしまして，このパネルディスカッションを終わらせていただきます。パネリストの方々，聴衆の皆さんありがとうございました。

姜尚中東京大学教授記念講演
「地域から考える日本と東北アジアの未来」

　このように盛大な場所に私のような者をお招きいただき，ありがとうございます。特に熊本大学の諸先生方ならびに熊本市長さんをはじめ熊本市の方々，また熊日新聞をはじめとする関係者の方々に心から感謝を申し上げます。

　私は昨日熊本に着き，墓参りを済ませて竜田山の中腹から熊本市内をずっと見渡していました。4月に母が亡くなり，両親とも亡くなってしまったのですが，竜田山の中腹のところにお墓を設けました。2人とも本当に熊本が大好きで，自分たちの生まれたところではないんですが，熊本に永住の地を選んだようです。そういう点では両親の影響を非常に受けたわけではないのですが，私も熊本が好きで，もう上京して35年近くになりますが，何かにつけて熊本が自分のアイデンティティの根幹にあるんだなということを，歳をとるとともに痛感する次第です。ですから熊本のために何か自分でやりたいという気持ちは最近年齢とともに募るようになりました。先程のパネルディスカッションを聞いても，熊本が抱える様々な問題と同時に熊本の持っている潜在的な能力の高さ，そういう葛藤の中で多くの方々がいろいろとご苦労されているのではないかと思いました。

　私がまず申し上げたいことがあります。熊本市内の手取本町にパルコがあると思います。かつて1980年代の日本の消費社会を演出したパルコです。そのキャッチフレーズが「おいしい生活」でした。80年代，この「おいしい生活」という言葉はおそらく日本全国で人々のハートを捉えたと思います。この言葉は消費者心理を大いにくすぐりました。おいしい生活があるということ，そのおいしい生活をめぐって人々が誰でもいわば消費社会のゲー

ムに参加して，生産者であるよりはまず消費者として自分たちの個性というものを競い合う。80年代のパルコに代表されるこの「おいしい生活」というキャッチフレーズは，おそらく戦後日本が廃墟の中から経済大国を目指して到達した日本社会のメンタリティをよく表しているのではないかと思います。

　おいしい生活はやがて東京を中心として縮小再生産されて，全国に広がりました。そして至るところにいわばパルコ的な建物や消費者のモード，ライフスタイルが広がっていったわけです。おいしい生活をめぐって人々が才を競い合い，自分は他の人とは少し違う，自分はあの人よりは違うものを持っているというような，いわば消費社会の差異化のゲームとともに日本は世界最大の債権国家になり，ドルを凌駕できるほどの円のパワーを作り出しました。私はそれを支えていたのが，ゼネコン政治に代表されるような田中角栄さん的な生き方だったと思います。なぜ田中角栄さんに日本国民があれだけ支持を与えたのか，それはやはり田中角栄的なるものがこのおいしい生活につながるからであり，どんな人でもその恩恵にあずかれるという日本は，世界でも稀に見るほどの均質化された，所得再分配の機能が非常にうまくいった社会だと思われていました。経済が爆発的に成長していけば，現在の韓国もそうですし，中国はもっとでしょうが，所得間格差が大きく広がっていきます。しかしながら日本の場合は右肩上がりの経済成長をしながら同時に格差は右肩下がりになるという非常に稀な戦後の一時期を経てきたわけです。だから皆が同じというのが大体の相場になっていたわけです。そして皆が同じようにパルコ的なおいしい生活にありつけるということです。そんな時代は大体70年代で終わったと私は思います。79年に大平内閣ができたときに戦後初めて消費税，つまり国民に痛みを課す政策を自民党の政権が初めて打ち出しました。これは79年の段階で非常に膨大な財政赤字が日本の今後の大きな重石になるだろうということを予見し，消費税を国民に課そうとしたのです。しかしこれは挫折しました。国会内での福田派との抗争の末に結局大平さんは心臓病で急死したという事実があります。

　おそらく70年代の末に日本は間違いなく大きな曲り角に到達していたわけです。世界的に言いますと，79年はマーガレット・サッチャーが英国で首

写真 II - 3　姜尚中東京大学教授

相になった年です。その政策の枠組みは，従来の，貧しい人には全体の富を適正に配分して可能な限り貧富の差がない社会にしていこうというやり方を大きく変えて，富の適正配分というよりは市場メカニズムの持っている効率性にターゲットを絞って自由競争をやらせるという方向に舵をきったわけです。

　私はちょうど79年にイギリスに行っていたのですが，そのときのイギリスは若年層の失業率は大体20パーセントに迫る勢いだったと思います。国内はひどい状態になり，ゼネストもうたれ，環境も劣悪で，犯罪は増え，ゴミの山が至るところで見られるという，これがかつての大英帝国かというくらいで，そのとき日本で流行った言葉が英国病でした。日本はイギリスのようになってはいけないということで，先進国病，英国病が大きな話題になりました。したがって80年代に中曽根内閣のときに土光臨調というのができて，民間臨調という形で改革を推し進めようとしました。しかし結局，バブル経済時代のために改革はできませんでした。少なくとも上からの改革も中途半端で終わりました。今から思えば，80年代のバブル経済がなかったとすれば，日本はもう少し違った状態になっていたのではないでしょうか。

今もってこのバブル経済の後遺症に日本は悩み，そして将来の展望を描ききれないわけです。おそらく熊本市民も，日本の国民も今世論調査をすれば，日本に生まれてよかった，日本はいい国だ，日本の社会は豊かであるという答えが返ってくるでしょうが，それでも10年20年後はどうかと訊かれれば，非常に悲観的な答えが若者からも返ってくるのではないでしょうか。これは例えば韓国や他の先進国と比べても，明らかに日本の方が豊かであるにもかかわらず，10年20年後の青写真が見えてこないわけです。今，日本は月が満月の状態からやがて欠けていく状態に向かっているのではないかと，皆さんが若者を含めて感じとっているのではないかと思います。これからは月が欠けていくという，将来に対する不安ですね。そのような状況で国の役割も磐石ではありません。ましてや地方公共団体も，財政的に逼迫しています。このような事態をどうすればよいのか考えた場合，キーワードは「地域」であり「家族」ではないかと私は考えます。家族は人間にとって最も重要な生活の基礎的な単位であり，その延長上に地域が成り立っているからです。

　これはアジアにおいても当てはまると思います。爆発的な経済成長を遂げている中国においてすらも実は親の財産をめぐって親子の間ですごい争いがあったり，拝金主義がはびこったり，家族の解体現象が起きています。日本は自殺の人口当たり発生率が非常に高いと言われていますが，実は韓国もそれに劣らず高いのです。昨年度は日本の自殺者数はおそらく3万人を超えていると思いますが，韓国では1万人近くに及びそうな勢いだと言われています。韓国の人口は約4千数百万人で日本の約3分の1強ですが，自殺率は人口当たりからすると日本と拮抗しています。そして自殺者の年齢層も日本より若年層が多いのではないでしょうか。現在の日本は経済的な困窮あるいは失業などの問題があって中高年の自殺が多いと一般的に言われていますが，韓国の場合には20代30代にも結構自殺者が多いということです。その理由は，クレジットカードの多重債務者が増えているからです。韓国は1997年のIMF危機から脱却する際，国内消費マインドを拡大するためにいろいろなプレミアをつけました。したがって若者が多重債務に陥ることが多くなり，その結果として自殺を選ぶ者が増加したということです。私たちは韓国

社会は非常に儒教思想が強くて家族間の紐帯が強いと思っていますが，実はそうではないのです。そして一方において離婚率もかなり高くなっています。爆発的な経済成長を日本以上に短縮して経過した韓国社会は，日本が今までなだらかな形で抱え込んできた病理を非常に劇的な形で抱え込んでいるのです。私の予想では中国はそれ以上に大きな問題を抱え込んでいくことになるのではないかと思います。ということは家族から始まって地域および社会全体の問題を考えていく上で，日本はまた先駆者でもあるわけです。

　日本はアジアの中でヨーロッパよりは短縮されてはいましたが，100 年かかって近代化を成し遂げました。韓国はせいぜい 30 年です。中国は鄧小平が社会主義市場経済を唱えてせいぜい 20 年も経っていません。そのような意味で地域社会やその根幹である家族の問題を考えていく先駆的な意味を日本は持っていると思うし，この熊本の地で戦後の社会の抱えているいろいろな問題を考えていくことは，将来必ずやアジア諸国にとって先駆的な意義があると思います。

　地域についてもう少し申し上げます。日本で超優良企業になっているトヨタ自動車が設立したトヨタ財団というものがあります。この財団活動のひとつに市民社会プログラムがありました。この財団は設立 30 年になりますが，東南アジアへのサポートと市民社会への貢献を大きな柱としていました。私はその「市民社会」をやめて「地域社会」にしました。日本においては市民という言葉はかなりなじみのある言葉になりましたが，市民社会という言葉は今もってなかなか座りの悪い言葉です。農業や漁業をやられている方が自分たちも市民になるのかなという場合もあります。それより私は，地域という生活の場を設定した方がいいのではないか，市民という主体も大事ですがむしろ市民というイメージを自分たち自身に持っていない人たちもひっくるめて地域社会というものをもう 1 回見直すことが必要ではと思ったからです。先程「おいしい生活」ということを申し上げましたが，日本ほど均質化され，インフラストラクチャーを全国規模で平準化させた社会はアジアには他にほとんど見当りません。しかし今のこの国のあり方やトレンドを見ると地域社会の空洞化が起きているといえると思います。

　そこでトヨタ財団では 2004 年度から地域社会プログラムというものを初

めて公募しました。北は北海道から南は沖縄まで約43都道府県から応募がありました。プロジェクトには単年度で平均200万〜300万円の援助をします。熊本では子飼商店街の再建プロジェクト——高齢化が進み商店街が衰退していく中で商店街を活性化する試みです——と実践的「バリアフリー養成講座」の試みに対して援助をしました。応募案件は大体500件ほどで，仙台から愛媛，鳥取などいろいろな所に出かけて説明会を開きました。そして，地方公共団体や国からの財政援助があり得ない状況で，地域に生きる人々が自分たちの社会を立て直すために様々な知恵をしぼっている涙ぐましい姿があることに気づきました。500件の案件を10パーセントに絞り込んでいくのですが，この案件を読むだけでも正確に読めば1ヵ月くらいかかります。私たちにとっても大変な負担ですが，1つひとつの案件を見ていく中でいろいろな取り組みが日本全国にはあるんだなということを知りました。日本の市民は非常に創意工夫の知恵を知っている，しかしそれがなかなか陽の目を見て展開できないもどかしさ，これらを私は選考の過程で感じ，地域社会とは何かということを考えさせられました。

　私は地域社会はいくつかの重要な柱によって成り立っていると思います。そのひとつは今日熊本市長もおっしゃられた自然環境です。自然環境はやはり人間の暮らしの土台になければなりません。そして2番目には私はやはりインフラを挙げます。何はともあれ上下水道から始まって人間が生活していくためのパイプラインが整っていなければなりません。

　そして3番目が，これが重要ですが，暮らしを支える雇用です。よくゼネコンの方々に業界のお話を聞くと，「いろいろな理想論はあるだろうが，明日からおまんまが食べられなければどうなるんだ」と暮らしが成り立たなければ全ては絵に描いた餅ではないかという非常な現実論を聞かされます。そこで私は雇用という，少なくとも自分たちの暮らしを経済的に自活できる最低限度のものが地域社会に保証されていなければ，いろいろなファクターが整っていたとしてもその地域社会は物足りないものを感じるのではないかと思います。

　4番めには，これも市長さんがご指摘になりましたが歴史です。全国至るところで，古い由緒ある建物を復旧し観光事業をセッティングしたり，都会

と農村を繋ぐようなイベントや流通網に対していろいろな働きかけをしたりと工夫がなされています。それらに共通していることは，自分たちの地域社会の歴史を新しく蘇生させるということです。

　5番目には大学の機能とも関わってきますが，学びの場があるということです。制度としての学校のみならず生涯教育あるいは今後の高齢化社会に向けて自分の人生設計を複線化できるような様々な学びの場が保証されていない限り，地域社会は豊かにはならないと思います。したがって大学は知の拠点ですから，場合によっては開放したり市民講座や地域講座をどんどん広げていったりすることがあっていいと思います。

　6番目は内外に開かれたコミュニケーションです。地域というものは単体としてクローズドされ閉ざされたものではありません。おそらくこの熊本市にも外からおいでになった方々が根を生やして，熊本のためにいろいろなご努力をされていることでしょう。コミュニティというものは閉ざされたものではなく，常に開かれたある種ネットワーク的なものとして今後の地域社会を構想していかなくてはならないし，大学もまたそうあるべきだと私は思います。

　以上のような6つのファクターによって地域社会は成り立っていて，その中のどれか1つでも欠ければその地域社会には魅力がなくなるのではないかと思います。私がトヨタ財団で地域社会プログラムというものを考えたとき，鮮明に思い浮かべたのが，福岡の三井三池炭鉱のことです。大牟田市のようないわゆる石炭産業時代に潤った地域がエネルギーの大転換の中でやがて廃れていく状況を子供心にも鮮烈に覚えていたからです。つまり地域社会というものは，ある種微妙な生態系によって成り立っているようなもので，その中のどれか1つでも壊れると全てが壊れていくのです。そしていったん荒廃するとそれを元通りに建て直すには実は何十年もかかるということを私たちに示しています。地域社会が壊れるということは，単に1つのファクターだけが壊れるということではなく，地域社会全体の光景や構図が壊れるということであり，その復旧に長い歳月がかかるということを，福岡県のかつての石炭産業で潤ったいくつかの都市は示しています。その点では地域社会を蘇生させ，活力あるものにしていくことは，今最も重要な課題の1つで

はないでしょうか。そして熊本市と熊本県には，何度も話に出ましたように九州新幹線開通という重要な課題が突きつけられているということです。私は現在千葉県に住んでいるのですが，以前埼玉県に住んでいたときに埼玉に副都心構想ができて，浦和市をはじめとしていくつかの合併がなされ新さいたま市という政令指定都市ができました。そのような客観的な必要性があったということです。しかし同時に都市がスケールメリットを求めていく場合に考えられる重要な課題の1つは，それまでの身近な地方公共団体の様々なサービスをきめ細かく維持できるかということです。この問題を今後熊本市がどう解決するのかということは非常に深刻でかつ重大な問題です。そしてその問題を考えるときに大学が最も重要な拠点になると思います。例えば東京大学のような大学だと，何億，何十億というお金を外部資金として持ってきて，マンパワーと資金で巨大なプロジェクトや先端的な授業計画をやっていくことができます。しかし私は全国の旧国立大学がそれを倣う必要はないと思います。

　熊本大学は熊本にあります。その限りにおいてこの地域的なものを除いて大学の将来は考えられません。地域社会の中で大学がどう活かされていくのか学長の考えられた非常にすばらしいキャッチフレーズがあります。「ユニバーシティ・フォー・ユー」(あなたのための大学)です。しかし私は同時に「ユニバーシティ・ウィズ・ユー」(あなたとともに歩む大学) そして「ユニバーシティ・オブ・ユー」(あなたたちの大学) ということも考えなければならないと思います。その方向に熊本大学が歩んでいくことにより，熊本大学らしいアイデンティティや特性が活かされていくと思います。

　もう私は「おいしい生活」はなくなったと思います。それでも，健康で豊かな生活はあり得ると思います。日本は地方も国も量的な拡大を求める時代は終わりました。100年かかってそれを通過したと思います。これからは質的な拡大を求めなければなりません。その限りにおいて帝国大学から始まった大学制度も変えなくてはならないでしょう。現在の大学のあり方というものは工学系主導になっています。帝国大学から始まった東京大学ももともと工学から始まり，工学部が最も重要な部局になっていました。現在も巨大プロジェクトのために大きな外部資金を引っ張ってくるのはやはり工学中心で

す。これは仕方ない現象です。今日のシンポジウムの中でも人文社会系のあり方が問われるという話がありましたが、残念ながら私が今の大学の中にいても人文社会系は言ってみれば斜陽産業のようなものです。大学の中で法学部と経済学部を除くと、文学や哲学あるいは歴史に関するものは、予算配分においてますます縮小されていっていますし、世間的に見ても経済効果が見込めないものです。

しかしながら私は、大学というところは国民の長い射程で見た文化的ストックであり、どのくらいの水準にあるかを測るバロメーターであると思います。今のような形でこの工学中心つまりエンジニア中心の大学のあり方を求め続けていくと、数十年後、日本の文化力や学問的・知的水準が劣化しないかどうか危惧しています。その限りではヨーロッパの大学はアメリカの大学と比べても、ヒューマニティズムというか人文社会の学問がそれなりに大きな役割を果たしています。その点で、この熊本大学のセンターの中でも、文理融合と言う場合の「文」の部分をもっと掘り下げて考えていただきたいというのが私の切なる希望の1つです。

さて、問題を地域から大きくして、東北アジアのことまで考えていきましょう。先日、2004年5月23日に東京大学の安田講堂で韓国の前大統領の金大中氏を呼んでシンポジウムを開催しました。私が中心になり2年近くいろいろな労力を費やしました。東京大学で開くというので非常にリスクが高くセキュリティの問題もあり、困難が伴いました。最終的には今の総長の小宮山総長が決断され、安田講堂で開催できました。金大中氏を招待したのは、彼が早くから日韓の絆を大切にし、日韓が中心となって東北アジア地域に、縮小再生産ではなく拡大再生産の展望を開いていこうということを、すでに10年前から提唱されていたからです。

英語で言うと東南アジアはSoutheast Asiaです。しかし日本語では南東アジアとは言わずに東南アジアと言います。我々漢字を使う生活圏では「東西南北」であり、南・北・西・東とは言いません。ところが新聞では東北アジアとはなっておらず全て北東アジアとなっています。これは英語のNortheast Asiaをそのまま日本語に訳しているのです。しかし日本では東南アジアだけは南東アジアとは言わずに東南アジアとしています。これはア

ジアの中で東南アジアは日本が比較的進出しやすい，様々な形で交流を結ぶ拠点となりやすい場所だったからでしょう。しかし東北アジアはそうではありません。中国があり，南北両朝鮮があり，台湾があり，非常にリスクの大きい場所，様々な問題を抱えこんだ場所であり，日本は戦後ここに手を触れようとしてこなかったと言っても過言ではありません。日中共同声明が1972年，日韓条約が1965年ですから，日本がこの地域との交流を深めるようになったのはせいぜいここ30年前後です。しかし東南アジアには戦後いち早く日本はいろいろな形で交流を深めてきました。先ほどのトヨタ財団も30年の歴史がありますが，いち早く地域的援助として捉えたのは東南アジアでした。いろいろな知的・文化的援助をし，東南アジアと日本の交流を深めることについては，国際交流基金も盛んにプロジェクトを実施しました。しかし残念ながら東北アジアはそうではありませんでした。日本からすると本当に顔を背けたくなるような問題も起こっています。しかし，日中貿易や東アジア貿易はすでに日米貿易を上回っています。日本は首から下の身体がこの地域とともに一緒に生きているわけですが，首から上の部分は，どうしても一緒になり得ない部分があります。中国も韓国も多くの問題を抱えていますが，そのような中で果たしてこの地域がある程度の協力関係を構築していけるでしょうか。

　皆さんも知っての通り熊本は九州の中心です。地理的には最もメリットの高い場所にあります。しかし九州新幹線が開通すれば単なる通過点になってしまう可能性があります。つまり地理的メリットが今度はデメリットに転化する可能性がある，両義的な場所に熊本は位置しているわけです。しかし広域的に考えると，明らかに東京より近い場所にソウルがあります。中国の主要都市もあります。そういうことを考えてもこの東北アジア地域の様々な問題は将来大きな不安材料ではないかと思います。しかし非常に難しい問題を抱えていますが，私はこの東北アジア地域が世界有数の地域圏として浮上してくることは間違いないと思います。

　ご存じの通りヨーロッパにはEUがあり，共通通貨ユーロがあります。北米にはNAFTA（北米自由貿易協定）があります。他方で中国と韓国と日本のGNPを合わせると世界有数の経済圏ができあがります。しかしながら首

から上の部分はなかなか地域統合に向かえないわだかまりがあります。それでも私は地域的な経済圏というものがこの東アジアに10年も経たないうちにできあがってくると思います。そして日本はこの地域の中で，縮小再生産ではなくいい意味での拡大再生産を目指していく以外に方法がないのではないでしょうか。中国や韓国が，たとえ嫌いな国だとしても，経済的には結びついています。嫌々ながらも結びつき，お互いが抱きしめ合っているわけです。戦後日本はアメリカに抱きついていました。そして今は日本はアメリカから羽交い絞めにされています。その抱きつく腕を少し引き離してアジアにも抱きついてみよう，アメリカとの抱きつきをほどほどにして日本の将来を考えようではないかというのが，東アジア共同体構想だと思います。

その構想がどこに向かうのかまだ分かりません。しかしこの地域の中で日本のような経済大国が応分の役割を果たさなければならないと思います。その際の最大の問題は通貨です。1997年IMF危機が起こったときに韓国はIMFの管理下に置かれました。私は数年前にアルゼンチンのブエノスアイレスにNHKの取材班と1ヵ月ほど取材に出掛けました。アルゼンチンはアメリカドルとペソの交換レートが1対1でした。1対1ですから通貨の価値が飛躍的に高まったわけです。しかしやがてアルゼンチンは完全な経済崩壊へと向かいました。私はアルゼンチンに行ってブエノスアイレスのいろいろな所でインタビューをしました。グローバル経済の中の地域社会が経済が崩壊するとどうなるかはアルゼンチンを見ればよく分かります。上下水道から基幹産業を全て民営化した場合に，どういう現象が地域社会にもたらされるか，これは大変なことです。私たちの想像を絶するような事態になりました。アパートから電気や水道が消えてなくなりました。そして水道のメーターが全部取り外されました。外資に水道やガス，電気を売り渡したわけですから当然外資は電気代を払えない世帯のメーターを全部切り落としたのです。数千個のメーターの山がブエノスアイレスのある地区に放置されていました。つまりグローバル経済の中で民営化・市場化だけを追い求めていくことは非常にリスクが大きいということを私たちに示しています。

私は日本の社会は完全にアメリカ型のグローバリゼーションはできない社会になっていると思います。先程上野先生がおっしゃったように，社会的な

適正や公平性をどこかで担保しなければ社会が成り立ち得ないと思います。そういう点で，97年のIMF危機によって高まったアメリカの外資を中心として韓国経済が全て売りさばかれそうになった状況の中で日本がやってくれた外貨危機に対する援助というものは，日本に対する見方を変えてくれたと思いますし，したがって金大中氏は日本の国連常任理事国入りをサポートしたはずです。少なくとも97年のあのアジア危機のようなものがもう1回日本にではなくこの周辺に起こると，おそらくアジア経済は壊滅的な打撃をこうむることになるでしょう。

　したがってこの地域に通貨危機が起こらないような何らかのシステムを作ろうという動きが，この東アジア共同体構想として浮上してきているわけです。おそらく私の考えでは中国の人民元は少しずつ引き上げられていくと思います。元の価値の相対的かつ漸進的な引き上げと，旅客機などアメリカ製品の購入を通じて中国とアメリカの摩擦は一応収束するでしょう。そして中米関係は戦略的パートナーシップを深めてゆくことになると思います。その中で日本は相対的に国としては陥没する可能性があります。日本はこの中米の密接な関係の中で，どうすれば東アジア地域の中でもう1つの極として独自の存在価値をキープしていけるのかが，国の舵取りとして非常に大きな問題です。そして九州のような地域にとっても死活的な意味を持っている問題だと思います。

　今，日本と韓国との国民1人当たりの所得格差は2.5対1ぐらいです。私はこれから10年20年経つとこれが限りなく1.5対1あるいは少なくとも2対1よりもっと縮小していくと思います。さらに台湾の場合もそういう傾向になっていくでしょう。そしておそらく中国の沿岸部でも局地的には日本との所得格差が縮まってゆくでしょうし，そのような中流層がこの東アジアの中に増えていくと思います。日本が高齢化社会になり，地域社会が観光や農業やいろいろな産業を活性化する上で日本国内だけで自己完結型の産業構造を維持していくような時代は終わってゆくと思います。人の移動を積極的に受け入れなければ今後の日本社会の展望は開かれないのではないでしょうか。先進国の中で外側からの労働力の導入が比較的少なかったのは，日本だけです。ヨーロッパの先進国では国内の全人口のうち10パーセント近くは

外国人もしくは移民系の人々です。そのため治安やセキュリティの問題という大きなリスクを抱えこんでしまいました。日本は農村や地方から都市へという完全に自己完結型の労働力移動により戦後の経済成長を成し遂げました。しかしそのようないわば自己完結型のサイクルはもう終わり，東アジアとの共存関係を模索することにより，それぞれの地域社会が——道州制に向かっていくとすればなおさら——地理的な条件をうまく活用していく時代に向かっていかなければならないと思います。

　皆さんは疑問に思うかもしれませんが，30年前に韓国経済が今日のような成長を遂げると思っていた人はほとんどいなかったでしょう。中国経済が先行き不安であるということは，なるほどそうだとしても，10年前中国がこれほどの世界の工場になるなど誰も予測しなかったと思います。現在，日米の貿易摩擦がなぜ起きないかというと，中国との関係で日本は膨大な黒字を上げ，中国がアメリカから上げた黒字を日本に還流できるようなシステムになっているからです。貿易摩擦は中米間にはあっても，日米関係では80年代以来のような貿易摩擦はほとんどなくなりました。つまり，中・米・日の三極の貿易構造の中で最大の受益者は日本なのです。このような貿易構造の中で，日本があの長期信用銀行がつぶれたような物情騒然とした状況から，曲がりなりにも年間の実質成長率を2パーセントまで回復させたのは，東アジア経済の活況なしにはありえなかったことです。

　もちろん工場が東アジアに移転することにより，熊本県もしくは熊本市にはデメリットも確かにあるとは思います。しかし今後，観光や様々な事業形態を通じて東アジアの活力を積極的に受け入れる形で熊本の将来を考えていくならば，私はまだフロンティアはあると思います。熊本はこれほどの自然環境に恵まれ，温暖な気候で，農業をベースにし，水と森に恵まれていて，これほど環境に恵まれた地方都市は日本全国探してもそうはないと思います。しかも地理的に朝鮮半島や大陸にも近く，ロケーションとしても非常に重要な地点に位置しています。今後，国と国の関係はいろいろな摩擦が生じることがあるにしても，地域間交流や地域の結びつきを深めることによって，東アジアの活力を熊本の中にどんどん呼び込むチャレンジングなことを是非ともやっていただきたいと思います。

大学についても東京大学や他の大学もそうですが，アジアからの留学生からいい刺戟を受けていることは私の経験からも言えます。日本の学生の中にややもすると少なくなってきたバイタリティや真摯な学問への姿勢が，外側から人を入れることによってより活性化しています。日本という国は世界に先駆けて外から異質なものをどんどん吸収して豊かになってきた社会です。日本の社会は決して閉ざされた社会ではないと私は思います。先般亡くなられた網野善彦さんという中世史の専門家とお話ししているときに，日本を農業の国というふうに見るのは間違っている，日本はアジアの中により開かれていて人の移動や流通やいろいろなにおいて，非常に活況を呈した中世史像があるということを提示してくれました。日本はかつての日本と違って持てる国になりました。あの戦争では日本は持たざる国として持てる国に挑戦したわけです。今，日本は世界最大の債権国家であり，同時に天文学的な債務を抱えています。しかし日本は間違いなく自分の背後に，1人ひとりがたくさんの資産やいろいろなものを持っている持てる国になったわけです。持てる国になれば，当然守りに入ります。どうやってそれを守るかという非常に消極的な姿勢になってしまいます。日本が持てる国のメリットを活かしながら，少しずつ成熟した社会へと向かっていくためには，一方においては東アジアの活力を地域社会の中に積極的に導入していくことが大事です。そして今までのいろいろな規制，国がやっていた様々な規制から解き放たれることにより，熊本がいわば1つの独立国家として様々なチャレンジングなことをやれる可能性が将来あると思います。熊本市あるいは熊本県はそのポテンシャルを持っていると思います。その点で，この熊本大学が地域社会に目を向けて，そこでシンクタンクの役割を果たしていただきたいし，おそらくは熊本大学にも東アジアから多くの留学生がやって来て大学間交流も深まってくるでしょうから，今まで東に向けていた目をもっと西に向けていただきたいと思います。

　新渡戸稲造はかつて「我，太平洋の架け橋とならん」と言いました。ぜひとも熊本県から「我，玄界灘の架け橋とならん」という人が出てきてほしいですね。近代日本は結局東側を向いていました。東側を向いて100年を経てきたわけです。しかし今西側に目を向けなくてはならない時代が来ていま

す。そこにはいろいろな問題を抱えこんでいますが、西に目を向けるということによって地域社会も単なる日本一国だけでの地域社会にとどまらずに地域を超えたいろいろな交流の芽が出てくると思います。ヨーロッパの EU 統合にしても地域との結びつきが最終的にそのような広域的な地域統合を可能にしたのです。そこまではいかないにしても、志を高くして、何とかこの東アジアの中での活力を見いだすためにも、この熊本市あるいは熊本県の地域社会の活性化を今後の長い射程の中で考えていっていただきたいと思いますし、熊本市あるいは熊本県がその先駆的な役割を果たしていただきたいと思います。

やや風呂敷を大きくしましたが、私の主張は以上です。熊本の中には、横井小南や宮崎滔天というアジアとの結びつきの伝統があります。同時にそこには様々な悲劇をもたらした負の遺産もあります。しかしそれらをひっくるめてもう一度西側に目を向けることによって熊本は新しい未来図を切り開いていってほしいと思います。雑駁ですが私の話に代えさせていただきます。どうもありがとうございました。

上野助教授　それではまだ少し時間が残っています。せっかく姜先生においでいただいていますので、フロアの方からご質問なりご意見なり伺って、姜先生とともに熊本の将来をもう少し考えてみたいと思います。

観客　熊本大学大学院法学研究科の学生ですが、「地域から考える日本と東北アジアの将来」ということで、姜先生は風呂敷を広げて考えるとおっしゃられましたが非常に面白いお話が聞けてありがとうございました。

そこで国際的に捉えるという視点も必要だと思いますが、例えば九州の場合だと、地域社会のコミュニケーションは非常に結びつきが強いと思います。道州制にしても、熊本市の政令指定都市化への移行にしても、地域間の格差があって地域の住民の摩擦という、熊本県内での住民の格差についてはどのようにお考えでしょうか。

姜教授　それは先程上野助教授もご指摘になったことですね。現在、三位一体の改革が行われていますが、地域間格差だけでなく地域内格差もあると思います。つまり資源が限られているのに、所得の再分配やいろいろな再分

配のメカニズムがなかなか働かないし，過疎地域や地域的に自立できない地域をどうするかということですね。

　去年私は旧東ドイツのライプチヒというところの大学で半年間教えました。東ドイツは西ドイツと一緒になったんですが，今もって若年層の失業率は10パーセントを超えています。そして東ドイツ中をずっと回ってみると，地域社会が荒廃して建物が残骸のように無残にさらけだされている場所が結構多いんです。西側の様々な援助や資本が入ってきてもなかなか自立できない地域で人口流出が起きて，若者は結局いなくなってしまう。そうするとどうしても犯罪が増えるわけです。東ドイツ地域ではネオナチが非常に大きな力を持っています。もちろんこれには東西両ドイツの統一という特殊な事情があります。しかし私は地域間格差のみならず地域内格差が広がっていったときには結局地域の光景が崩れていくことが起きると思います。

　先程上野先生は生態系が崩れるといろいろな問題が起きるとご指摘なされましたが，人が生きていた証がなくなるわけですから，やはり社会不安のような現象が起きてくると思います。私は最近2回ほど経済産業省で日本の今後の地域社会をどうするかというフォーラムに参加しました。そこでいろいろな意見を述べたのですが，ニートの問題にも触れました。皆さんも知っての通りニートの若者——無業でトレーニングをほとんど積んでいない——が全国的に増えています。私は大都市よりは地縁・血縁関係が強い地域社会ではそういう引きこもりやニートの若者を抱えた家族というものがなかなかカミングアウトするのが難しいのではないかと思っていて，潜在的にかなりの数にのぼると思っています。それからやはりフリーター的な若年層ですね。フリーターといっても実際は自らそれを選んだというよりそうせざるを得ない若者の問題です。日本の場合は終身雇用制は大企業の中核部分には保障されていますが，それ以外は派遣業や非正規的な労働力によって補填されていますから，若者はどこにいくかということですね。これは大都市圏でも非常に大きな問題になっています。これらの若者は将来の年金も払えません。それから疾病や医療いろいろな問題で社会を支えられません。自分の親が持ち家で資産があればそれを食いつぶしていけるのでしょうが，そうでなければある種の寄せ場労働者と同じようになっていくのではないかと私は心

配しています。
　これはヨーロッパにおいても失業率が高くなり，地域社会がそれを支えきれない場合に現れてくる現象です。この問題について早く手を打つべきだと私は思います。熊本県でもおそらくこのようなニートあるいはフリーターの若年層がこれまで以上に増えてくるのではないでしょうか。若者に雇用を保障するような社会でない限り，やはり地域社会は安定しませんし，将来の地域社会の世代交代を進めていく上で問題が生じてきます。
　よく団塊の世代は「年金食い逃げ世代」と言われます。昭和24年以前に生まれた人は年金が大体もらえるということです。私はちょうど昭和25年生まれですが，そこから少しずつ危なくなるわけです。そうすると今30代の人たちは，年金は将来難しくなるのではないかと思われます。また一方では雇用形態が非常に柔軟になり，将来の人生設計が難しくなることも予想されます。民間の個人年金に入っても膨大なお金が必要ですし，大体70歳80歳までの人生設計を考える場合，年金でまかなえないとすると果たして不足分を何によってカバーすればよいのか非常に難しい問題です。持ち家があればそれを担保にするリバースモーゲージにより将来まで暮らせるかもしれませんが，この制度も東京都の武蔵野市をはじめとする一部の地方公共団体でやっているだけです。そうすると，持ち家がない，親の将来の様々な蓄えが微弱であるとすると，その子供がフリーターになった場合には社会的コストはかなり大きくなるのではないかと思います。
　そういうコストが，安全や安心できる暮らしを考えていく場合に大きな問題になってきます。ですから日本社会の傾向は，意外と若者残酷物語に向かいつつあるのではないかと危惧しています。つまり一般的にはコマーシャリズムで若者が一番もてはやされていそうなんですが，現実には若者の将来は一番の不安材料ではないでしょうか。したがって今後は熊本県および熊本市はやはり若者に希望が見られる社会にしなければなりませんし，そのためには最低限の安定した雇用の確保を考えない限り，若者が定着しないと思います。
　最近，社会学者の中にも「希望格差社会」ということを，つまり将来希望が持てるグループと持てないグループとが分かれていくということを言って

いる人がいます。私が勤めている東京大学では，親の年収はだいたい1,000万円以上くらいです。熊本市内あるいは県内でサラリーマンか自営業かは別にして親の年収が1,000万円以上という家庭はそう多くはないと思います。実際に中央の有力な大学はほとんど大都市圏に集中しているはずです。ですから私は間違いなく親の資産と所得によってどこの大学に入れるかがほぼ決定されていくのではないかと思います。私は大学で100人くらい教えているのですが，親が2人とも四年制大学卒，あるいは大都市の大学卒という学生が実際に前よりもずっと増えています。20年前教えた学生と現在教えている学生に聞くと，間違いなく階層間の固定化が始まっていると思います。階層間の固定化が始まると，どこに生まれたかによってその人の将来はかなりの部分決定されるわけです。そうすると子供が2人いて熊本市，熊本県から東京の私立大学に進学するとなると，アルバイトをやるにしても親の年収は少なくとも1,000万円以上なければ賄えないと思います。そういう時代に日本は入りつつあります。

　すると若者は，ルールに従って競争の入り口に入ろうとしても最初から入れる人と入れない人がいる。もうゲートが分かれているということです。このような社会の持っている活力不全という問題は大きいと思います。日本はやはり親がどうであれ，また親の所得や職業がどうであれ，個人が頑張ればそれなりのものの対価が得られるということを前提にして人々が教育に励みいろいろ頑張ってきた社会ではなかったでしょうか。そういう点では日本の社会はヨーロッパとも違って非常に流動性が大きい社会だったと思います。日本は職業，所得そして資産あるいは職業上の威信――これらが一貫性と言いまして――が全部そろってしまう社会ではなくて，つまり所得は高いけれど逆に学歴はない，あるいは学歴は高いけれども資産はそんなにはないというような形で相殺されていた社会でした。それが80年代の終わりぐらいから――学者の間でも論争がありますが――，資産，所得，学歴，社会的な威信・プレステージ非一貫性がくずれつつある社会になったということで，階層的な固定化が問題になりつつあります。

　日本はやはりアメリカのような激烈な競争社会には向かない社会だと思います。アメリカの場合には，かなり自由化が進みセーフティネットも日本ほ

ど完備されていません。しかし，人生の選択は複線化されています。例えば40代になってもハーバード大学を出て弁護士になれば社会で活躍できます。ところが日本の場合は，可能な限り現役で有名大学に入り4年で卒業して有力企業に入る，これがエリートコースですね。すると年齢によって輪切りにされますから，40歳50歳になってもう1回やり直すというリターンマッチができない社会です。競争社会になるならば敗者復活戦のチャンネルを社会が用意しない限り，非常に厳しい社会になります。

　やや悲観論を申し上げましたが，私も親になって50代になってみると，何か若者が一番可哀想なように見えるときがあります。どんなに若者が能天気にはしゃいでいても，20年後を考えると非常に厳しい状況になっているのではないかと思います。こういう世代の問題，世代間の負担・役割をどう考えるかということをぜひとも政策提言の中で考えていただきたいと思います。

姜尚中教授へのインタビュー

伊井純子 FM 熊本アナウンサー　さて今日は，熊本大学のシンポジウムで基調講演をされるために熊本においでになった，東京大学の姜尚中さんにお話を伺います。どうぞよろしくお願い致します。
　今日のご講演は，熊本大学の政策創造研究センターのシンポジウムを記念した基調講演で，「地域から考える日本と東北アジアの未来」という，大変大きなテーマでしたね。

姜尚中教授　はい。地域といっても，英語で言うとローカル（local）とリージョナル（regional）と 2 つあります。熊本にある熊本大学の地域社会との結びつき，それはひとつのローカルな話なのですが，しかし同時にそれがもっと大きい広域的な地域になんとか繋げられるようになればと思っています。熊本というのは，客観的にも非常にいいロケーションにあって，いろいろな潜在的な可能性があるのに，なかなかそれが活かされてないように外側からは見えるんですね。それを活かしきろうという試みとして，今回政策創造研究センターができて，いろいろな苦闘があったと思うのですが，できた以上はひとつ大きな役割をという期待がかかるでしょうし，僕もキックオフだからやっぱり抱負を語らないといけないという意味で少し話を広げました。

伊井アナ　それともうひとつ，やはり熊本のお生まれであるということも大きく関わっていますよね。

姜教授　そうですね。熊本を出て 35 年ぐらい経ち，もちろんその間いろいろな交流もあったのですが，自分が段々歳をとってくればくるほど，意外と熊本に対する愛着みたいなものが，自分ではわけもなく出てきたような気がしています。だからそういう点では，何と言うのでしょうか，もっとその

潜在的な可能性を活かしてほしいというもどかしさ、もどかしさと同時にやっぱり愛着。それがこういう機会を与えられて、それをはっきりとストレートに言いたかったということで、非常に私にとってもいい機会でした。

伊井アナ　それでは本題に入っていきたいと思います。姜さんは世界的視野で日本の位置も考えていらっしゃると思うのですが、その中にあって九州の中の熊本、アジアの中の熊本という捉え方があると思います。今日は熊本が未来に向けて明るい希望が持てるようなお話を聞かせていただきたいと思います。

まず日本は、ちょっと先行き不安な雲行きにみえますが、この辺はどんなふうに捉えていらっしゃるでしょうか。

姜教授　日本は明治から100年大変な歴史的な変動もありましたが、成熟した段階を迎えていると思います。戦後60年経って、富裕化という点ではアジアの中でダントツの、成功物語の歴史的軌道を歩んできました。しかし今日もちょっと話したのですが、満月がやがて少しずつ欠けていくのではないかという気持ちが多くの人々の中にあると思うのです。僕は、満月が欠けるという発想をとるのではなくて、やはり一定限成熟社会を達成すると、今後はただなだらかに衰退に向かっていくということではなく、成熟社会に相応しい社会の仕組みを構築していく必要があると思うのです。しかし右肩上りの高度産業化社会の次のステージが何なのか、それがなかなか見えてないと思います。

すでに70年代の終わりに、国は国のレベルで、もう追いつき型近代化は終わった、でもその先にモデルがないというようなことを言っているのですね。自分でシナリオを作らなければならなくなったわけです。しかしシナリオを書くためには創造力が必要だし、今日政策創造が必要になっているわけですね。クリエイトしていかなくてはならない、それにやっと立ち向かわざるを得なくなったわけです。そうすると、失敗を恐れては何も出来ないわけです。トライアンドエラーでね。

シナリオができていれば、ある程度失敗やその他デメリットをできるだけ少なくしてやれるわけですが、今度は自分がシナリオを書いて、リスクを背負わなければならない。そういう局面に全体があって、いろいろな問題に今

突き当たっているというイメージなのです。だから皆が豊かさをそれなりに享受しているのだけれども、では次に何なのだろうというときに、なかなかはっきりした形になるものが出てこない。そのもどかしさの中にあるのではないかなと思います。

伊井アナ　日本がアメリカの方をかなり向きすぎているような状況にあって、改革を地方も含めて痛み分けの形でやろうということが宣言された時点で、やはり国に頼ることなく地方でも生き残りを図っていくという機運はかなり自覚しているところだと思うのです。その中にあって、熊本は今後何を縁に進んでいけばいいとお考えでしょうか。

姜教授　熊本は多分、明治維新このかた、全国的な役割を果たした人は意外といいますが、ただ熊本の歩みというのは、国策とともに歩んできた面もあると思います。しかし同時に、国策のいろんな問題点に対する批判的な指摘もまた非常に根強くて、言ってみれば明治以来の民権と国権の対立のようなものですね。だから民権の立場を唱えた人も、人脈的にはユニークな人がたくさんいますね。戦後は比較的国策的にできる限り国の方針に従ってきた面が強いと思います。

　今、県知事さんも女性の方がなられて、市長さんも随分若い方がなられて、何か非常に変わったなあと思います。変わったなあというのは、これまではやはり大きいもの、それは企業でも国でもいいのですが、その大きいものからのパイを均霑されるというような形で何とかしのいできた。それではもうできないということが分かってきたが、かといって程々に環境的には恵まれているし、経済もまあまあですごく逆境にあるわけではない。そして教育水準も高くて、人材もいる。そういう点ではほどほどなのですね。だから非常にすごい危機意識がバネになって、何が何でもがむしゃらにやっていこうというわけでもない。ただ熊本県、熊本市がどういう形で県民や市民の今後のあり方を展望できるかとなると妙案もない。そして国との色々なコネクションもかつてのようには働かないし、そうするとやはりもう１回自分たちの内側から見直して、今日市長さんが２番目におっしゃっていた、「熊本をよく知る」ということが大切です。

　つまり熊本は県としても、市としてもどういうような性格で、どういうポ

テンシャルを持っていて，自分たちはどういう強みと逆に言うと弱みがあるのか，きちんと己を知った上で，そしてその良い点は良い点としてどうやって伸ばせるか，というようなことをもう改めて根本的に考えざるを得ないと思います。そういう時に，これもまた否応なしに新幹線が全線開通になるということで，ある種他律的な形でその中に組み込まれていかざるを得ないわけですね。

それにどう対応するかということは重大な問題だとは思いますが，僕は熊本の位置とか，熊本の今後の10年，20年先を考えるひとつの青写真をどう描くのかということを本格的に議論することが一方では必要であると思います。一方では差し迫ったテーマとして，過去の歴史的にずっと繰り広げられてきたいろんな問題を解決しなければならない面も背負い込んでいるわけですね。これは川辺川の問題もそうでしょうし，ハンセン病の問題，水俣病の問題もそうでしょうし，まだいろいろあると思います。だからいずれにせよ熊本というのは，外側の眼でもう1回見直してみる。そこから出発するしかないと思っています。

ですから学問ということから考えると，学問にはやはり歴史と理論と政策があると思うのです。「政策創造」というのは政策の部分を担うわけですが，実践的に何かを着実に変え，新しい展望を実践的に切り開いてゆくことが大切だと思います。ただそこにはやはり今まで熊本はどうだったのかという歴史的なきちんとした考察があって，その上でどんな課題を今解決しなければいけないのかという理論的な作業があるわけですから，今日上野先生がいろいろシンクタンクについておっしゃっていたけれど，やはり大学だからできることがあると思うのです。分かりやすく言うと，政策には変な例えですけど，「ナマモノ」の部分があると思うんですよ。政策というのはホットで，鮮度もフレッシュでなければいけない，まあこれはジャーナリズムもそうで，そうすると絶えず鮮度の新しいものを追い求めていく。でも点だけで見ればフレッシュなのだけれども，それを線になおして，面になおしてみると実に陳腐なものだったということが分かる場合もあるしね。まあどこかの有名なシンクタンクは，のりとハサミがあってやっているようなものだと言う人もいる。ところが大学には歴史も理論もひっくるめて，一見すると役に立

たないような「干物」の世界があるわけです。そういう蓄積があってはじめて政策というのが出てくるわけだから，そういう点では僕は今言ったように，熊本を知る，熊本の歴史，熊本が今までどういうふうに今日まで歩んできて，もしそこを見直すとするならば，一体熊本がずっと変わらずに抱え込んできた問題は何なのか，またその問題の中にチャンスもあるわけだから，その可能性をやっぱり探っていく。

　従来は，熊本は九州の中心だと言われていたけど，今回は新幹線の開通により場合によっては始発と終点が栄えて，その間が陥没するとなるとデメリットになるわけですね。そういうふうにしてもう少し熊本を知る，そういう作業を大学の中できちんと踏まえた上で，政策提言ができればこれはやはりいいものが出てくるのではないかと思います。だからそういう点では熊本をもう1回見直してみようというときに，こういうようなことが熊大から発信されたということは，これは偶然かもしれないけど，やはりタイムリーになるのではないかと思うんですね。

伊井アナ　若者が今，元気を失っている，まあ一見元気そうでも希望を失っているように見える中で，どのような言葉をかけてあげたいと思ってらっしゃいますか。

姜教授　うーん，僕は学生にも言うのですけど，自分の経験からしても無駄だと思うことを1回やってみないとそれが無駄でないことも分かりません。日本の教育制度は小さい頃から「これは無駄だ，これは役に立つ」というふうに目に見えない区分けをしっかりと学んできた。だから受験で要領がよいというのは，要するに無駄なことと無駄でないことをよく分かっていて，そこで無駄なことは一切しないという形でやってきた。ところが社会は，社会への貢献とか，場合によっては奉仕なんていうことを言い出して，そうするとなかなかそういう訓練がないわけですよね。それは「公」という問題にも関わってくると思うのですけれども。だから若い人には意外と食わず嫌いの面があるのですが，それでも無駄なことと思って振り向かなかったことに意外と汗を流したり，いろいろやってみると非常に面白かったりする。だから僕は決して若い人に悲観もしていません。

　今日も「おいしい生活」と言いましたけれど，やはり日本の社会は総一流

消費社会になって，微細な差異を競うことに多大なエネルギーを費やしてきたと思うのです。例えば大学だって偏差値であそこはちょっと違う，1点違う，2点違うというようにね。それから消費生活においても，物が隣の家とはここが違う，自分の持ち物もここが違う，地位もここが違うという差異のゲームをやってきている間に，全く異質なものと格闘するとか，コミュニケーションがほとんど成り立たないと思っている異質なものと向き合ってみるといった訓練が，小さい頃からなされていないのではないかと思います。だからどうしても内側だけの仲良しグループになってしまうのではないでしょうか。仲良しの方がコミュニケーションはうまくいくし，その結果として余分な労力も必要ないわけだから。でもそうしている間に，やはり活力が失われていく，それで均質化していくと，結局もう微妙な差異だけが非常に増幅されるわけです。そうするとちょっと異質だとみなされるだけで，ある種排除のメカニズムが働いたりする。

　昔僕たちが大学生の時は，すごい貧乏人がいて，またすごい金持ちがいて，そういう点でユニバーシティだったんです。やはりそういういろんなものが，混交的に雑種的にあるのが僕はユニバーシティと思うのですけど，同じような家庭に育って，同じような学校に通って，同じような大学に行って，同じような会社に行って，同じような異性と出会って……という，これはやはり内側にいるとその問題点が分からないと思う。それが，今のアジア社会との関わりのあり方にも反映していて，近隣アジアの異質なものと，どういうふうにチャレンジングに向き合っていくか，なかなかそのエネルギーが出てこないので，敬遠してはいないけど遠ざける。それでは僕は活力を呼び込めないのではないかと思う。だから異質なものとどんどん交じり合って，格闘して，そうすると非常に面白いことがあるという，当たり前のことなのですが，それを若い人にも一番言いたいし，学生はそれが一番できる世代だと思います。

伊井アナ　最後にもうひとつだけ質問させて下さい。「東北アジア」という考え方，あるいは，日本は，アジアの一員であるという考え方からすると，ヨーロッパはEUという形で，何とか一塊になることができました。でも朝鮮半島の分裂されたままの問題，中国の問題，台湾の問題といろいろ出

てきていますけれども，アジアはこの先明るい見通しに向かって進んで行けるのでしょうか。

姜教授　何となく大きなテーマですね。アジアの中で1人当たりの所得が4万ドル近くになっているのは日本だけですよね。しかし台湾も限りなくそこに近づいてきて，韓国はもうその後にきている。20年前と比べると東アジアの国同士の1人当たり所得の広がりは，確実に段々と縮まっています。韓国一国だけとっても，韓流ブームが起きたりということはありますけれど，かなり日常的に身近になったと思いますよ。

　しかしこれほどまでに体制も違う，民主主義の成熟度も市場の広がりも，それから所得格差も違う，産業構造も違う，そういう気の遠くなるほどに多様なアジアというのが，ひとつだということはあり得ないわけですね。しかし，ただ緩やかに，どうやら何かある枠組みみたいなものができつつあることは間違いありません。それが何故必要なのかというと，もう日本のようにフルセット型の製造業みたいなものが成り立たなくて，工場がどんどん外に出ていますし，パーツ産業もアジアの中で調達している。これはもう既に早い時期からそういうふうになっているわけですね。そうするともう日本は否応なしに，アジアの中にビルトインされている。ビルトインされていても，これだけ巨大な国ですから，そこで応分の役割をやっぱり果たさざるを得ない。そのときに東アジアで地域統合がより進んでいるのは東南アジアなわけですね。

　今まで東南アジアというと，比較的東アジアより遅れているという意識が強かったのですけど，ASEANの方が比較的地域統合というのが独自の形で進んでいますね。その延長上にASEANプラス3（日中韓）を中心とする東アジア共同体構想が浮上しつつあります。同時に，この共同体に中国，日本，韓国，今後インドやオーストラリア，ニュージーランドは加盟するのかどうか。そしてアメリカはどうなるのか。それらの問題をめぐってつばぜり合いがあるわけですね。アメリカとしてはAPECがあるから東アジア共同体は必要ないのではないかと。ところがアジア諸国の中に，特に中国やマレーシアの中に，通貨危機のときに全くアメリカは助けてくれなかった，むしろ世界銀行その他を通じてかなり構造改革が迫られたと感じている。そう

いう痛手があったものですから，少なくとも最低限の通貨危機が起きないようなセーフティネットを関係諸国で作ろうというのが，ひとつの理由だと思いますよ。

　ところで私は，東アジア共同体と東北アジアのリンケージが重要になってくると思います。という意味は，東アジアにはアメリカは入ってないけど，東北アジアにはアメリカが入っている。ロシアもアメリカも日本も中国も南北両朝鮮も入っています。ですから東北アジアと東アジアと密接にリンクしながら，そしてアメリカもこの地域の中のアジア太平洋国家として重要な役割を果たしていく，そういうのがおぼろげながら相互の関連が想定できるのではないかと思います。このような時代は確かに 1930 年代にあったわけです。世界恐慌があってその後にブロック経済に皆向かっていきました。でも今は WTO 体制で世界自由貿易の枠組みがあるわけです。ただ何故 NAFTA や EU が出てきたかというと，やはり地域間の自由貿易構想も入れて，もう少し地域間できちんと固めていかないと，一国単位では通貨危機や世界の様々な恐慌が起きた場合に耐えられないからです。かといって世界的規模で考えると，世銀や IMF はやはりヨーロッパ，アメリカ中心ですから，どうしても債務過剰になった国には構造改革を迫るわけですね。構造改革を迫るということは，出血しながらより負担を国民に強いることになるわけだし，やはりそれはしたくない。そうすると地域間で協力しながら，通貨危機が起きた場合には通貨を融通しあったり，それから貿易障壁をなくしたり，人の移動を可能な限り自由にしていったりできます。それで言ってみれば，ゼロサム（Zero-Sum）ではなく，ウィンウィン（Win-Win）ですね。そういうようなことをやろうということは自然なのだと思う。

　ただそれが閉ざされた経済圏域にならないようにしなければいけないですね。そうしないと 30 年代と同じ過ちを繰り返してしまう。日本も，もう日中貿易や東アジア貿易がアメリカを上回ったわけだから，これはもう否応なしに東アジア共同体のあり方を考えなければなりませんし，また東北アジアの安全保障の問題に積極的にコミットする必要があると思います。それで僕自身は少しスケールが大きいかもしれないけれど，ユーラシア大陸の中の東アジアと考えています。というのは皆さんがよく目を凝らしてみると，今世

界でいろんな出来事が起きている中心はこのユーラシア大陸なわけですね。ソビエト崩壊もそうだし，旧ユーゴの問題もそうだし，イラク，アフガニスタン，それからインドの勃興，中国の勃興，それからヨーロッパもユーラシア大陸の西の果てですからね。そうすると意外とユーラシア大陸の時代というのが少しずつあって，巨大な地下資源と天然資源とそして巨大な人口を抱えて，それで騒乱も多くて安定しない，そう見られていました。ただ間違いなくインドはかなりの役割を果たしそうだし，そうすると今後世界の多極化の中で日本の未来を考えていく必要があると思う。勿論日米関係は重要なのですけど，ただ世界が多極化するという方向で日本の未来の選択肢を考えるか，あくまでも一極的なものが今後も続くであろうということで日本の進路を考えていくのかはかなり違うと思います。

　それで金大中さんは，昔から「鉄のシルクロード」と言っています。壮大になるかもしれないけど，確かに鉄路でヨーロッパと東アジアが結びつくとなると，海で運ぶより3分の1に短縮されるわけです。それから海上運輸コストがかなり圧縮される。要するに日本という国は，海との関係で潤ってきた国です。海洋国家です。意外と大陸との関係が非常に希薄であったり，大陸の国々との関係が取りづらかった国です。考えてみますとユーラシア大陸をはさんでイギリスと日本は，非常に似かよった発展のプロセスを辿ったわけですね。ところがユーラシア大陸と真ん中の西ヨーロッパを除くと，そのほとんどの国々は，専制国家だったり，独裁国家だったりしたわけです。しかし，グローバル化，冷戦崩壊以後，この地域が動き出した。アメリカもこの地域にものすごい関心を払っているわけです。日本もやはりこの地域の中で，東アジアというのは日本と一番近い地域ですから，こことの関係がうまくいかないと日本だけ取り残されてしまう。

　中国と韓国と日本の関係は非常に難しいのですが，この地域との関係をうまくやるしか日本の将来の展望はないのではないかと思います。そうしないと結局じり貧になっていくのは間違いないと思うのですよ。だからそういう点で，東アジアの枠組みの中に日本が積極的に入っていって，しかし東北アジアの枠組みをキープすることでアメリカも呼び込める。そういう役割を日本が果たすべきであり，日中にある種の覇権競争みたいなのが起きると，非

常にこれはまずいと思います。

伊井アナ　今日はいろいろ難しいお話も聞きましたけれど，熊本から姜さんのような方が出ているのは心強い。今後九州から，日本あるいは世界を動かす人材がそれほど沢山でてこないような気がする中で，たいへん期待がかかってきます。

姜教授　意外と熊本みたいなところからいろんな人材が育ってくるのではないかなと期待しています。東京からみれば周辺ですが，でもアジアでは周辺ではない。その地の利は活かせると思うし，観光ひとつとってみても，これだけの資源があって熊本を素通りさせない工夫はできるのではないかな。世界一の阿蘇のカルデラを持ち，天草のような美しい島を持って，なおかつ美味しいものがいっぱいあって，どうしてここが素通りになるのか僕はよく分からない。

伊井アナ　熊本は日本における"眠れる獅子"なのかもしれないですね。どうもありがとうございました。

（平成 17（2005）年 5 月 30 日収録）

第III部

大学と地域形成・政策教育を通して

第 4 章

地域公共圏と政策教育
――アメリカの政策大学院とわが国の政策教育――

岩 岡 中 正

はじめに――地域を創る大学：政策と政策教育――

　私たちはいま，近代の「国家」中心システムから近代後の「脱国家」「脱中心性」の時代にさしかかっている。そこで最も重視されるべき政策目標は，「持続可能な地域」の形成であって，しかも私たちはこれを「中央」からでなく，私たち自身の「地域」からの意思決定と政策形成によって行わなければならない。つまりローカル・デモクラシーによる政治・行政的自立と社会・経済的自立が，いま求められているのである。私たちは，このあるべき地域社会を公共哲学の概念に則って「地域公共圏」とよぶが，この実体とネットワークをいかに豊かなものにするかに，21世紀社会の成否はかかっているといっても過言ではない。
　大学は，この地域公共圏の極めて重要な構成要素であると同時に，地域における最大の知的集積機関であり高等教育機関である。政策というレベルでいえば，大学の前者の役割からはシンクタンクや政策形成機関としての役割，後者では政策教育機関としての役割を担わなければならない。すでに述べたように脱近代の今日の知は，実践的総合的価値志向的なものでなければならず，地域にあってはその価値目標にしたがって諸課題を具体的に解決し地域を創出しうるものでなければならない。こうした「新しい知」を実際担

う具体的解決策こそ「改革」とよばれるものであって，地域公共圏の形成にとって，この政策という新しい知を創造し社会へ提言するとともにこの政策の知を教育する大学の役割は極めて大きいといわなければならない。

1．わが国の政策教育の現状と課題

こうした「地域公共圏」の形成にとって重要な役割をもつ大学の政策提言及び政策教育機能への社会的ニーズは近年ますます高くなりつつある。政策大学院は具体的には1970年代よりわが国でも設置されはじめ，90年代に展開し，近年とくに2004年の国立大学の独立法人化を契機に一気に増加し，現在では約20を超える。それは，わが国の高等教育政策が従来の研究者養成から高度専門職業人養成へと拡大したこと，脱中央集権化の大きな動向の中で地域形成の中核となる公務員やNPOなど団体のスタッフのキャリアアップ等のニーズが増大したことに支えられている。

わが国における政策教育は政策大学院だけでなく経済学部，法学部，文学部さらに工学部などそれぞれの学部においてもそれぞれの専門領域と関連して一部行われてきたが，全体としてわが国の政策教育は，現在その緒についたばかりでまだ体系化された教育システムを備えている大学は少ない。わが国の高等教育は，長くそのアカデミズムの割拠性や，ときにはイデオロギー性に拘束されてきたことなどから，ともすれば具体的課題を解決する新しい知を軽視する傾向が強かったため，これまで超領域的総合的で体系的な政策教育への取り組みが遅れてきた。

つまり，わが国の大学では，政策のアカデミックな分析や政策のマネジメントについては教育・研究が行われてきたが，具体的な政策形成や政策提言までは行われてこなかった。

また，政策はそもそも解決すべき具体的課題が複雑・多面的・多次元にわたり，その解決でもまた総合的超領域的でなければならない。その意味で，政策教育は既存の学部学科を超える総合性を持たねばならないが，わが国の大学は，その点での取り組みが，これからという段階である。

以上の問題は抱えつつも，わが国の既存の大学院はそれぞれ，その歴史的

背景や実績に応じて都市型の公務員養成やリカレント中心，あるいは地域密着型など多様である。さらには，政策大学院とはいっても，公共政策，経済・財政政策，国際政策，地域政策というようにそれぞれの得意分野別の個性も多様である。

こうしたわが国の政策教育は欧米とくに米国と比べると後発であり，本来，政策学がもつプラグマティックな知的風土や政策教育への社会的要請の強さも異なることから，とくに米国と比べると，まだ多くの課題を残している。以下，米国の2つの政策大学院への訪問調査の紹介を通して，政策教育の日米比較とそこから得られる示唆を簡単に述べたい。

2．米国の政策大学院

ここではシラキュース大学マックスウェル校とニュージャージー州立大学ラトガーズ校の2つをとりあげる。全米の政策大学院の中でも，前者はナショナル（連邦）レベルでの政府と連携して，とくに行政管理や国際関係に強く，後者は，その発生からニュージャージー州という地域レベルでの政府と連携して公共政策と行政管理による公共サービス・ミッションに特色がある。これらは，ナショナルとローカルのそれぞれのレベルでの典型的な大学院である。以下，インタビュー等を通して得たそれぞれの特色について述べたい。

(1) シラキュース大学マックスウェル校公共政策大学院

本校は毎年の大学院評価でハーバード大学ケネディ校を押さえて全米1位の評価を得ている大学院である。民主主義の価値と市民の責務による善きガバナンスを設立理念に掲げる公共セクターや国際プロフェッショナルのための職業教育を行い，院生数800人をこえる大規模校である。国防総省など連邦政府との強い連携および政治学経済学等の社会科学や歴史学等の幅広い学部の基礎の上に専門教育を行う体系的カリキュラムおよび国際インターンシップやプロジェクト研究など実践的プログラムに特色がある。

インタビューによる本校の特色は，以下のようにまとめられる。

調査日　　平成 16（2004）年 11 月 15 日
インタビュー相手　　同校　ミッチェル・ウォーラーステイン学部長
調査者　　岩岡中正教授，上野眞也助教授

まとめ
① マックスウェル校の特徴および全米一の政策大学院の評価を受ける理由について

行政学プログラム専任は 23 名だが，政治学・歴史学・経済学という 3 社会科学部と併任のフルタイム・ファカルティが 145 名いて教育に当たっている。3 学部の幅広い教養の基盤の上に，一方で学際性，総合性をもたせつつ，他方で専門分野に集中する，総合と集中の連携がうまくいっている点が成功の最大の原因である。

なお，ロースクールともプログラム提携しているし，医学部はないが「公衆衛生プログラム」で連携している。

② 教育の基盤・目標について

理念として民主主義とシティズンシップ（市民としての責務）を掲げ，この理念と技術・実践をうまく組み合わせることが大事。

③ 財政基盤について

外部資金獲得が最重要課題で，そのための専門の副学部長を置いて努力している。外部資金はシンクタンク的プロジェクトから獲得し，それと授業料で運営されている。外部資金の相手としては，国防総省その他政府機関等である。学部長自身の前任は，マッカーサー財団の副理事長であり，国際安全プログラム基金の財務責任者であった。

④ 教育方法の特徴について

●インターンシップやプロジェクト研究参加（実習）といった実践教育を重視している。インターンシップはワールドプログラムとして，アジアでは香港等，大学が世界各地にもつ拠点に学生を派遣する形で行われる。参加学生の 30％は外国人で，各自の出身地に戻ってインターンシップを行うこともある。基本的に 12 ヵ月だが，6 ヵ月もあり，国際コースでは 2 年の場合もある。

● 各種のキャリアアップコースを設けている。つまり，学位を伴わない市民向けの教育プログラム，ミッドキャリアの管理者に向けたコースも用意している。

⑤　寄付講座

人件費・研究費込みで400万～500万ドル（年間）規模の講座と200万～300万ドル規模の講座をもっている。

⑥　就職先

連邦政府公務員が50％で，その他は州及び自治体政府，および，NPO，NGO，国際機関，大学，コンサルタント会社，一般企業に就職している。

(2)　ニュージャージー州立大学ラトガーズ校公共政策・アドミニストレーション大学院

本校は，学生数100人とやや小規模だが政策と行政管理に重点をおき，各種政府機関や公共サービス機関の職員のための大学院であり，カムデン市とともに発展したその成り立ちからして地域と密着した公共政策教育に特色をもつ。他方，最近では国際開発インターンシッププログラムや医療行政プログラム等にも力を入れている。

インタビューによる本校の特色は，以下のようにまとめられる。

調査日　　平成16（2004）年11月16日
インタビュー相手　　マイケル・ラング教授（大学院主任）
調査者　　岩岡中正教授，上野眞也助教授

まとめ

①　地域との緊密な関係——歴史から

政治学と都市研究の研究者を集め，デラウェア州政府はじめ地域自治体の資金援助からはじまった。州政府から公的補助はあるが，シンクタンクとしての大学は外部資金を地域からも得ている。大学と地域の間をつなぐキーパーソンが大事である。

例えば，病院のヘリポート建設とその公的経済負担の検証のような小さな

具体的でローカルな課題解決から大学の評価を高めていった。

② 公共政策学と他の社会科学の学際連携の必要

得意の専門分野（公共政策，公共マネジメント，国際公共サービス，ヘルスケア政策，教育，最近は刑事学）を立てるが，課題は多様で具体的で地域的であるので，アプローチも多面的で学際的でなければならない。

③ 教育方法はインターンシップなどの実践重視

社会人学生には求めないが，他の学生には必須である。例えば国際専攻では，教員の指導のもと，平和部隊や国際機関（有給）で行い，優秀な学生は，有給でリサーチセンターへ出す。また，インターンシップ・コーディネーターを置く。学生指導は教員がオンラインで課題研究を指導する。

④ 評価をふまえた一定レベルの教育保証の上で，各々の大学の個性化が必要

NASPA（アクレデーション・プロセス）によって教育レベルの保証をした上で，大学の個性化が必要である。

⑤ 学生の構成と学費

公共マネジメントコースはすべて公務員で夜間コース，国際コースはフルタイム学生もいる。学位は昇進と関係のないキャリアアップである。単位累積制度や長期在学制度を導入している。職場が授業料や休暇を与えるところもある。

⑥ 教員の負担

たしかに負担は大きいが，改組によって人的資源をふやすことを考えている。

⑦ 新分野の開発

教育行政・政策（メンター（教師）・アカデミー）や刑事政策分野はこれから有望で，これに取り組んでいる。

(3) **政策教育の日米比較からのいくつかの示唆**

① 日本の場合まだ歴史が浅い創生期であり，政策大学院としてのスクール化が進んでおらず，研究者養成と混在している大学もある。社会調査，統計処理，財政分析といった政策の基礎的技法の習得に始まり，政策形成，行

政マネジメント，さらには政策評価や倫理へという，一定標準のカリキュラム整備と，インターンシップや課題研究等の教育手法の標準化がこれからの課題である。

② 米国の大学は外部資金の獲得をその設立時から経営の中心に据えており，この点は，とくに独立法人化後の国立大学は学ぶべきである。また，とくに社会人にとって負担感の大きい授業料の問題で，今後奨学金や有給インターンシップなど，学生の側に立った工夫も必要である。

③ 財政・課題・人材の資源として，日本の政策大学院も，ナショナル，ローカルレベルを問わず，自治体や地域との連携をさらに強化すべきである。さらには，それぞれの政策大学院が，ナショナルレベルやローカルレベル等においてそれぞれの個性を持つ必要がある。

こうしてわが国の政策教育には，カリキュラムの体系化，財政の強化，いっそうの地域連携と個性化，さらには国際化が求められている。

3．米国の大学訪問調査校の概要

(1) シラキュース大学マックスウェル校の概要

行政管理・経営と国際関係を得意とする政策大学院で，毎年の大学院評価ランキング（US News Best Graduate Schools）ではハーバード大学の大学院であるケネディ校などを押さえて毎年全米ランキング第1位に選ばれている。設立理念に民主主義の価値と市民の責務（シティズンシップ）による善きガバナンスを掲げ，公共セクター及び国際的な業務のプロフェッショナルとして活躍するための職業教育を行うことをめざしており，卒業生は国や地方行政，国際機関，NGOなど多方面で活躍。大学院，学術研究及び応用研究のための各研究センターを備え，また学部レベルの公共政策学教育や市民向けの教育プログラムを提供している。

○基礎データ
所在地：アメリカ合衆国ニューヨーク州シラキュース市
設立年：1924年

取得できる学位：Master of Public Administration
MPA/JD, MPA/MA-IR
Doctor of Philosophy in Public Administration
修士・博士（人類学，経済学，地理学，歴史学，政治学，公共管理，社会科学，社会学）
学生数：大学院専門職430名，社会科学大学院400名，社会科学専攻の学部生1,700名
海外学生比率：25％
女性比率：55％
通常の履修期間：1年間（MPA及びMA（PA）），16ヵ月（国際関係学修士）
専門教員数：約23名（行政学プログラムのみ）
ファカルティ：145名（フルタイム）
年間授業料：27,440ドル（1単位あたり686ドル）

○カリキュラム
開講科目数：52科目（公共マネジメントプログラム）
修了単位：40単位
カリキュラム構成：必修科目（25単位）
　　　　　　　　　専攻単位（15単位）
必修科目：公共問題オリエンテーション
　　　　　公共予算
　　　　　行政管理と民主主義
　　　　　公共組織と経営
　　　　　行政管理者のための経営経済学
　　　　　統計学入門
　　　　　数量分析
　　　　　MPA演習
　　　　　行政リーダーシップ演習
夏期インターンシップ業務：なし

専攻分野：環境政策と管理
　　　　　国際・開発管理
　　　　　公共・非営利経営
　　　　　地方財務分析と経営
　　　　　社会政策――高齢化，教育，保健，福祉
　　　　　技術・情報マネジメント
　　　　　混合学習

○その他のプログラム
取得できるその他の学位：学術修士（国際関係学）
　　　　　　　　　　　　学術修士（経済学）
取得できる修了証：行政管理
　　　　　　　　　健康サービス・マネジメントと政策

○その他
　マックスウェル校は MPA 課程以外に，国際関係学のプロフェッショナル修士課程と人類学，経済学，地理学，政治学，社会科学，社会学のアカデミック修士課程を有する。
　仕事を継続しながらエグゼクティブが1年間で学位をとることができ，国際社会でリーダーとして活躍できるようにする特別の教育プログラムも提供している。この参加者の3分の2は海外の政府機関その他からの参加者である。また，特別にテーマを絞った，学位を伴わないミッドキャリアの管理者に向けたトレーニングコースも提供する。
　付属機関として，Alan K. Campbell Public Affairs Institute, Global Affairs Institute, Center for Environmental Policy and Administration, Center for Policy Research, Center for Technology and Information Policy, Program on the Analysis and Resolution of Conflicts などがある。

(2) ニュージャージー州立大学ラトガーズ校の概要

　全米におけるトップ50の研究大学の一つであり，公共政策と行政管理学を学ぶ大学院として設立された。とくに教育内容は，政府機関や健康福祉サービス，非営利団体，教育の分野で活躍することを望む学生に対するものとして作られている。他の政策系大学院が政策と行政管理のいずれか一方に重点をおいているのに対して，ラトガーズは両者をしっかりと習得できるプログラムを運営することを教育の特色とする。上記のような教育のミッション以外にも，公共政策のリサーチ能力の養成を行うリサーチ・ミッションと地域の自治体や州，国，国際機関の公共政策に積極的に寄与していく公共サービス・ミッションを理念として掲げる。

　またユニークな教育プログラムとして，平和部隊（Peace Corps）と連携した国際開発プログラム，医科歯科大学と連携した医療行政と公衆衛生のプログラム，放送大学院と連携した公共管理プログラムなどのジョイントプログラムを提供している。

○基礎データ
所在地：アメリカ合衆国ニュージャージー州カムデン市（フィラデルフィアと同じ都市圏を形成している都市）
設立年：1926年，ラトガーズ大学を1950年に併合（大学本体は1766年植民地の大学として憲章を受ける）。公共政策大学院は1978年にスタート。
設立の理念：公共機関や非営利組織，民間組織でコミュニティのクオリティ・オブ・ライフを実現するために働く専門家で政策形成と管理がわかる人材を養成する。
キャンパス面積：40エーカー
学部専攻数：34
大学院プログラム数：13
学生：5,850人（大学全体では5万1千人）
フルタイム教員数：260人
全教職員数：700人

第4章　地域公共圏と政策教育

取得できる学位：Master of Public Administration
学生数：約100名（公共マネジメントの学生は全て公務員として働いており，夜間のコースで開講。国際コースは昼間開講）
通常の履修期間：1年間
専任教員数：13名（行政マネジメントプログラム）
客員教授：1名
年間授業料：4,476ドル（1単位あたり373ドル）ニュージャージー州民
　　　　　6,562ドル（1単位あたり546.85ドル）非州民
　　　　（1タームの金額であり，1年には春および秋タームがある）

〇カリキュラム
専門分野：公共マネジメント
　　　　　国際公共サービスとマネジメント
　　　　　ヘルスケア・マネジメントと政策
　　　　　教育政策とリーダーシップ
修了単位：42単位（14コース）
カリキュラム構成：必修科目（21単位）
　　　　　　　　　専攻単位（21単位）
（公共マネジメントコース）
必修科目：共通科目
　　　　　政策分析の基礎
　　　　　法と公共政策
　　　　　組織行動論
　　　　　公共予算と税務
　　　　　公共マネジメントの原則
　　　　　調査法
　　　　　公共財政
　　　　　公共情報システム
選択科目：指示された研究
　　　　　インターンシップ

公共プログラムの財務管理
人事管理
管理者のためのリーダーシップとコミュニケーション技術
その他，セミナーなど

(国際公共サービスとマネジメントコース)
　2学期（パートタイムの学生は3セメスター）と冬季のコースを大学で受け，そのあと平和部隊が派遣する途上国の政府機関やNGOで27ヵ月にわたる業務に就き，そこで9単位の大学院インターンシップ研究の単位を得る。
必修科目：共通科目（前述）
選択科目：指示された研究
　　　　　インターンシップ
　　　　　国際コミュニティ開発
　　　　　非営利／非政府マネジメントと開発
　　　　　国際開発マネジメント
　　　　　国際経済開発

(ヘルスケア・マネジメントと政策コース)
必修科目：政策分析の基礎
　　　　　法と公共政策
　　　　　組織行動論
　　　　　ヘルスケア財務マネジメント
　　　　　ヘルスケア・マネジメントの原則
　　　　　調査法
　　　　　ヘルスケア情報システム
選択科目：指示された研究
　　　　　健康に関する法律
　　　　　人事マネジメント
　　　　　ヘルスケアの提供における倫理

第4章 地域公共圏と政策教育　　　　　　　　　　　　　　　　　　*133*

　　　　ヘルスケア社会学のセミナー
　　　　ヘルスケア・マネジメント実習
　　　　その他の選択科目
(教育政策とリーダーシップコース)
必修科目：共通科目（前述）
　　　　［教育特別コース］
　　　　教育評価
　　　　教育リーダーシップとコミュニケーション技術
　　　　教育政策とリーダーシップ（討論）
選択科目：教育政策とリーダーシップⅠ，Ⅱ（インターンシップ）
　　　　教育計画と政策モデル（演習）
　　　　教育の起業と革新（ 〃 ）
　　　　学校の向上的文化の創造（ 〃 ）

○その他のプログラム
複数専攻で取得できる学位：法律学博士とMPAの学位を同時に取得
　　　　　　　　　　　　（JD/MPA）
　　　　　　　　　　　　学位とMPAの学位を同時に取得（BA/MPA）
　　　　　　　　　　　　整骨療法博士とMPAの学位を同時に取得（DO/MPA）

○その他
　南ニュージャージー及びフィラデルフィア都市圏の公共政策に関する調査研究業務を州政府や市などから受託し，教員と学生がともに生の地域政策の調査研究にかかわるプログラムを特色としている。教員の多くが，アーバンスタディーズなどのバックグラウンドを持っており調査法は重要な教育内容となっている。
　今後，州や自治体の教育政策専攻，及び刑務所や矯正プログラム，都市犯罪防止政策などに関わる刑事政策専攻など，特色のある政策マネジメン

ト教育に領域を拡大していく計画である。

4．ニュージャージー州立大学ラトガーズ校，公共政策・アドミニストレーション大学院〔インタビュー〕

調査日　平成16（2004）年11月16日
インタビュー相手　マイケル・ラング教授，Chairperson of the Graduate Department
調査者　岩岡中正教授，上野眞也助教授

岩岡　いま我々はポリシースクールについて検討をしている。貴校のホームページを拝見すると，地域とのクロスコミッション，たとえばデラウェア州政府とのプロジェクトなどを教育上の特徴とすると書かれていた。どのような連携をお持ちなのか。地方政府や中央政府とのコネクションはどうなっているのか。

ラング　これについては大学院の設置からの歴史を話す必要がある。設置後かれこれ二十数年たつが，スタート時は残念ながらとても少ない人的資源で始めなければならなかった。最初は，教員は政治学から都市研究までの研究者が集まり，このキャンパスにおける初めての大学院コースとして教えることが求められた。我々が期待したことは，このコースが成功し，その結果として人的資源が集積されていくことであった。そしていまそれが実現してきた。いまもまだ半分近くは政治学，残りの半分近くは都市研究からの研究者であるが，それ以外にもこの大学院の講座だけを担当する独自の分野の教員もいる。ここで働いている教員は，たとえば政治研究者も，最初から地方政府に関心を持ち，コネクションも既に持っていたため，教員としてのパーソナリティはぴったりで，まさにライトスタッフだった。法律学でも，他の学問分野の者でも，このような地域の公共政策とリサーチに強い関心と興味を持つものが集まった。

たとえばシーグラム教授は，既に退職しているがいまも名誉教授としてリストされている。彼は多くの公共政策学の著書を持ち，政府との関係も太

く，またたとえば環境問題，健康問題など様々な分野の沢山の政府の政策に関係した調査を行ってきた。またどのように人々にサービスを配分するのか，どのようにして政府は人々の問題を解決することができるようになるかに関心があった。彼はこのフィールドでとてもすばらしい仕事を達成した。

上野　あなたが言う「ガバメント」という表現は，州政府のみならず，市町村，そして連邦政府をも含むのか。

ラング　そうだ。全てを含む。ローカルの市町村は，プログラムにリサーチの機会とサポートのイニシアティブを与えてくれたが，早い段階で州政府レベルへと関係性の比重は移っていった。なぜなら資金がそこにあったからである。たとえばカムデン市のデータプロジェクトは，コミュニティの再活性化を目指しているが，いくらかは市から，そして他の部分は州政府から，そしてもっとも小さな割合が連邦政府からの資金を得て実施している。連邦レベルとも，小さいながらも関係性を持って仕事をしているが，多くは州政府や市の役人達と一緒に仕事をしている。

　我々の大学院は多様なトラックからできている。まず第１に国際トラック。それは我々の２番目の古い教育分野である。ここでは国際性が特徴であり，たとえば国連や平和部隊などと関係が濃く，ワシントンの主に外務関係や国際エージェンシー，国際開発局，CARE，赤十字など世界中との関係が強い。この大学院はこのようにとても多様性に富んでいる。これは一つの大学院としてエキサイティングなことであるが，沢山の異なったことが同時に行われているので混乱しやすい面でもある。

岩岡　それでは調査のための外部資金はローカルガバメントから得ているのか。

ラング　もちろんだ。あなたたちの大学についてはわからないが，この大学院は小さなキャンパスに位置している。中央キャンパスはニューブランズウィックにあり，ニューアークとここカムデンに小さなキャンパスがある。15年前，大学院課程の許可を得て大学院教育を始めたとき，ファカルティメンバーはもっとローカルガバメントに関係した調査研究をしたいと考えた。そこでかれらはリサーチセンターを作りたいと考えた。当時のシニアの教授たちはそのために働き，いまでいう「政策リサーチ・公共サービスセン

ター」を作った。

　当初，大学はこれをサポートしようとはしなかった。しかし，おもしろい話がある。このようなリサーチセンターを設置することにとても熱心な一人の教授が，いつも州政府の役人と共に調査研究をしてきていたのだが，州の上院議員とも懇意にしており，その関係で州政府の資金が大学に投入されるようになった。我々には調査の資金が必要である。州議会議員は，地域自体は成長しているが，都市は衰退しており，地域の事実データや課題，行政機構，政策調査研究など，議員はどう対処すべきかということを知る必要があった。しかし隣は他の州であり，南部ニュージャージー州にはそのようなセンターは存在していなかった。そのため上院議員は委員会で自ら予算を作り，カムデンのこの大学にセンターを作る資金を提供した。彼らはローカルガバメント・リサーチセンターをカムデンに作り，ローカルガバメントとアカデミックセクターが共に働くようにしたわけである。当時の大学の学長は必ずしも賛成ではなかったが，それでもそれはなされ，今日の発展に至っている。今はこの大学に2つのセンターがある。ウェブのページに見られるように，ウォルター・ランド上院議員研究センターは最初に資金を提供した人物に因む名前である。パーソナリティはとても重要で，彼はこの地域のことにとても関心を持ち愛した人物で，もっと地域のために働きたいと考えていた。そのために成長や繁栄を得る手段としてリサーチが必要であると考えていた。

　一つ例を挙げると，私は2年目のプロジェクトリーダーとして関わったのだが，この通りの下にある病院に非常用のヘリポートが必要であった。事故にあった患者を搬送するために必要であり，病院は州の資金を得てそれを整備しようとしたが，州はあまりにも高価すぎる事業であると判断し却下した。しかし私たちはきちんとした経済コスト効果を証明できたらうまくいくのではないかと考えた。これは建設コストと救われる命の問題であり，交通事故現場から救急車より速くヘリコプターで運ぶことができたら人は助かるかもしれないということを証明した結果，ヘリコプターは予算を得ることができた。そのことは病院を満足させ，リサーチ結果も満足できるものであり，その評価・広報は大学にとって大きな利益となった。これはたくさんあ

るローカルガバメントや議会との関係の一例である。よい仕事をすればよい評判が得られることになる。

上野　一つ質問がある。このようなプロジェクトを運営するとなると，教員は相当に忙しいのではないか。教育も行い，そして調査も行うということであれば。

ラング　確かに時々クレイジーな状況になるときもある。そのような業務に従事する場合，教育負担について「リリースタイム」という制度を作って対応している。フルロードの仕事のロードを軽くするためだ。

岩岡　サバティカルとは違うのか。

ラング　違う。しかし，似たようなアイデアだ。3コースをこの学期に担当しなければならない教員が，ある調査を担当することになったとすると，他の教員間で協議して，今学期は2コースを彼は担当とするといった調整をはかることである。

上野　このような制度を利用すると，公式には調査受託契約はローカルガバメントと大学で行われるわけで，教育負担を減じるというのは，大学の公式の決定ということにはならないのか。

ラング　教育負担を減ずるということになると，その穴埋めのため他の教員をパートタイムで雇用しなければならず，別のコストが発生する。それは大学への経済的な重荷を背負わせることになる。もしあなたのリサーチが資金を得ることができるなら，それは助成金となり，それが可能となるので，現実的な話となる。しかし，時にはNPOや小グループなどの調査で，とても重要な研究ではあるが彼らが資金を持っていないときなど，我々は公共サービスとしてそれを行うべきであるものの，資金を探すことがとても困難となることがある。そのため個別の助成金を探したり，あるいは大学として，これは公共のために必要な仕事であり，よい調査を行ってすばらしい成果を得ることが大学にとってもよい評価を得ることになるのであれば，大学で負担するという場合もある。これは一連のネゴシエーションの過程であり，取引がそこでは行われることになる。

岩岡　あなたたちは大学院生だけでなく，学部学生にも教えているのか。

ラング　そうだ。ここは大学院として設立されたが，数年前に都市研究の

学部ができたので，我々は学部にも教育を行うことになった。我々は学部レベルには公共政策学部はもっていない。しかし学部4年生の学生で，大変優秀な学生に対しては，彼らが政治学を学びたいのであれば1年早くスタートできるようにしている。つまり彼らは受講すべき期間を短縮できるメリットがあり，大学院のコースに学部の学生が入ってくることにもなる。我々はまた他の部との連携コースも持っている。これも，よかったり悪かったりだが，学生たちは多様な関心とバックグラウンドを持っている。たとえば新しいコースとして「刑事学コース」がある。

岩岡 公共政策学は，一般的に学際的な調査研究は必要であるが，他の社会科学分野との関係はどうなっているのか。

ラング たとえば刑事学コースは，もともと社会学部の一部であった。社会学部は学部レベルの教育としてこのコースを持っていたが，彼らは大学院レベルでこのコースを作ろうと考えた。このコースを作る中で，ほとんどの教育内容が我々のものとなった。組織経営，公共インフォメーション・システム，公共政策など我々のコアのコースを取り入れ，それに彼らは特別セミナーとして刑事学セミナーを付加してこのコースは作られた。確かに学位は彼らが刑事学として出しているが，コースのメインは我々のコースが担っている。

　このように大学の中で，いろいろな混合が行われている。これには確かによい面と悪い面があるものである。我々は教員を分け，従来のコースを運営しつつ，新しいコースがうまくいくかどうかチェックしながら進めている。幸運なことにアメリカにおいては，刑事学に関する需要は高まっている。どのようにして犯罪は犯されるのか，犯罪者はどのように扱うべきか，レクリエーションや教育はどうするか，生活の中に入り込んでくる犯罪に対処するにはどうするべきか，公共の資金をどう活用し，ネットワークをどのように張り巡らし，組織の運営を行い，広報啓発をどのように行うかなどを，そこでは教えている。

　このように我々のプログラムの一部に入っていることには理由があるのであるが，大学院の経営という面からすると複雑にもなっている。我々のプログラムは公共マネジメントから始まっており，それがコアである。公共政策

と公共経営に，あとから国際が加わった。それから健康を加え，更に教育を加えたため，今では4つのトラックからなっている。また刑事学も，学位は我々が出すのではないが，我々の大学院の中にある。このように我々の大学院では，多様性と相互交流が広く行われていることが理解いただけると思うが，学部学生についても同様である。

上野 健康プログラムはとてもとても興味深いが，貴校は医学校と緊密な連携を持っているのか。特に健康政策という面において。

ラング 確かにその通りだ。ニュージャージー医科歯科大学と連携を持っている。この大学は市内ではないが，近いところにある。健康トラックは2つの部分からなっていて，第一は公衆衛生，もう一つは健康医療行政である。コアコースは全ての学生がとるべきものであるが，特別コースは特に学生にとって有用なものとなっている。たとえばヘルスコースの学生は医科歯科大学へ行ってそこの教授の講義を受けるといったプログラムとしている。

岩岡 コースは，ある種のシンクタンク的な意味も持っているようだが，どのような学生を登録参加させているのか。インターンシッププログラムとの関わりは。

ラング インターンシップはとてもすばらしいが，多くの労力を使って行わなければならないものである。インターンシップについては，現在フルタイムの職業に就いているか，あるいは過去に経験している場合には，それは必要ないとしているが，それ以外の学生には求めている。しかし，国際トラックは，海外でインターンシップに従事することが求められる。平和部隊や国際機関などで働くことになる。実際平和部隊トラックの場合，カムデン市で学ぶことが要求されている。それぞれのトラックでインターンシップの要求内容は異なっているが，多くの学生がこれに参加している。我々はインターンシップ・コーディネーターをおいており，基本的に学生がよい環境におかれて，預かり先が学生の仕事から生産性を得ることができ，学生が多くを学ぶことができるように契約で確認をしている。それらは省庁等の管理者と行う。また，これらのエージェンシー以外にも，リサーチセンターへ出す場合もある。この場合大学院の最も優秀なものを選び，教員と共に調査に従事させる。できるだけ十分な報酬が得られるようにする。ただ外部のセン

ターの場合報酬があったりなかったりで様々であるが，単位は認められる。学生のアサインメントの内容，どんな調査をしたのか，どのくらいの仕事量だったのか，どのような経験をしたのかなどがわかるように詳しい記録が成果として残される。我々にとってそれはとても大事なものである。

上野 それは貴校のいう「ディレクティッド・スタディーズ」と同じものか。

ラング それは学生の個別の興味関心のある調査について，教員が指導をするものである。

上野 ということは，学生は自分の興味に基づいて行ってよいという意味か。

ラング そうだ。たとえば国際問題や健康トラックの講義以上に興味を持って研究したいと思うことを，その分野の専門知識や調査技術を持った教員を探して指導を受ける。そして25～30ページの論文としてまとめ，多くはプレゼンテーションをしなければならない。学生はコアとスペシャルセミナーで42単位と，総合試験と，ディレクティッド・スタディーズが求められている。

　これは教員にとっても相当な負担となっている。いまはリサーチ・ワークショップという形に再構成して，基本的にはディレクティッド・スタディーズと変わらないが，一人の教員が個人個人を相手にするのではなく，クラス単位として教えることで教員の負担を緩和し，学生も単位が取れるようにしている。学生は，コースに要求されるスキルを証明する必要がある。コースを全て受講し，調査に従事し，質問をし，分析をし，インタビューやセンサスやデータ収集，調査などを行って，結論を導き出し，アカデミックな形で，公共政策に関して，それを発表する。

岩岡 インターンシップのフィールドは海外なのか。

ラング 国際トラックはそうだ。我々はワシントンにある平和部隊と連携したプログラムを運営している。彼らは，この大学院に応募すると共に，平和部隊の海外プログラムにも応募する。1年間我々のコースの講義を受け，2年間は海外で研修を行い9単位をとる。これは彼らのインターンシップとなるものであり，この間に論文を書くこととなる。

第4章 地域公共圏と政策教育

岩岡 海外でのインターンシッププログラムに参加することとなると，多額のお金が必要となると思うが，どのような支援をしているのか。たとえば奨学金のようなものがあるのか。

ラング 海外のインターンシップは，政府機関での2年間のプログラムである。従来かれらは帰国してから教員と共に経験に基づき論文を仕上げる作業を行っていた。しかし今は，オンラインのコンピュータベースコースがある。パナマだろうが世界中どこへ行こうと，彼らは少なくとも一月に一度はコンピュータをチェックしなければならない。教員は課題を与え，全てのリサーチプログラムの指導がオンラインで行われることになる。始めたばかりであるがこれはうまくいっている。

これらの経験に対して，平和部隊はボランタリーベースではあるが給与を払う。生活費や渡航費などを含め全ての経費は，政府機関によって負担されている。それは若者を国際ボランティアに参加させるという政府のプログラムとしての意味があるからである。

上野 平和部隊にとってのメリットとは何なのか。

ラング 彼らは多くの若者を海外に送ることができる。これまで学部レベルの若者が多かったが，大学院レベルとなると途上国からの政府機構の運営に対する質問にも答えることができるような高い水準のボランティアとなる。平和部隊は，本校以外にも20ほどの他の大学院とこのプログラムを運営している。ここでは公共政策であるが，看護師や，建築学と，多様な内容である。公共政策や公共マネジメントは2つの大学院しかない。それで我々がしなければならなかったことは，このようなコースを通して，どんな技術が必要なのか平和部隊と共に考え，専門が生かせるような，たとえばNGOの運営や健康プログラムの運営管理などの仕事に就けるように配慮している。あなた達も類似のプログラムを作りたいと考えているのか。

岩岡 そうだ。

上野 我々の大学には法学部，大学院法学研究科，法曹大学院があるが，公共政策大学院はない。昨日シラキュース大学を訪ね，マックスウェル校のウォーラーステイン学部長と会ったが，彼はシラキュースはパブリック・アドミニストレーションに特化し，ハーバード大学のケネディ校は公共政策に

関心を置いており，そこには大きな違いがあるといっていた。貴校は両方を含んだ内容となっているようだが。

ラング　我々の最初の名前は公共政策だったが，あとでパブリック・アドミニストレーションが加わった。アクレデーション・プロセスを知っているか。我々は NASPA に所属しており，これはとても重要なものである。他大学のネットワークの上に教育プログラムが作られていることになり，標準的な教育水準のプログラムを保障した上で，柔軟性も高く学校間の個性が生まれてくる。ある大学は政策に，ある大学は公共経営にと，教員構成によって特徴がある。ケネディ校はとても学問に関して訓練的な学校である。我々の前の学部長のバックグラウンドは公共政策と法であった。ランドセンターは，公共政策を調査したりしているが，他のスクール，たとえばロースクールなどとの学際的な共同の役割を果たしている。教員たちはランドセンターを通して共に働く。たとえばこの地域では「スマート・グロース」が今問題となっている。どのようにして持続可能な発展を達成するのか，環境問題や法律や公共政策や景観形成など多面的な調査研究が必要である。

岩岡　我々もそのような学際的なものを作りたいと考えている。我々の大学には経済学部がないが，貴校の場合経済に関する教育はどのようにしているのか。どのような経済学者がいるのか。

ラング　財政学コースはいくつもあるが，我々もまだ十分ではない。この大学院に入ってくる前に，学部段階でアメリカ政府，マクロ経済，ミクロ経済，都市統計学など事前に学習して単位を取っておくこととしている。しかし学部レベルでの学習を要求しているものの，まだ経済に関しては十分な教育ができているとはいえない面があると思う。

　今我々は博士課程プログラムを提案している。他の2つと併せて，「パブリック・アフェアズ」という名称で博士号を出したいと大学の委員会に諮っている。議論では，他のプログラムが「パブリック・アドミニストレーション」学位なので，この中に経済学という視点と，強いリサーチのスキルという点を特徴として入れた差別化を考えている。まだ議論段階であるが，ある人はもっと理論的なものでありたいというし，ある人はもっとリサーチ中心であるべきと考えている。公共政策とパブリック・アドミニストレーション

はバランスの問題であり，よいアイデアであると，私は思っている。これはマスターレベルにおいても同様である。財政を学びつつ，コンピュータを使ったり，統計を駆使したりしてリサーチをするということを求めており，学生には大変な勉強が要求されることになる。

上野 パブリック・アドミニストレーション大学院には，何人の教員がいるのか。

ラング 正確にはわからないが，12人くらいだ。そのうちフルタイムの大学院メンバーは5人で，他は他の学部に所属している。彼らの仕事の多くは，この大学院で教え，またランドセンターを通して調査に従事したりしている。

上野 この建物の中にクラスルームがあるのか。

ラング いや，ここは基本的にオフィスであり，セミナー室が1つあるだけだ。学校は近代的なビルディングを新設して作られたが，最近は拡大に伴って近隣の建物を改修して，市内へと広がっている。

岩岡 刑事学コースの話があったが，ロースクールとの関係性はどうなっているのか。

ラング リサーチ・プロジェクトレベルで一緒にやっている。ランドセンターを通して，ローカルガバメントと仕事をする。地方公務員たちが参加し，資金が大学にはいることになる。これでランド・フェローシップ基金をつくり，プロジェクトを運営する。ここに他の大学・大学院の教員も参加するという形になっている。

アカデミックの世界はおもしろいもので，この大学は地方大学で，大きなキャンパスはニューブランズウィックにあるが，そこでは都市研究は盛んであるものの，ロースクールは持たない。彼らとの関係はこれまでもあまり多くなかったが，いくつか一緒にプロジェクトを提案したことがあった。ニューブランズウィックはニューヨークまで2時間という地理的な距離にあり，またアメリカのアカデミアはとても個人主義的な面があるので，昇進，出版，リサーチの仕事など一緒にしようとすると，とても難しいものがある。

上野 その意味では，川向こうのペンシルベニア州立大学ともあまりコン

タクトはないのか。

ラング　私の学生の幾人かはペンシルベニア大出身であり，都市計画や市再活性化プロジェクトなどで一緒にやってきた経験がある。財政的な問題や，市をどうやって改修していくべきかなどで一緒に働いた。今は，かつてガーデンシティーと呼ばれたある町が衰退しており，この問題に関心のある州に対して助成金の申請を行っている。これはコミュニティの再開発プランニングやトレーニング，中小企業支援などをどのように作り出すかを調査研究するものである。実際は2～3のプログラムで構成され，プロジェクトに必要な多額の資金は銀行によって拠出されたものである。この大学院でプランニングを調査研究し，ペンシルベニア州立大学の都市計画大学院でサーベイを行うという共同調査事業である。

上野　あなたのバックグラウンドは工学部の建築学か。

ラング　都市計画，都市デザインであって，建築学が専門ではない。本当の専門はプランニング史である。

岩岡　ラトガーズ校は州立大学であるが，大学の収入はどうなっているのか。

ラング　数字はわからないが，授業料の占める割合は少ない割合であり，多くは州政府が支出している。州は「資金が必要なら，州に金を出せというのではなく，授業料を上げろ」と言ってくる。高等教育に関する州の支出は州によって大きく異なり，また年によっても変化が大きい。ニュージャージー州では，ほぼ横ばいか若干減少気味であり，学長に授業料を値上げしろと言ってくる。しかし授業料を上げるとなると，それを払えない低所得学生に対する機会を確保するために，他の収入源を探す必要がある。これは毎年の闘いであり，財政面は複雑なものがある。

岩岡　学生の通常の進路パターンはどのようなものか。

ラング　全ての我々のパブリック・アドミニストレーションの学生は公務員として働いており，夜間のコースである。国際コースは違う。フルタイムの昼間の学生も多い。夜間は週に1回，6～8時間の長い夜の授業が学期中ずっと続くことになる。

上野　われわれも中堅の職業人を学生として期待しているが，日本は年功

第4章 地域公共圏と政策教育

ない。貴校では学生が学ぶことにはどのようなメリットがあるのか。昇進などに役に立つのか。

ラング　昇進は関係ない。もっとプロフェッショナルな職員になるために役に立つものであり，単位は更にアカデミックな学位取得に役立つ。マスターの学位は昇進に役立つことがある。

上野　授業料は学生自身によって，投資として支払われているのか。

ラング　雇用主が払うラッキーな人もいる。多くの学生はゆっくりしたペースで学んでいる。働きながら1セメスターで1コースをとるといった，ゆっくりしたものである。いく人かの学生は雇用主がそれらの知識を持つ職員が必要であることから授業料が職場から支払われている。昼間の学生は，職場から離れて学業に専念する休暇期間を得ているものもいる。

上野　基本的に働く人には夜のクラスを提供していると……。

岩岡　とても教員には重い仕事となっているのではないか。

ラング　その通り，昼はリサーチ，夜は授業といった具合である。

　プログラムは複雑化しており，次の段階として，我々は「公共政策スクール構想」を持っている。学科は4つのコースとリサーチセンターを持ち，そこに自分たちの学部長を得ることができることで，もっと人的資源を充実させることができることから，次の目標にしている。この学科には130の専攻があり，このキャンパスでも一番大きな大学院であるので，常に成長しているといえる。

　そして次は「教育」に関する分野へ拡大することを考えている。教育特別コースとして，校長や教育行政管理者になる人に対して，特別の学位を出すコースを考えている。校長になるには州の試験に受からなければならないが，現職校長は年長者ではあるものの，必ずしも訓練のよき指導者ではない。我々は将来校長となるべき人材を育て，プールしておく。新しいトラックとして，校長になりたい人で，インターンシップは校長と共に行うものとなる。他方は教育分野の行政官やリサーチャーを目指すものである。教育政策を作ったり教育委員会で働いたりする。このプログラムは既にパイロットプログラムとしてカムデン市から支援を受けて開始している。まだ人的資源

が十分ではないが、パイロットプログラムとして資金助成を得ることでスタッフを雇用し、セミナーを提供している。これらの資金はカムデン市の教育向上のための予算として、実は州の教育予算から来ている。金は州から市へ流れ、市は大学と共にこのプログラムを運営している。教員を教育して、ベスト＆ブライティスト教育の候補者を作りだしておき、将来の校長や教育行政官へと育てていく。また教育者としての校長を作るための「メンター・アカデミー」を考えており、よい学生を作ることにも寄与する。このようにして学科からスクール化に向けて、我々は動いてきている。

上野 あなたたちは本当にビジネス上手だと思う。いつも新しいビジネスチャンスの種を探している。

ラング そのとおりだ。とても起業家的である。「それはいいアイデアだ、是非やってみよう」といった感じだ。伝統的な学問領域にこだわった教育ではやっていけない。新しいスタイルであり、我々も変わるべきだ。

岩岡 貴校には、寄付講座はあるのか。

ラング 今はないが、そのための準備をしている。いくつかのアイデアもある。このキャンパスには小さな寄付しかない。多くの学生は、家族で初めて大学生を出すようなところの出身で、もっと歴史と伝統のある大学とは違う。それらでは遺言や寄付などで大きな寄付講座が作られたりしている。ニューブランズウィックのメインキャンパスには寄付講座があるのだが、このキャンパスは新しい大学なので、資金が乏しく、最近スタッフを置いて基金作りを始めたが、また寄付講座をおくには至っていない。このキャンパスは20年前に作られ、ロースクールはあったが、その後大学院を作り、ビジネススクールを付加し、まだ博士課程はないが今準備している過程で、寄付講座もこれから作っていきたいと考えている。

岩岡 Ph. D.とそれら相互の関連や、マスターコースでの政策研究、公共政策学教育の関係が難しい。我々のところにも博士課程があるが、法律と公共政策と文学をあわせて作られたもので、いずれにしてもわが国では最近公共政策大学院のニーズは高まっており、東京大学他多くの大学では既に作り始めている。

上野 ビジネス界からの教員はいるのか。つまりアカデミック・キャリア

はなく，連邦政府などの職務経験者など。

ラング　国際コースのディレクターは，世界銀行で働いていた人で，彼女はリサーチャーとしてもすばらしい仕事をしていた。多くの教員は，経歴の中で大企業や政府機関で働いた経歴を持っている。最近はローカルガバメントや公共セクターのバックグラウンドを持った教員が，企業より増えている。ビジネススクールは我々と似たいくつかのプログラムを持っており，たとえば技術マネジメントなどの分野ではビジネスのバックグラウンドを持つ教員がいる。

　とても楽しいミーティングだった。お役に立てれば嬉しい。

第 5 章

現代の地域課題と政策法務のあり方に関する若干の考察

中 川 義 朗

はじめに

　現代社会のグローバル化，人口の自然減に伴う少子・高齢化の進展やIT革命など，急激な変化が地域社会に浸透し，都市部では，三大都市圏を中心に集中化傾向が一段と進行するといった，一定のいわゆる「勝ち組」現象がみられるものの，中山間部を中心にする地域では，「過疎化」のみならずその「崩壊」現象さえ各地でみられるようになってきた。そのような地域を，地震・台風や大雪等の自然災害が容赦なく襲い，住民，とくに高齢者などの「安心」や「安全」をおびやかす事態が，日常茶飯の現象になってきた昨今である。

　このようななかで，住民が生存権（憲法25条）にもとづいて安心して安全に暮らすため国や自治体はどのような役割を果たすべきか，国と自治体との関係・役割分担のありよう，およびこれら公的部門と民間の活動との関係はどうあるべきかを，幅広く検討し，解決してゆくことが，今日の地方自治や分権の最大の課題である。

　平成12（2000）年4月1日施行の「地方分権推進一括法」（475本の法律を一括して改正整備した法律）により，わが国の地方分権改革がその記念すべき一歩を記し，動き始めたことはまちがいない。いわば，スローガン的に

いえば,「中央集権」国家から「地方分権」への,「この国のかたち」の改革の方向性である。しかしながら,これによって確かに国が地方をこれまで戦後一貫支配してきた「象徴」である機関委任事務が全廃されたが,住民や自治体のサイドからして,わが国ははたして,「地方分権国家」になっただろうかと問われれば,だれしも懐疑的にならざるをえない。そこで,一般にこれは「第一次分権改革」,あるいは「未完の分権改革」(西尾勝教授)と位置づけられ,残された課題解決のための第二次分権改革の必要性が叫ばれたのである。現にこの一環として,「三位一体」改革(平成16(2004)年度から平成18(2006)年度までに国の補助金を約4兆円削減し,約3兆円を地方の自主財源に委譲する改革)が行われ,地方自主財源の強化に向けて,一定の方向づけがおこなわれたところである。

　他方で,市町村合併特例法にもとづく市町村合併が全国的に行われ,相次ぐ政令指定都市の誕生や広域化が一段と進み,市町村の「区域」の面では大きな変化が見られ,平成12(2000)年に3,242あった自治体数が,平成18(2006)年3月末には1,821にまで減少した。合併に伴う議員の定数や任期の特例措置,職員の給与や各「公の施設」の配置等,旧自治体間の格差や摩擦を解消しつつ,新しい統一自治体のビジョンをどう構築するかが,これからの大きな課題である。また合併しない自治体においても,これからの少子・高齢化の進行のなかで,基礎的自治体としてどのようにして,「住民の福祉の増進を図」(地方自治法(以下,自治)1条の2第1項)り,もって住民の「安全」・「安心」を確保してゆくかというビジョンを,住民参加を基本にしながら示す必要があろう。

　このように,自治体・住民をとりまく大きな変革期のなかで,自治体の課題を発見し,これを実現するための「政策」(「施策」・「事務・事業」をふくむ)などを検討することが「政策づくり」であり,これを法的な視点から総合的に関連づけて行うことが「政策法務」の目的であり,課題であるといえよう。

　ここでは,地域におけるこのような「政策法務」の基本的考え方,ないしその方向性について若干のべてみたい。

第5章　現代の地域課題と政策法務のあり方に関する若干の考察　　*151*

1．地域政策づくりのための「政策法務」の基本的視点

　われわれ熊本大学の法学部を中心とするスタッフが，熊本県の主要都市（熊本市・八代市・人吉市・天草市・玉名市・阿蘇市）において，いわゆる出前講座の形をとって，現在の「地方公務員政策法務キャリアアップ」講座をたちあげたのは，平成14（2002）年度から3ヵ年計画として始まった文部科学省の「地域貢献特別支援事業」に名乗りをあげてからである。その後平成17（2005）年度からは，国のこの補助金が打ち切られたため，熊本大学の独自の事業として，熊本県町村会等の協力を得ながら，国立大学法人化後の大学の地域社会への貢献事業として「学長裁量経費」の支給を受けて進めてきたところである。いわば，大学・教員が地域貢献事業の一環として市町村職員を中心にする自治体職員の自主研修を組織・計画するという形で，この政策法務キャリア講座が実施されているのである。すなわち，これまで市町村で行われてきた「官制」研修に対して，職員の参加の自主性と，教員側のテーマの設定の自由を尊重しつつ，全体として地方分権・地方自治の充実のための自主研究・学習という視点を貫いたところに，この講座の最大の特色がある。

　さて，この講座のキーワードである「政策法務」とはなにか，また政策法務の役割とその方法はどのようなことか，ということが明らかにされねばならない。

　まず「政策」とは，行政機関政策評価法（以下，政策評価法という）3条によれば，「行政機関が，その任務又は所掌事務の範囲内において，一定の行政目的を実現するために，企画及び立案をする行政上の一連の行為についての方針，方策その他これらに類するもの」という。すなわち地域「政策」は，自治体の課題実現のための「企画及び立案」に関する「方針」などであり，具体的には，①「政策（狭義）」（基本的な方針の実現を目的とする行政活動の大きなまとまり），②「施策」（政策を実現するための具体的な方策や対策），および③「事務事業」（行政活動の基礎的単位）から成るといってよい。

このような「政策」または「政策法務」は，周知のように決して最近の分権時代においてはじめて成立し，発展した概念・学問（分野）ではなく，むしろ1960年代後半の高度経済成長時代において大都市近郊の自治体，例えば東京都武蔵野市などが一部開発業者による乱開発・土地の買占めなどが進行するなかで，総合的・計画的な「まちづくり」を進めるため開発負担金や水道水の供給を停止するなどの制裁をもつ独自の「宅地開発指導要綱」等を制定することにより，これに実践的に対抗してきたわけであるが，この都市型の自治権拡大・強化運動を理論的に支援するという目的をもって自治体法学の一環として発展してきたものである。

「政治学」の立場からの「政策学」構築の先駆者である松下圭一氏の指摘によれば，変化の激しい「都市型社会」では，農村型社会と異なって，社会の組織の制御，利害関係の予測・調整のための「政策」ないし「政策型思考」が必要不可欠になる（参照・松下圭一『自治体再構築』公人の友社）。

前述のように，政策評価法が，国の行政機関の「政策」等を「評価」という視点から位置づけ，その「評価」に基づく国政の運営（予算の作成など総合的な結果の取扱い）を立法化したことに基づいて，形式的な「客観的な意義」の「政策」の定義づけを行ったのに対して，上記のような伝統的な・実践的な「政策」概念は，「都市型社会」における各種社会組織の制御，利害の調整を目的とするものであり，その趣旨・目的の点で必ずしも一致するものでない。

いまこの地方分権時代において，ふたたび「政策法務」が脚光を浴びるようになってきたわけであるが，このような時代背景のもと，自治体課題の解決のための「政策づくり」，そのための「法務」＝法的事務であることからすれば，これまでの「政策法務」，すなわち都市型社会を対象とするそれとはおのずから区別され，地域活性化もしくは地方分権・自治のための「法務」という視点を明確にする意味で，「地域政策法務」と呼ぶことが適切であろう。

2.「地域政策法務」の意義と課題

　まずこの「地域政策」法務は，いうまでもなく自治体の「住民の福祉の増進を図る」（自治1条の2第1項）という基本的任務を実現し，これに資するものでなければならない。この場合の「住民の福祉」とは，固有の意味の「福祉」あるいは「社会福祉」などの特定の行政分野を意味するものではなく，「社会の多数の人の幸福」という広義の「福祉」であり，これによっていわば包括的任務・権限が自治体に付与されたことが，今回の地方分権推進一括法の特徴である。

　これを受けて，あらたに国と自治体との役割分担，および地方行政の近接性・補完性の原則が規定された（同第2項）。すなわち，住民の福祉を実現する自治体行政については，住民の身近な行政をまず基礎的団体である「市町村」が処理し，「市町村」で処理が困難な課題についてはより広域的団体である「都道府県」が担当し，さらに，国と自治体との役割分担については国の役割を次の3項目に限定することにより，広範な任務・権限の推定が，自治体側に働くことになる。すなわち同第2項は，①「国際社会における国家の役割」，②「全国的に統一して定める……国民の諸活動」，もしくは「地方自治に関する基本的準則」のほか，③「全国的な規模」もしくは「全国的な視点」の「施策及び事業の実施」の行政が，国の役割として割り当てられ，それ以外の「住民に身近な行政」を自治体にできるだけゆだねることを基本にしたのである。

　またこの役割分担原則は，単に地方自治法上の原則に留まらず，むしろ憲法92条の「地方自治の本旨」の具体的内容を構成するものと理解すべきである。すなわち，従来の代表的見解では，「地方自治の本旨」は周知のように住民自治および団体自治から構成されるとされていたが，これら両自治に共通する要素としてこの「国・地方の役割分担」原則を位置づける必要があるからである。かくして，両自治の共通要素を構成する「地域的事務」と「国家的事務」の区別に，この役割分担原則が位置づけられることになる。

　改正地方自治法では，法令の制定や解釈・運用レベルにおいて，国や自治

体に対して,「地方自治の本旨」と並んで, この「適切な役割分担」原則の尊重義務を定めているのである (自治2条11～12項)。

さらに, このような「補完性の原則」は, 決してわが国の自治法固有の原則ではなく, ヨーロッパ評議会 (ヨーロッパの44ヵ国が加盟) の「ヨーロッパ地方自治憲章」・「ヨーロッパ地域自治憲章」, および国際自治体連合の「世界地方自治宣言」(1985年) において既に採用されており, いわば地方自治に関する世界共通の原則になっているといってよい (参照・杉原泰雄ほか編『資料 現代地方自治』勁草書房)。

ちなみに,「ヨーロッパ地方自治憲章」4条第3項は,「公的な責務は, 一般に, 市民にもっとも身近な当局が優先的に遂行するものとする。他の当局への責務の配分は, その任務の範囲と性質及び効率性と経済性の要請を考慮して行われなければならない」と規定し, また「地域自治憲章草案」はその前文で,「補完性は, ヨーロッパ統合及びこの運動にかかわる国家の内部機構の両者について遵守されるべき基本原則のひとつ」であると宣言し, さらに具体的に同3条で, その意義を明らかにしているのである。

このように,「役割分担原則」ならびに「補完性の原則」は, ヨーロッパを中心にして, 統合組織EU, 国家, 地域, 地方という異なる組織・当局の関係を規律する「対等な, 正当性」に基づく「民主主義的原理」として位置づけられており, いわば統治に関する普遍的組織原理であるといってよい。

問題は, わが国においてこの役割分担原則の分権的意味づけ, およびこれに基づく立法 (国会)・行政 (内閣) に対する監視 (組織) が不十分であるため, 国の行政機関による独善的解釈・運用がなされているという点である。これも第二次分権改革の重要な課題であろう。

3. 分権時代の政策づくりへの基本視点

今日の分権時代の「政策法務」は, すでにのべたように, これまでの理論的・実務的経験をふまえ, なおかつ少子・高齢化, 情報化・グローバル化が進行し, 国・全自治体合わせて未曾有の1,000兆円を超えるという巨額の累積赤字を抱えつつ, これを克服しながら, 住民の生存権, 安心・安全をどう

確保し実現するか，という課題に直面しているなかでの，その意義・役割の検討であるということができる。そこでは当然のことながら，自治体をとりまく中長期の課題ないしは自治体対国というマクロの課題と，他方では住民対各自治体というミクロの課題が相互に関連し合いながら山積しているのであって，いずれも「住民の福祉の増進」（自治1条の2第1項）という基本任務の視点から，その解決が求められているといってよい。前者についていえば，「三位一体の改革」に代表されるように，地方分権・住民福祉の観点からの国に対する「地方自主財政権」の確立が緊急かつ重要な課題であるし，後者では行財政の効率化を進めつつどのように給付＝サービスと負担の関係を確立してゆくかという課題に直面しているのである。

　まず第一に，「分権時代の政策づくりへの基本視点」として，すでに確立された公知の基本ルール，例えば憲法92条の「地方自治の本旨」，国・地方の役割分担原則，および自治体の任務＝「住民の福祉の増進」は当然ふまえたうえで，政策形成がおこなわれるべきであることはいうまでもない。さらに今日では，行政の公正・透明性確保の観点から，情報公開，個人情報の保護（各法律・条例）および住民参加のためのパブリック・コメント制度の実施（行政手続法第6章「意見公募手続等」38～45条，自治体の行政手続条例・自治基本条例・パブリック・コメント条例など）は，自治体の政策形成の「3点セット」として位置づけられているといってよい。

　このうちとくに重要な点は，自治体の政策形成におけるパブリック・コメントの役割，その有効な実施であろう。国の行政手続法における「意見公募手続等」は，いわゆる「行政立法」＝命令（政令・府令・省令・規則など）のみを対象とするものであるが，総合政策体としての自治体においては「総合的かつ計画的行政の運営」（自治2条第4項）の必要から，もっとも重要な方針決定となる「計画」のほか，長提案の条例・規則案，あるいは要綱などへのパブリック・コメント制度の拡大的実施が期待され，また意見公募期間30日以上という期間についても再検討が求められよう。さらに住民の意見提出の実効性を図る観点から，とくに問題となるのは「提出意見」の考慮義務（42条），結果の公示（43条）の取扱いである。自治体において「考慮」義務を「尊重」レベルに格上げすることも検討されてよいが，しかしこの

「尊重」の場合でも，自治体が「提出意見」に法的に拘束されるものでなくいわばリップサービスに留まり，自治体にとっては心構えの問題に終始することになりかねないが，一定の前進であることもまたいうまでもない。住民の「提出意見」に対する「理由を付した」うえでの「結果の公示」は，住民参加を促進するうえからも必要不可欠であろう。

　第二に，政策づくりを進めるための「原則」ないし「ルール」を設定するうえで欠かせないのは，国や自治体の行政活動，ないしは行政過程の変化への洞察である。これを行政学においてみると，行政課題―政策形成（Plan）―政策の執行（Do）―評価（See）という周知のサイクル論であり，行政法学では，伝統的な，「公権力の行使」である行政行為を中心にする各「行為形式論」にとって代わる「行政過程論」の台頭である（塩野宏・原田尚彦教授ほか）。もちろん両者は完全に一致するわけではないが，いずれも行政活動を行政課題を実現するための「基本方針」にもとづく手段（組みあわせ）という実態的・動態的に即して分析し，これに関連する諸問題を解決しようとする行政法観である。そこでは，因果関係論や法規の「要件―効果」規定に代わり，課題（目的）―手段の関係が決定的に重要となる。このような傾向を象徴的に表すものに，最近の各種基本法の増大がある。戦後の教育基本法をはじめとして，環境基本法，土地基本法，最近のIT基本法，農村・農業・食料基本法，食育基本法など30本近くにのぼり，これら基本法ではほぼ共通的に，国（政府）・事業者・国民（住民）の各責務，目的を実現するための各計画の策定手続などが規定され，「目的」―「手段」（計画・行政立法・処分・指導など）関係がきわめて重要となる。

　このような行政実態・行政観を自治体における政策（法務）に当てはめて検討してみると，「住民の福祉の増進を図る」（自治1条の2第1項）目的のため，基本方針（政策）の策定，各法的手段の選択が決定的に重要となり，この自治体の基本方針・政策決定にあたっては上述のような憲法・地方自治法の基本原則をふまえたうえで，さらに「評価」という視点からこれを逆照射すると，政策評価法第3条で定める政策の「有効性」・「必要性」・「効率性」の基準による政策の事前点検が必要になる。このうち前二者については，掘り下げた検討を要するまでもなく一応の理解は可能であり，また自治

体における具体の政策形成・計画策定に当たり当然に前提とされるものであるが,「効率性」の原則はその意義,具体の「政策」などへの適用,他の原則との調整などについてしばしば問題とされ,活発な論議を喚起しているところである。地方自治法2条第14項は,地方公共団体は「最小の経費で最大の効果を挙げるようにしなければならない」ことを定め,この「効率性」原則を規定している。これは費用最小・効果最大原則であり,一般に「費用対効果」とよばれるものと一致する。この「効率性」原則,「費用対効果」は,これまで自治体行政においては必ずしも重視されず,その意義・法的効果については,一般に自治体の「努力義務」,あるいは自治体が事務処理にあたっての「準拠すべき指針」・「地方自治運営の基本原則」(松本英昭『新版・逐条地方自治法』)であると解されている。しかし,この地方自治法2条第14項の規定に加えて,新たに政策評価法3条の「効率性」の基準が評価項目として規定されたことを総合的に考えると,この基準の法的意義について改めて位置づけなおすことが必要不可欠であろう。

　他方で,この「効率性」基準については,その万能主義の結果,市場原理・経済効率性優先に通じ,行政の民間開放=公の施設における指定管理者制度・建築確認などにおける「指定確認検査機関」によって,住民の「安心」・「安全」の危機をもたらしているのではないか,という批判がある。2005年末にクローズアップされた,建築士らによる一連の「耐震構造」偽装事件や一連の「東横イン」事件(検査完了後,ハートビル法・条例を無視して,障害者施設・基準の手抜き改装)は,この象徴的事件ではないか,という意見である。

　これらのことから,直ちに行政の民間開放・私人による行政をすべて否定することはできないが,国民の生命・安全・財産に関わる建築基準行政においては専門的・第三者的監視体制の強化が必要不可欠であろう(ちなみに,この事件を契機とする改正建築基準法案では,罰則の強化と20メートル以上の高層建築物に対する建築確認と専門機関による二重監視を盛り込んでいる)。

　この根本問題について,ここで詳細に論ずることはできないが,ただドイツの行政法改革でも,改革の方向性のひとつとして「効率性」の基準が重要

な物差しとして用いられており，その際には効率性万能主義を排除するため，ドイツ連邦共和国基本法1条の「人間の尊厳の不可侵」や法治主義の原則に抵触することはゆるされないという歯止めがあるということだけ指摘しておきたい。したがって日本の場合にも，効率性原則を自治体行政における制度設計・政策立案・計画策定の際の基準として採用するにしても，このような「歯止め」が必要であることを確認しておきたい。

おわりに——課題と展望——

わが国では，1993年の両議院における「地方分権推進決議」をもってその嚆矢とし，2000年4月の地方分権一括法の施行をもって分権時代の突入と称することができようが，現代ではこのような分権傾向は，決してわが国固有の現象ではなく，イギリス，フランス，イタリアなどヨーロッパ諸国を中心にしてグローバルに展開されており，他方において超国家組織EUの拡大（25ヵ国体制）により，「国家の空洞化」傾向を随伴しつつある。いわば，主権の単一・不可分・絶対性＝公共性の独占の上に構築された近代国家が，一方における「地域主義」（リージョナリズム）の台頭により，他方で普遍的な超国家組織の存在により，次第に空洞化・形骸化されつつある傾向を指摘したものである。

しかしながら地方自治・地方公共団体も，また第三セクター・出資法人の設立や行政の民間開放により，自らの固有のエリアを縮小させながら，他方で「公の施設」における指定管理者制度（自治244条）のように，「監督」・「監視」という手法を用いて，これらを文字どおりコントロールしながら固有の役割を果たしているのである。さらに，自治体の公共の手をより民間に近いNPO法人にまで伸ばして，一定の公共的活動を担当させているのが今日の状況である。換言すれば，「民」もしくは「私人による行政」活動である。今後の基本課題としては，従来の地域社会における官と民との区別の見直し，ないし新しい地域「公共性」概念の構築＝「住民の福祉の増進を図ることを目的として，住民参加手続を経て行われる，官又は民の一連の活動」という再定義のうえに，地域政策法務の意義・役割，その具体的ありかたが

それぞれの自治体に関わって改めて検討されるべきであろう。

　本章では，ごく基本的な点についてのみの指摘にとどまったことをおことわりしておく。

参考文献

　本章のテーマに関連して多数の参考文献があるが，本文中掲示した文献のほか，次の文献のみをあげておく。

　　原田尚彦『地方自治の法としくみ（全訂第2版）』学陽書房，1996．
　　松下圭一『自治体再構築』公人の友社，2005．
　　宇賀克也『政策評価の法制度』有斐閣，2002．
　　杉原泰雄ほか編『資料現代地方自治』勁草書房，2003．
　　中川義朗「国・地方の役割分担原則と公共事業について―川辺川ダム問題を素材として」田中雄次・大江正昭編『グローカリズムの射程』成文堂，2005，181頁以下所収。

第Ⅳ部

政策研究

第 6 章

地域の政策資源としての大学の価値

上野眞也

はじめに

　現代日本社会で起きている大きな変化は，まず少子高齢化という人口構造の変化による影響が大きく，わが国のこれまでの制度のあり方やその運営方法に対して大きな変革を迫っている。そしてまたグローバル化の進展により，経済活動のみならず，教育を含めたサービス産業のあり方に対しても世界的な相互関係の世界へと変化し，その影響は地方都市にも及んでいる。

　戦後発足した新制大学は平成 21 (2009) 年には創立 60 周年を迎えるが，大学システムも社会的存在であるかぎり，このような社会の大きな変化から例外ではあり得ない。いま大学は，国際的なレベルで教育や研究水準を競い合いつつ，あわせて将来の日本あるいは立地している地域社会とどのような関係性を結んでいくのかについて，明確なビジョンを持つことが求められている[1]。つまり大学は，大学の経営戦略と，立地する地理的空間に対する地域戦略との統合を図りながら，その存在意義を模索していくことが求められていると言えよう。とりわけ地方に立地する大学にとって，都道府県や市町村と運命を共有し，地域の持続可能性を高めていくような協働をすることが必要となる時代となっていると考える。

　さて本章では，地域の政策資源としての大学の価値を考えるため，熊本と

いう地域社会と大学との関係性について，客観的なデータからその意味を計り，そして未来に向かって地域社会と熊本大学が持続可能な関係性の中で共に発展していくための課題とは何かについて考察を行う。

　結論を先に述べると，第1に，大学の存在は，地域社会の活性化にとって極めて大きな効果を有していることが改めて確認された。それは大学生として多くの若者が街に定住しているということのみならず，大学の教育・研究活動による地域経済への直接的な経済波及効果は，他の産業と比較しても極めてクリーンで効率がよく規模も大きなものであること。さらに大学が立地していることによる地域経済への波及効果以外にも，地域の人材育成や産業活動への刺激，そして大学の立地自体が地域の「格」を上げていることなど，有形無形の価値の創出に大学が大きく寄与していることが明らかとなった。しかし残念なことに，現在の熊本県・熊本市の都市政策には，「学園都市」という地域戦略の視点が欠けており，これを活かした「学園都市熊本」という地域アイデンティティの創出にはまだ成功しているとはいえない。今後そのような行政と連携した学園都市政策の取り組みが始まることを期待したい。

　第2に，若年人口の今後の急激な減少は，大学にとって将来の顧客層の大きな減少を意味している。それは街の中から若者の姿が少なくなることでもある。このことに対し個々の大学は，生き残り策として学生定数の削減により事業規模を縮小することで対応する，あるいは大学間競争による淘汰の試練に打ち勝ち国内市場内で生き残りを図る，生涯学習という視点を活かし新たに社会人層を顧客とした教育サービスの拡大を行う，また人口が爆発している国の留学生受け入れを拡大する，さらに積極的には中国などアジア地域へ高度な教育サービスを提供することにより教育事業の国際化を展開するなど，高等教育事業の可能性として様々なビジネスモデルが考えられる。今後の大きなビジネス環境の変化に耐えうる大学としていくためには，大学と地域が持つ政策資源を活かした新たなビジネスの柱を創出するような，力強いビジョンの策定が求められる。

第6章 地域の政策資源としての大学の価値　　　165

1. 大学を取り巻くビジネス環境の変化

(1) 大学進学の状況

　大学進学率は，地域の教育市場と大きな関わりを持っており，大学という経営体にとっても重要な関心テーマである。

　大学・短期大学等への進学率は，昭和29（1954）年には10.1％とエリート養成機関であったものが，昭和48（1973）年には32.7％と量的な拡大による大衆化がおき，平成17（2005）年には51.5％と，18歳人口の過半数が高等教育機関へ進学する高等教育のユニバーサル化の時代となった[2]。その結果，確かに大学で学ぼうとする者の水準は大きく低下し，従来の専門教育をすべての学生が理解できないという現象がみられはじめている。いわゆる高等教育機関にも，従来の研究中心の大学，高度職業人養成，そして基礎的技術・知識の教育水準へと大きくそのレベルが分化し始めている。理系学部では修士課程まで入れた6年間教育で大学教育を行うようシステムを改めるところが出てきた。労働の現場は機械化し効率化しているが，社会的に4年制学卒の増加による青年層の成人化の遅延は，質の高い労働力を欲する産業界の要請とともに，労働人口の飽和を緩和する役割を果たしてきた。モラトリアム学生であろうと，大学がテーマパーク化しようと，大学という社会制度が18歳で社会に進出すべき若者を4年間留めおき，基礎的教育を提供する役割を果たしてきたわけである。

　年間270万人の団塊世代が生まれた時代から，次第に少子化の時代に変わり，学生人口は急激に縮小化しはじめている。それにもかかわらず大学の学生受け入れキャパシティーは拡大を続けてきた。高学歴社会でも無限に進学率を上昇させることはありえず，社会にとって高等教育の価値と，その制度維持にかかるコストをどのように負担するかということによる均衡点がどこかに存在している。わが国では，大学進学者は増加を続けているにもかかわらず，国は高等教育にかかる経費を先進諸国と比べて著しく低く抑えてきた。その歪みは，私立大学による学生の受け入れの増加と，家計における教育コストの上昇，そして無目的な進学者の増加を引き起こしてきたという弊

表IV-1　大学進学率　　　　　　　　　　（単位：％）

都道府県	大学進学率	順位	都道府県	大学進学率	順位
京都	53.6	1	長野	43.7	25
東京	52.5	2	福岡	43.4	26
兵庫	52.5	3	茨城	42.6	27
奈良	52.3	4	千葉	42.3	28
広島	51.9	5	大分	41.2	29
愛知	51.2	6	島根	41.1	30
山梨	51.0	7	高知	39.9	31
福井	50.4	8	山口	39.1	32
石川	49.8	9	鳥取	38.2	33
滋賀	49.8	10	山形	38.1	34
神奈川	48.8	11	佐賀	37.4	35
富山	48.3	12	新潟	37.2	36
大阪	48.1	13	秋田	37.0	37
岡山	47.5	14	鹿児島	36.5	38
徳島	47.3	15	長崎	36.2	39
静岡	46.6	16	宮崎	36.2	40
岐阜	46.3	17	宮城	35.4	41
香川	46.3	18	熊本	34.9	42
愛媛	46.2	19	北海道	34.7	43
三重	45.9	20	福島	34.3	44
栃木	45.6	21	青森	32.9	45
和歌山	44.5	22	岩手	32.0	46
群馬	43.9	23	沖縄	30.2	47
埼玉	43.9	24			

注）文部科学省「学校基本調査」平成15年度を加工。

害もみられる。かつて国のリーダーや，良質の労働者を養成するための社会制度であった大学も，これからのユニバーサル化をどのように受け止めていくべきかについては，まだ明確なビジョンは共有されていない。

　それでは都道府県別の大学進学率を見てみよう[3]。表IV-1のように地域間に大きな格差が見られる。そして大学進学率の高いところでは，逆に専修学校への進学が少ない（表IV-2）というように，両者の間には負の相関関

第6章　地域の政策資源としての大学の価値

表Ⅳ-2　専修学校進学率　　　　　　　　　（単位：％）

都道府県	専修学校	順位	都道府県	専修学校	順位
新　　潟	29.1	1	岡　　山	19.4	25
長　　野	24.6	2	栃　　木	19.4	26
沖　　縄	24.3	3	宮　　崎	19.2	27
群　　馬	23.8	4	静　　岡	18.8	28
北　海　道	23.6	5	青　　森	18.7	29
島　　根	23.5	6	香　　川	18.7	30
岩　　手	23.4	7	三　　重	18.5	31
高　　知	23.2	8	山　　口	18.4	32
愛　　媛	21.9	9	長　　崎	18.2	33
富　　山	21.9	10	福　　井	18.2	34
福　　島	21.0	11	神　奈　川	17.8	35
徳　　島	20.6	12	佐　　賀	17.7	36
埼　　玉	20.6	13	福　　岡	17.4	37
山　　形	20.6	14	岐　　阜	17.3	38
山　　梨	20.4	15	滋　　賀	17.1	39
鹿　児　島	20.4	16	広　　島	16.8	40
千　　葉	20.1	17	愛　　知	16.4	41
大　　分	20.0	18	兵　　庫	16.2	42
宮　　城	20.0	19	京　　都	15.7	43
熊　　本	19.7	20	大　　阪	15.3	44
鳥　　取	19.7	21	奈　　良	15.1	45
和　歌　山	19.7	22	東　　京	15.0	46
秋　　田	19.6	23	石　　川	14.6	47
茨　　城	19.4	24			

注）文部科学省「学校基本調査」平成15年度を加工。

係が窺われる。

　大学進学率の平成16（2004）年度の全国平均は44.6％であるが，熊本県は34.9％と全国で42番目であり，最下位グループに属している。しかし専修学校への進学率を見ると，全国平均は18.9％であり，熊本県は全国20位，19.7％である。この地域間格差の分布を詳細に見るために，全国都道府県の大学進学率を図Ⅳ-1のように箱ひげ図で表すと，箱の部分（進学率がおよそ37～48％程度のところ）に全体の50％の都道府県が位置し，上

第IV部　政策研究

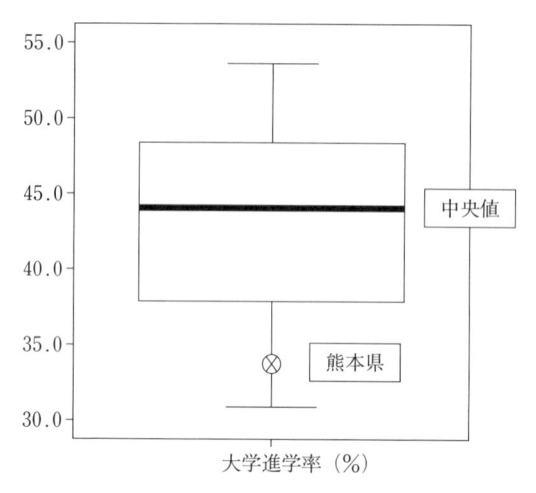

図IV-1　都道府県別大学進学率の傾向

側・下側ヒンジ部分にはそれぞれ中央を外れた25％のデータが位置する。箱内の横線は中央値44.6％を示している。この図からも，熊本県は大きく中心値を外れ，下方に位置していることがわかる。

このように地域で進学率に大きな格差がおきる原因は，果たして何なのであろうか。主要な統計指標間の相関係数を調べてみると，大学進学率は専修学校進学率や高卒就職率とは明らかに負の相関関係にある（相関係数はそれぞれ-0.56，-0.67）。逆に進学率が高まる正の相関関係の要素としては，1人当たり県民所得および人口千人当たり学生数との間に比較的強い相関関係が見られる（それぞれ0.61，0.51）。

そこで1人当たり県民所得と大学進学率の関係を示した図IV-2を描いてみると，確かに右上がりの正の相関が見られるものの，熊本県よりも1人当たり県民所得は低くとも進学率の高い県もたくさん存在している。地理学的には，このような状況を工業化への準備段階ともいうべきプロト工業化段階ととらえ，工業化と高い進学率の地域がよく一致しているという関係性が指摘されている。もっとも単に因果関係の方向性が双方向的なものである可能

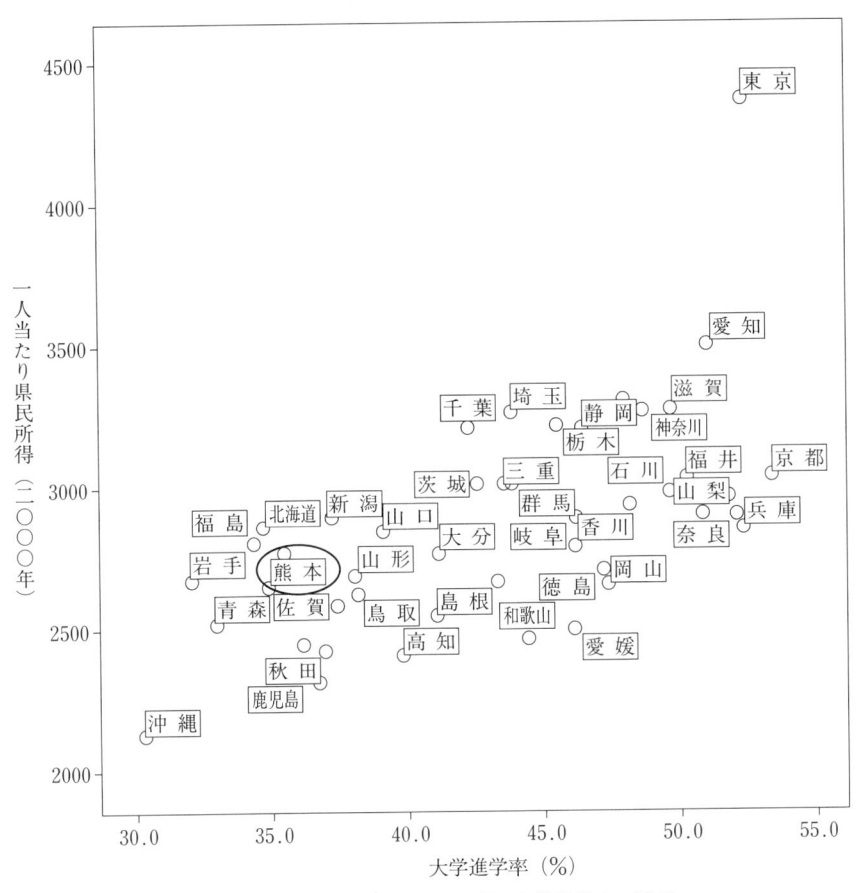

第6章 地域の政策資源としての大学の価値

図Ⅳ-2 1人当たり県民所得と大学進学率の関係

性も考えられる。用いた統計データ間ではこれ以外に強い相関関係は見られなかったが，例えば教育に対する期待値や地域の教育への態度の違いといった地域的・文化的な要因や，地域のソーシャル・キャピタル[4]も地域教育，進学率に大きく影響しているのではないかと考える。

それでは次に，各地域の大学生数の変化と大学進学率はどのような関係に

170　第IV部　政策研究

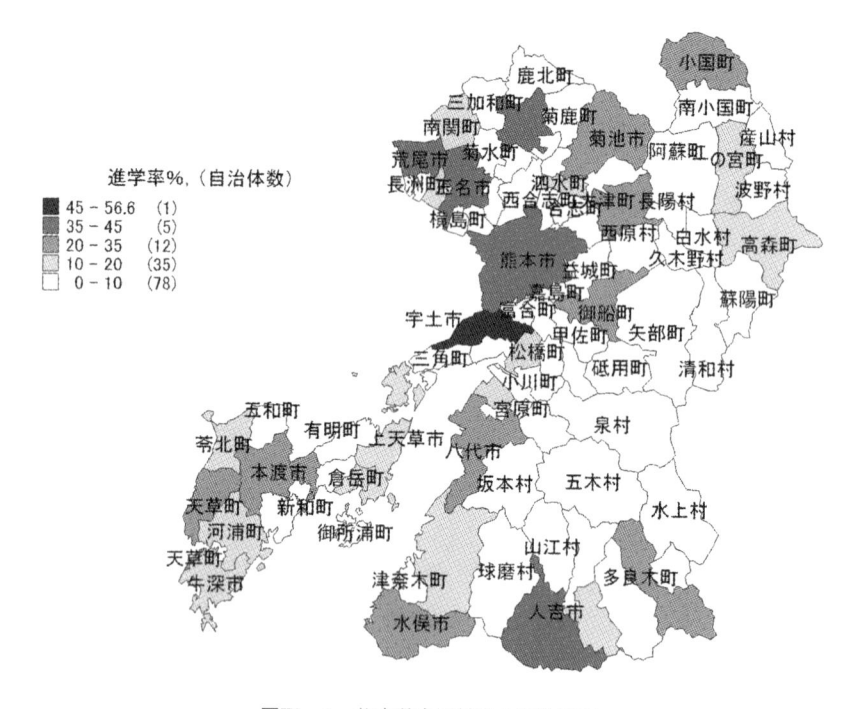

図IV-3　熊本県市町村別大学進学率

あるのだろうか。平成2（1990）年から平成15（2003）年までの都道府県別の大学生数の増加率と大学進学率の関係には相関関係0.160と明確な相関は見られない。つまり大学生がたくさんいる都市であるためには，単に進学率の向上だけでは効果がないことがわかる。例えば，滋賀県は著しい学生数の増加で外れ値を示しているが，これは立命館大学（草津市）および龍谷大学（大津市）の設置で滋賀県の学生数が急激に増加したためである。大学誘致による新設校の立地が，学生数の増加に大きな影響を及ぼしたように，学園都市の形成・維持には新大学の立地や新設学部・大学院等の設置は直接的な効果を持っている。しかし現実には，改組により学部定数を削減しながら，他方で新たな教育サービスの看板を掲げるという取り組みが多くの大学で行

第6章　地域の政策資源としての大学の価値

われている方法である。

　ここで，熊本県内の市部・郡部の高校卒業後の進学率について確認しておこう。図Ⅳ-3にみられるように，たとえば宇土市は56.6％，熊本市42.2％と全国平均に近い値であるが，鹿本郡は8.7％，天草郡12.1％というように，市部と郡部の間には大きな格差が見られる[5]。熊本県ではほぼ郡市単位で県立高校が設置されており，その教員の人事は県で行われていることから，提供できる教育内容に大きな違いはないはずである。しかし現実には，教育への親・生徒たちの期待，生徒を取り巻く社会環境や，地域の主要産業などの地域特性が，このような大きな地域間格差を作り出す要因となっていると思われる。通勤通学者の割合が15％以上ある熊本都市圏においても，郡市単位で大きな違いが見られる。この中には男子学生の進学率が女子の半分程度しかない地域があるなど，性差も明らかに見られる。

　全体的な進学率の傾向として平成16（2004）年度には15（2003）年度より更に減少傾向を示している。大学離れの傾向がすでに進学率が低い熊本県でも起きはじめているのか，あるいは経済の低迷による影響なのか，早計に結論を出すことはできないが，熊本県の進学率の低い傾向と地域間格差は教育政策の重要な課題である。

(2) 都市と大学生──学園都市度を測る

　それでは次に地域と大学生数の関係について焦点をあててみよう。各都道府県の学部学生数，大学院学生数を一覧にしたものが表Ⅳ-3である（短大，高専は含んでいない）。ここから熊本県は，全国で17番目に学生の多い県であることがわかる。

　わが国の都道府県人口には大きな偏りがあることから，次に都道府県人口に占める大学生の割合を比較してみよう（図Ⅳ-4）。人口に占める学生の割合の全国平均は1.65％であるが，京都と東京が突出して高く，5％を超えている。次に大阪，愛知，福岡が続き，2.5％を超えている。その後に，滋賀，石川，宮城，神奈川とつづく。旧制高校の所在地の県としては，熊本県は金沢，岡山などにも遅れ全国19位である。

　しかし都市と大学の関係性を考えるためには，都道府県単位という大括り

第IV部　政策研究

表IV-3　都道府県別の学部学生，大学院学生数　　　　（単位：人）

県番号	都道府県名	順位	学部学生	順位	大学院学生	順位	総学生数
13	東　　　京	1	598,607	1	63,484	1	662,091
27	大　　　阪	2	205,926	2	17,185	2	223,111
14	神　奈　川	3	184,331	4	14,241	3	198,572
23	愛　　　知	4	165,093	5	13,982	4	179,075
26	京　　　都	5	134,487	3	16,411	5	150,898
11	埼　　　玉	6	122,267	13	4,251	6	126,518
40	福　　　岡	7	114,361	6	11,209	7	125,570
28	兵　　　庫	9	108,911	7	9,085	8	117,996
12	千　　　葉	8	109,425	9	8,451	9	117,876
1	北　海　道	10	82,924	8	8,700	10	91,624
34	広　　　島	11	53,698	12	5,845	11	59,543
4	宮　　　城	12	47,369	10	7,672	12	55,041
33	岡　　　山	13	36,828	14	4,207	13	41,035
8	茨　　　城	16	29,649	11	6,364	14	36,013
22	静　　　岡	14	32,734	18	2,454	15	35,188
25	滋　　　賀	15	30,229	19	2,364	16	32,593
43	熊　　　本	17	26,477	17	2,478	17	28,955
17	石　　　川	18	23,657	16	4,096	18	27,753
15	新　　　潟	19	23,178	15	4,194	19	27,372
29	奈　　　良	20	22,626	21	2,323	20	24,949
10	群　　　馬	21	21,026	26	1,750	21	22,776
9	栃　　　木	22	20,908	28	1,612	22	22,520
21	岐　　　阜	23	18,204	23	2,099	23	20,303
46	鹿　児　島	24	17,922	24	1,890	24	19,812
42	長　　　崎	25	17,688	27	1,632	25	19,320
35	山　　　口	26	17,317	25	1,877	26	19,194
47	沖　　　縄	27	17,041	35	1,178	27	18,219
19	山　　　梨	28	15,852	36	1,149	28	17,001
7	福　　　島	29	15,685	42	855	29	16,540
38	愛　　　媛	31	15,165	31	1,353	30	16,518
20	長　　　野	33	14,137	22	2,218	31	16,355
2	青　　　森	30	15,358	41	868	32	16,226
24	三　　　重	32	14,359	29	1,430	33	15,789
36	徳　　　島	35	12,693	20	2,353	34	15,046
44	大　　　分	34	14,068	40	928	35	14,996
6	山　　　形	36	11,484	30	1,381	36	12,865

第6章 地域の政策資源としての大学の価値

県番号	都道府県名	順位	学部学生	順位	大学院学生	順位	総学生数
3	岩　　手	37	11,468	33	1,285	37	12,753
16	富　　山	40	9,905	32	1,317	38	11,222
37	香　　川	39	10,060	44	775	39	10,835
45	宮　　崎	38	10,107	47	652	40	10,759
18	福　　井	41	9,382	34	1,188	41	10,570
39	高　　知	42	7,996	38	1,026	42	9,022
41	佐　　賀	43	7,722	39	932	43	8,654
5	秋　　田	44	7,584	45	714	44	8,298
31	鳥　　取	47	6,596	37	1,109	45	7,705
30	和　歌　山	45	6,746	43	776	46	7,522
32	島　　根	46	6,673	46	681	47	7,354
	計		2,505,923		244,024		2,749,947

（再掲）

5	東京（23区）	1	381,734	1	48,854	1	430,588
9	京　都　市	2	110,868	2	15,492	2	126,360
8	名　古　屋　市	4	69,672	3	9,831	3	79,503
6	横　浜　市	3	69,825	4	8,823	4	78,648
14	福　岡　市	5	67,608	6	7,267	5	74,875
11	神　戸　市	6	56,451	8	5,921	6	62,372
1	札　幌　市	7	44,818	7	6,542	7	51,360
2	仙　台　市	8	39,425	5	7,481	8	46,906
12	広　島　市	9	28,586	11	2,062	9	30,648
7	川　崎　市	10	27,044	13	1,561	10	28,605
10	大　阪　市	11	23,928	10	2,446	11	26,374
4	千　葉　市	12	22,076	9	3,787	12	25,863
13	北　九　州　市	13	20,730	12	1,971	13	22,701
3	さいたま市	14	13,098	14	1,383	14	14,481
	計		975,863		123,421		1,099,284

注）文部科学省「学校基本調査」平成16年度を加工。

第IV部　政策研究

(単位：%)

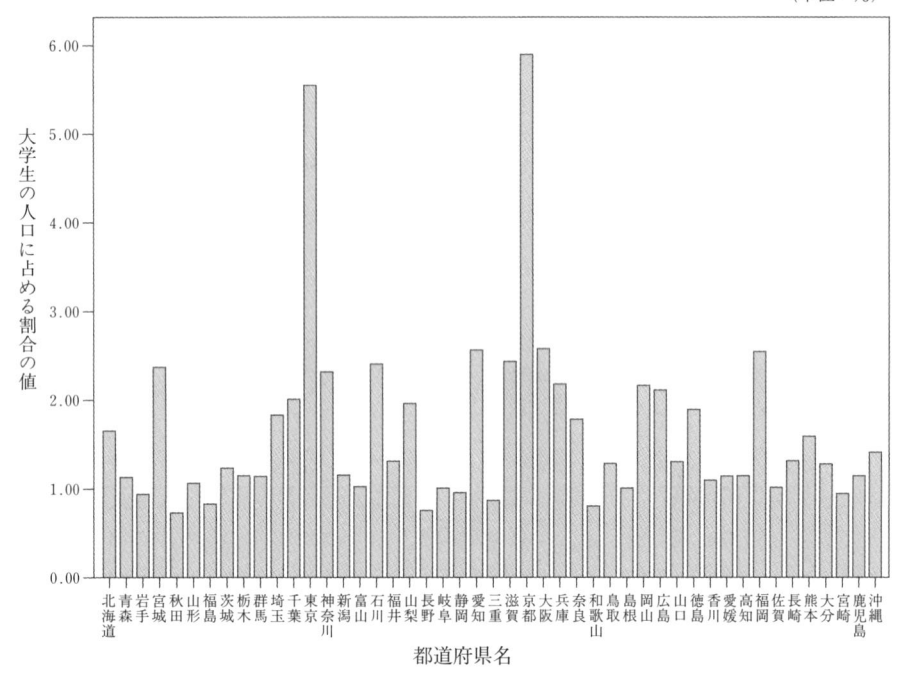

図IV-4　都道府県人口に占める大学生の割合

表IV-4　人口集中地区人口当たり大学生数の割合　（単位：%）

1	京　都	7.23	11	熊　　本	3.73
2	徳　島	5.89	12	福　　岡	3.68
3	滋　賀	5.85	13	佐　　賀	3.59
4	東　京	5.77	14	愛　　知	3.47
5	山　梨	5.60	15	茨　　城	3.44
6	岡　山	5.08	16	広　　島	3.33
7	石　川	4.88	17	香　　川	3.30
8	宮　城	4.13	18	福　　井	3.19
9	島　根	3.97	19	岩　　手	3.17
10	鳥　取	3.96	20	兵　　庫	2.93

の比較をするよりも，都市単位で比較するほうがよいとも考えられる。平成9（1997）年の資料[6]であるが，都市単位では，京都市が9.85％と第1位であり，第2位に6.71％で福岡市，第3位が4.84％で神戸市，第4位が4.76％で仙台市，第5位が4.04％で名古屋市であった。

ここでは入手データの都合上，暫定的に各県の人口集中地区（DID地区）の人口と学生数とで比較を試みるが，表IV-4に見られるように熊本市を中心とする熊本都市圏は，福岡市を抜き全国で第11番目に大学生の集積が高い地域であるということが確認できる。

また更に平成15（2003）年現在の熊本市の人口と熊本市内に立地する短大を含めた大学の学生数で計算をすると，30,549人／670,003人＝4.6％となり，熊本市は仙台市に次ぎ学生の割合が大きい都市であるということがわかる。

日常生活において，熊本の市街地には若者が多いということを他県人からよく指摘されるが，その印象はこれらの数値からも確認されるものである。しかし，熊本市民にとってそれは昔からある当然の光景であり，格別な意味をそこに見いだしてはいないということも事実である。今後，人口構造の急激な変化による若者の減少が熊本市でも起きるとすれば，熊本市の街の賑わいやイメージが大きく変化していく可能性が大いにあるのではないか，さらにファッション感覚あふれる街などといった若者が創ってきた熊本の個性も，学園都市性が薄れることで変質することが危惧される。

(3) 九州・山口の大学にとっての将来の顧客

ここで熊本の大学にとって重要な顧客はどこからやってきているのか確認しておこう。九州（沖縄県を除く）と山口の若年人口の構造について見ると（表IV-5），これらの地域には現在の20〜24歳，25〜29歳という5歳階級ごとで区切った世代がおよそ90万人程度ずついるが，現在の0〜4歳が大学生となる20年後には，その規模はおよそ70万人程度へと大きく減少する。

各県別にその変化を見ると，今後福岡県が急激な減少を示すなか，熊本県を含む他県は微減傾向となる。現在福岡県には国立3，公立4，私立24の

表IV-5　九州・山口の5歳階級別人口　　（単位：千人）

	0～4	5～9	10～14	15～19	20～24	25～29
福　　岡	233	239	252	302	370	374
佐　　賀	43	45	50	58	48	54
長　　崎	70	76	82	94	78	89
熊　　本	85	92	101	115	107	113
大　　分	54	58	61	72	62	75
宮　　崎	55	60	65	73	58	70
鹿 児 島	80	88	100	111	96	102
山　　口	65	68	73	86	75	95
合　　計	685	726	784	911	894	972

出典）総務省統計局「人口推計年報」（2002年10月1日現在）による。

大学が立地しており，総学生数で127,642人と熊本県よりも大きな教育市場であることから，今後の福岡の大学の動向は九州地域の高等教育サービス機関にとって無視できない影響力を持っている。将来の学生数自体の減少がこの地域における大学の生き残り戦略にどのように影響するのか。また九州・山口地域の各都市の地域戦略は，教育市場のビジネスにまたどのような変化をもたらすのだろうか。熊本における高等教育サービス提供機関には，平成22（2010）年の新幹線全線開業は大きな変化要因であり，今後の動向を慎重に考慮していくことが必要である。

　熊本県の若年層の人口は，表IV-6に見られるように，今後もほぼ一貫して減少していくと予測される。この傾向は，回帰分析から次のような式で表される（$R^2=0.826$）。

　　　$Y=251.66X+16335.686$
　　　（Y：人口数，X：年齢）

　各年の世代人口がおよそ2万人程度であったものが，今後20年間で1万6千人程度にまで減少する。熊本大学の学生は約6割以上が県外から入学し

第6章　地域の政策資源としての大学の価値　　*177*

表IV-6　熊本県の若年人口数　（単位：千人）

年齢	人口
0	16,388
1	16,470
2	17,030
3	17,101
4	16,845
5	17,188
6	17,344
7	17,642
8	17,984
9	18,542
10	18,729
11	18,993
12	19,308
13	19,452
14	20,168
15	20,889
16	21,373
17	22,154
18	22,162
19	22,039
20	22,709
21	21,538
22	20,856
23	20,178
24	20,660

出典）熊本県『熊本県統計年鑑』。

てくる学生であり，熊本県の18歳人口だけを考えるのではなく，全国および九州地域の人口変化がそのマーケットの需給と関係しているが，今後九州・山口という地域においても若年層のマーケットは大きく縮小していくことから，それ以外の地域の学生を誘引する魅力を大学や都市圏が持つことや，国を超えて優秀な留学生を集めること，併せてこれまで顧客として意識していなかった社会人層を新たな学生として受け入れていくことの3つの戦略を組み合わせていくことが，環境変化に対する顧客獲得の将来戦略の一つとして考えられよう。

(4)　各大学の戦略

次に，熊本県内の各大学における学生数の推移を確認しておこう。これはそれぞれの大学が将来に備えてどのような体制を準備し始めているのかを推測させるものである。表IV-7に見られるように，平成2（1990）年には熊本県内の学生数は28,666人であったが，平成15（2003）年には33,583人へと増加した。この間私立大学では，校名の変更や短期大学から4年制大学への改組など，少子化時代を睨んだ取り組みが行われた。このため短期大学では学生数がおよそ半減したが，4年制大学では新設・短大からの改組により，およそ7千名の増加となった。

平成7（1995）年になると，学生数には横ばいもしくは減少傾向が現れ始める。この年を100とすると，熊本大学では平成15（2003）年には総学生数が99.5％にと微減傾向にあるが，県内の比較的学生数の多い私立大学では

第IV部 政策研究

表IV-7　熊本県の大学生数の推移　　　　　　　　（単位：人）

	平成2	平成7	平成12	平成15
熊本大学	9,132	10,113	10,068	10,061
熊本県立大学（旧熊本女子大学）	861	1,371	2,002	2,126
熊本学園大学（旧熊本商科大学）	5,496	8,265	7,961	7,804
崇城大学（旧熊本工業大学）	3,518	5,257	4,972	4,027
九州東海大学	3,118	3,661	3,437	2,854
尚絅大学	523	557	388	284
九州ルーテル学院大学			661	549
九州看護福祉大学			1,212	1,516
平成音楽大学				240
熊本保健科学大学				231
（大学小計）	22,648	29,224	30,701	29,692
熊本医療技術短期大学	501	512	507	512
尚絅短期大学	1,081	1,132	896	932
銀杏学園短期大学	420	393	410	258
中九州短期大学	272	654	283	376
熊本電波工業高等専門学校	738	848	863	911
八代工業高等専門学校	723	885	896	902
熊本学園大学短期大学部	1,367	383	116	
熊本音楽短期大学	346	337	252	
九州女学院短期大学	570	572		
（短期大学小計）	6,018	5,716	4,223	3,891
総　計	28,666	34,940	34,924	33,583

さらに大きな減少を始めている。熊本学園大学は平成7（1995）年に比べ94％，崇城大学77％，九州東海大学78％，尚絅大学は51％へと大きく学生数を減少させた。ところが熊本県立大学は，他大学の戦略とは逆に新設学部・大学院の開設を行い，学生数の倍増を図ってきた。また玉名市の九州看護福祉大学は，福祉・看護分野における人材養成市場の拡大を睨んで新設された。

　地域における大学を産業という視点で考えた場合，学生数の規模のみならず，教員数，職員数，研究等にかかる予算等も重要なファクターとなる。熊本県全体で大学という職業に直接かかわる人員は，表IV-8に見られるよう

第6章 地域の政策資源としての大学の価値

表Ⅳ-8　熊本県の大学数，教員数，職員数，学生数の推移　　（単位：校・人）

年度・大学	大学数				教員数				職員数	学生数		
	総数	国立	公立	私立	総数	国立	公立	私立		総数	男	女
平成11年度	16	4	1	11	1,923	1,099	88	736	1,753	35,436	22,450	12,986
12	16	4	1	11	1,933	1,103	91	739	1,723	34,924	21,731	13,193
13	17	4	1	12	2,016	1,187	92	737	1,709	34,590	21,172	13,418
14	16	4	1	11	2,015	1,185	92	738	1,706	33,841	20,412	13,429
15	16	4	1	11	2,011	1,179	92	740	1,701	33,583	19,989	13,594

出典）熊本県『熊本県統計年鑑』。

に平成15（2003）年現在では（カッコ内は平成11（1999）年から平成15（2003）年への変化率を示す），教員数が2,011人（105％），職員数は1,701人（97％），学生数は33,583人（95％）となっている。

　ここから窺われる緩やかな職員数の減少は，今後若年人口の大きな減少が予測され，また大学入学希望者の全員入学が平成19（2007）年には訪れるという事態に対して，各大学がそれぞれ教育市場の需要を勘案し，新たな経営戦略に基づく判断を行った結果であると考えられる。

　すなわちビジネスの中心サービスである教育・研究の内容やその質的向上に直接関係する部分を充実させ，他方で組織運営にかかる間接コストについては業務の高度化や効率化を進めるという戦略が，教員の増加と事務職員の削減傾向に繋がっているが，この手法は他産業がとる経営構造の改革と同じ発想であると推測される。国立大学については，国家公務員の定数削減のため政治的判断による法人化が進められたが，今後は独立した経営体としての強みを引き出す人的資源を組織内にどう配置するかという中長期の人事政策が重要な意味を持ってこよう。

　アメリカ合衆国シラキュース大学のコップリン教授は，つねに学生に"How are you going to make the world a better place?"と問いかけているが，大学はそのような「善き社会の構想」を実現することに寄与する人材を育て，新しい知識・価値を生み出す重要な公共財であり，地域資源である。大学教育という国民にとっての公共財を育む国立大学を，民営化により整理

統合しようとする昨今の新自由主義的な改革には大きな疑問があるが，国民の判断，国の方針として決定されてしまった現在の制度環境のもとでは，個々の大学がこの国や地域にとって最善の教育・研究を提供する知の再生の機関であることで生き残りを図るほかに道はない[7]。

　今後の大学のあり方を経営という視点から考えたとき，顧客である学生定数を次第に減少させるという消極的経営判断を行うとすれば，教職員を適正規模に向け再調整することが必要となろう。大学として，外部環境の変化に対して老舗の商売法にこだわり，消極的なコスト削減により生き残りを図ろうとするのか，あるいはアジアなど海外からの留学生による新たな教育機会の拡大や，これまでになかった価値を生み出すビジネスチャンスの創出に積極的に挑戦し，果敢にあらたなビジネス分野に大学のビジネスモデルの拡大を図る積極策をとるのかによって，大きくその方向性は異なる。そしてその将来の組織の浮沈は，現在の経営陣のビジョン設定とリーダーシップにかかっているといえよう。

　九州経済調査協会は近年成長が著しい企業に対して調査を行い，成功のきっかけとなった新しいビジネス分野の創出などイノベーション的な発想が誰によりなされたのかについて調べた[8]。それによると，成功した事業のほとんどがトップもしくは経営陣から出され，組織の変革を忌避する姿勢の部下を説き伏せて遂行されたものであった。民間企業においてすらボトムアップで新しいビジネス分野へのチャレンジ案は出てきていないというのが現実である。一旦方針が決まれば幅広い従業員のコンセンサスを得て進めていくべきであるが，方針決定についてはリーダーの能力・識見・センスに負うところが多く，そのチャンスを見いだすトップの発想は，幅広い分野の人との交流から摑まれていることが明らかにされた。

　経営という点では，私学の理事会が経営に責任を持ち，教育内容については教授会が責任を持つという体制は，国立大学法人よりも企業経営モデルに即したものであろう。国立大学法人は，委員会制のコンセンサスにより経営判断を行う現在の意思決定システムよりも，さらに大胆に時期を得た事業展開ができるような権限の経営陣への集中と，それを支えるスタッフ機能を強化する体制づくりが今後の課題であると考える。このためには企業や学校経

第6章 地域の政策資源としての大学の価値

営の知識・経験が豊かな人材を経営陣にいれることで，様々なビジネス・マネジメント上の意思決定のノウハウを大学に移転させることが必要になるのではなかろうか。

　さて，本題に戻り，大学の顧客がどこにいるのかということが重要である。18歳人口の学生市場を単にマスとして見ていては，その規模の減少に目を奪われることになる。しかし顧客の視点から見ると，教育訓練を受けるというサービスの購入に当たっては，どこから買うかを考えたときそのサービスの質が重要な点であり，授業料や教育期間という経費と時間の投資コストがペイするのか，リーズナブルであるのかという判断が，個々の消費者（学生や親）によってなされることとなる。またサービスが持っているブランドは，それ自身はイリュージョンであっても市場価値の評価は高くなる。このような顕示的欲求[9]を満たすような大学での教育歴は，新たな学歴神話を生み出している。つまり市場の評価指標をどのように強いものへと強化していけるのかで，顧客や市場の大学評価が大きく変わっていくこととなる。

　熊本大学という総合大学にとっては，少なくとも国内市場で教育・研究の内容及び就職先に評価を得て，なお国際的教育市場での評価を確保するような方向性，そして種々の地域課題を解決する研究に持てる資源を集中させていくことが，今後の有効な戦略ではなかろうか。また，地域の働く社会人層のためのリカレント教育など職業能力向上の機会を提供することや，エグゼクティブに特化した教育プログラムの開発などもビジネスチャンスを広げるものとなる。つまり国内のローカルな18歳人口だけに依存したビジネスモデルから，国際化・グローバル化と高齢社会・知価社会に対応したビジネスモデルへの対応が求められていると考える。

　さて具体的に，現在の顧客が誰なのか，主にどこから彼らは来ているのかについて見てみよう。熊本大学の平成16（2004）年度の入学者は1,837人で，各県出身者の内訳は熊本34％，福岡21％，長崎10％，佐賀・鹿児島・宮崎7％，大分6％であり，その他が6％であった。また熊本県内の大学へ他県の高校から入学している学生の出身県を，人数の大きな順に分類したも

のが図IV-5である。これからもわかるように，第1位はもちろん県内学生で54％，第2位は福岡で13％，続いて長崎，鹿児島，大分，宮崎，佐賀と九州隣県からの学生が中心となっている。更に数は大幅に減少するが，山口，沖縄，広島，愛媛，大阪，東京へと続く。

現在の熊本県の18歳人口はおよそ2万2千人であり，大学4年間のこの世代の人数はおよそ8万8千人となる。平成16 (2004) 年度の熊本県の大学進学率は34.9％であったことから，30,712人が熊本県では大学生となっていると推測される。仮に進学率が全国平均の44.6％にまで上がれば39,248人，京都並みになれば47,168人が大学生となることになる。これは平均値でも現在の熊本県の大学の収容数を大きく上回る数である。つまり，大学進学率を全国平均に上げるだけでも8,536人の新たな大学生が誕生することとなり，それは熊本大学の学生数の85％にも匹敵する新たな学生需要の創出となる。

他方で熊本県内に残る学生の比率は，県平均でおよそ54％であることから，県内の純粋な熊本出身の学生の地元残留率は15,966人ということになる。つまり13,601人が県外の大学へ進学している。今後，少子化による長男長女の時代には地元志向が高まることも予想されるが，地域の教育政策として地元の大学進学率を上げ，さらに有能な人材を地元で雇用し活躍してもらうという視点は，持続可能な地域社会を形成するという意味において重要な課題である。

熊本県内の大学にとって，平成22 (2010) 年に鹿児島から福岡まで九州新幹線が全線開通することで大きなマーケット変化が生じるのではないかと考えられている。今後どこの地域の顧客にアピールすることが最も効果的であるかについて，この新幹線効果を加味して考える必要があろう。つまり県内の良質の学生を早期に囲い込むとともに，福岡，長崎，鹿児島，大分，宮崎の高校生に対して，積極的に熊本という都市で学生生活を送ることについて良いイメージを形成することを県内の大学や行政が協力して行い，あわせてそれぞれの大学では教育・研究の内容や就職先の良さを大学の個性としてアピールしていくことが求められている。その意味で，自然志向で脱物質主義的な価値観が強い現代の若者に対しては，緑豊かで水や空気が美味しく若者

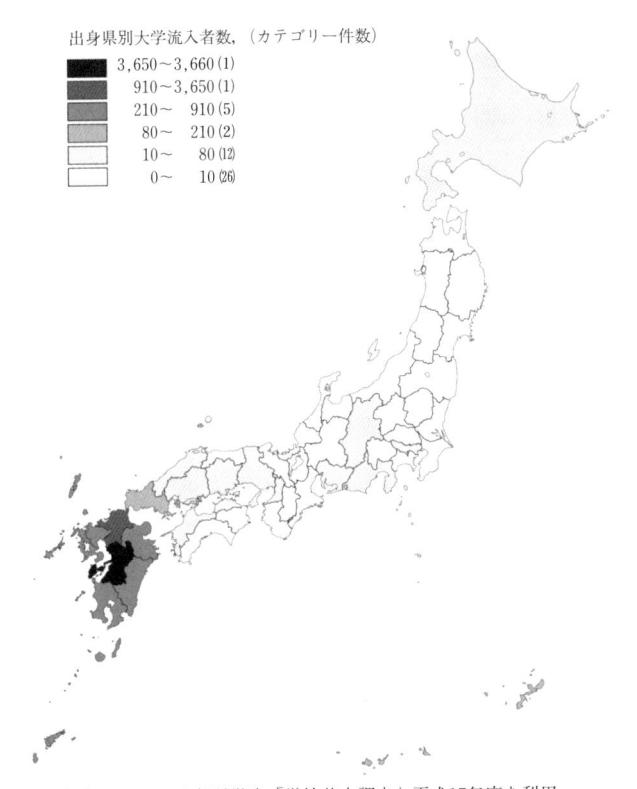

第6章 地域の政策資源としての大学の価値

出身県別大学流入者数，（カテゴリー件数）
- 3,650～3,660 (1)
- 910～3,650 (1)
- 210～910 (5)
- 80～210 (2)
- 10～80 (12)
- 0～10 (26)

（注）データは文部科学省「学校基本調査」平成17年度を利用。
図Ⅳ-5　熊本県内の大学へ入学した他県からの学生の状況

ファッションにも敏感な「自然と調和した学園都市・熊本」といった都市イメージの定着を図る取り組みは効果的であろう。既に熊本学園大学等は，九州全県に対してテレビで天気予報番組を提供し，緑美しい大学キャンパスのイメージの発信と定着を図っているが，このような都市イメージと適合的な戦略が今後重要になると考えられる。

一般的に九州の学生には，居住地から南に位置する地域の大学に行くことを忌避し，北に向かうことを好む傾向が見受けられる。同様に山口，広島な

ど中国地方では，西，つまり九州に向かうのではなく，関西・関東に向けて東に移動することを好む傾向があるといわれている。都市志向，都志向といったものが根強いのか，たまたま北部に魅力的な大都市が存在しているので南行は都落ち的な印象となるのか，都市化したライフスタイルを持つ若者にとって現在の都市規模より小さな都市への進学は避けたいと思うのか，あるいはそれらが総合されたイメージが理由なのだろうか。ともかく熊本県内に一番たくさん来ている福岡の学生にさらにアピールするためには，都市圏のイメージ戦略を彼らに合ったものとして提示していくことが有効となる。英米の大学町に見られる緑にあふれ小さく静かだが知的な刺激に満ちあふれた大学町のイメージを，理想的な学園都市として熊本で体現できれば，新たな顧客へのアピールを増すことも不可能ではないかもしれない。国内では京都市がそのような都市戦略を明確に打ち出し，大学と市が協働でコンソーシアムを形成し，学生や社会人の知的好奇心を満たす学園都市京都づくりの取り組みを展開している。

　九州新幹線が開通すると福岡―熊本間は 26 分の時間距離となり，完全に通勤通学圏となる。ビジネス分野では，福岡市に吸い出されるトンネル効果の不安が語られているが，ことここに至っては，競争市場をこれまで競合相手がいなかったところへシフトさせて勝負していく発想が求められよう。つまり熊本大学の強みは，小規模の一人ひとりに配慮した教育システムであり，学生生活を送るに楽しい都市環境である。マスで扱われる旧帝大とは異なる，質の高い教育が実現できる環境は揃っている。それを可能のレベルから現実の強みとしていかに再構築していくのかが，これからの課題である。熊本都市圏には，糸島郡という福岡都市圏から遠くへ移転する九州大学とは別の魅力を引き出せる可能性があるのではなかろうか。

　さらに，マーケティングの視点から顧客のクラスター化を明確にするためには，各学部・大学院の性格を考慮する必要性がある。例えば同じ大学の中でも，県を越えて入学する学生が多い学部，県内中心の学部と，その性格は異なっている。一般的に法・福祉・看護・医などは県外からの移入が多く，商・経・教育などは地元志向が強いといわれている。どのような商品情報を誰宛に発信していくのか，そしてそれはマスの高校生一般に対して発信する

第6章 地域の政策資源としての大学の価値　　　*185*

のではなく，早期に大学と接触を持ち，また教育内容や質について関心を持ちつづける学生に対して，個別にその興味関心に応えるような情報を大学側から積極的に発信していく姿勢へと変えていくことが求められる[10]。

2．将来予測

(1) 18歳人口の減少

全国レベルの進学該当年齢人口数は，図IV‐6のように団塊の世代，団塊ジュニアなどと大きく変動を繰り返してきたが，平成4（1992）年の2,050,902人をピークとして減少傾向に転じ，平成17（2005）年には1,366,467人，平成22（2010）年には1,217,095人，平成26（2014）年には1,181,629人へと減

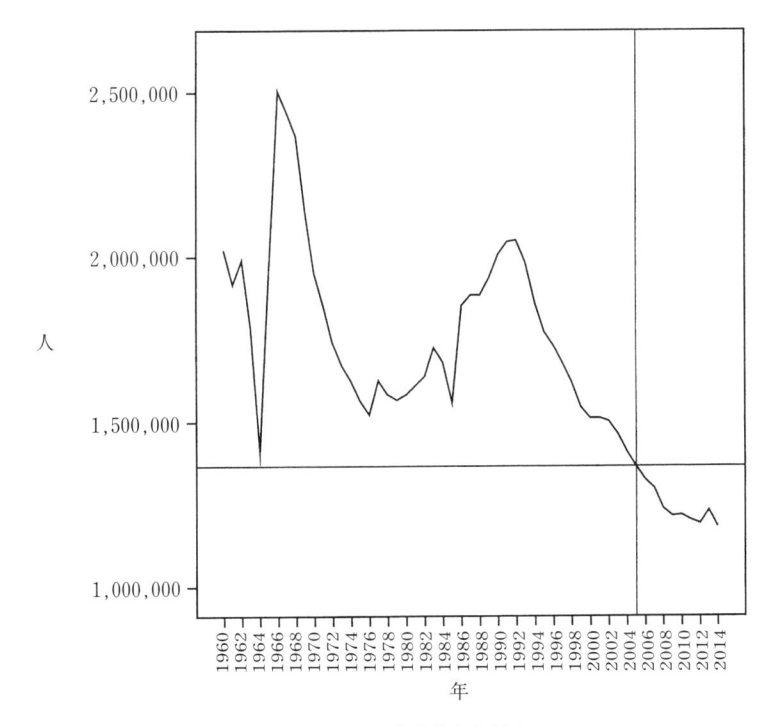

図IV‐6　進学該当年齢人口

表IV-9　平成17年度熊本大学入試の学部別志願状況　　　　（単位：人，倍）

学部	前期					後期				
	募集人員	志願者数	志願倍率	前年度志願者	前年度志願倍率	募集人員	志願者数	志願倍率	前年度志願者数	前年度志願倍率
文学部	117	310	2.6	301	2.6	33	192	5.8	199	6.0
教育学部	196	553	2.8	626	3.2	63	296	4.7	445	7.1
法学部	165	426	2.6	611	3.7	25	205	8.2	381	15.2
理学部	150	336	2.2	367	2.4	40	282	7.1	507	12.7
医学部医学科	75	827	11.0	714	9.5	15	177	11.8	163	10.9
医学部保健学科	104	261	2.5	256	2.7	17	156	9.2	160	6.4
薬科学部	45	279	8.2	417	9.3	20	189	9.5	159	8.0
工学部	380	722	1.9	893	2.4	64	396	6.2	472	7.2
合計	1,232	3,714	3.0	4,185		277	1,893	1.8	2,486	

学部	合計				
	募集人員	志願者数	倍率	志願者数の変化	前年度比
文学部	150	500	3	2	100%
教育学部	259	1,071	3	−222	79%
法学部	190	992	3	−361	64%
理学部	190	874	3	−256	71%
医学部医学科	90	877	11	127	114%
医学部保健学科	121	416	3	1	100%
薬科学部	65	576	7	−108	81%
工学部	444	1,365	3	−247	82%
合計	1,509	6,671	4	−1,064	

出典）平成17年度熊本大学入試課発表資料。

少することが予測されている。減少傾向が始まる平成4（1992）年以降のトレンドを回帰分析で調べると，次のような式が導き出される（$R^2=0.912$）。年次により異なるが毎年2～6万人ずつ程度の割合で減少していくことが分かる。

$$Y = -27807.1X + 55688740$$
（Y：進学該当年齢人口数，X：進学該当年（西暦））

表IV-10 国公立大学志願状況　　　　　　　　　（単位：人，％，倍）

年　度	募集人員		志願者数			志願倍率	
	2004年	2005年	2004年	2005年	前年比	2004年	2005年
国　立	83,455	83,158	407,629	384,340	94.3%	4.9	4.6
公　立	17,527	18,224	126,606	123,638	97.7%	7.2	6.8
国公立前	74,088	74,917	273,794	259,332	94.7%	3.7	3.5
国公立後	24,896	24,453	232,779	222,069	95.4%	9.4	9.1
国公立中	1,998	2,012	27,662	26,577	96.1%	13.8	13.2
合　計	100,982	101,382	534,235	507,978	95.1%	5.3	5.0

注）国際教養大・宮城大（食産業）は除く。
出典）文部科学省資料より。

　このような大きな人口減少は，まず入試の志願者数の減少として影響が現れることになる。それでは次に，国立大学の志願者の動向について確認をしよう。

(2) 入学志願者の減少

　熊本大学は，平成11（1999）年度以降順調に前期・後期の受験志願者をのばし，平成16（2004）年度入試では6,671名の志願者を獲得したが，平成17（2005）年度には一転して5,607名へと1,064名も減少し，受験倍率も4.3倍から3.7倍へと低下した。この減少は，前年度比の85％という大きな変化であった。さらに減少の原因を調べるために学部別の志願者の状況を整理してみると，表IV-9に見られるように，法学部，教育学部，理学部の大きな減少とともに，工学部も倍率が2倍を切るような状況となっている。

　全国の国公立大学の志願状況は，文部科学省が平成17（2005）年2月に発表した国公立大学2次試験の最終確定志願者数によると，表IV-10に見られるように507,978人で，前年から26,257人の減少である。これは平成16（2004）年の約3万2千人減少に続く大幅な志願者数の減少である。募集人員に対する志願倍率も5.3倍から5.0倍へ低下し，平成2（1990）年のセンター試験導入以降で最低だった平成11（1999）年度の5.1倍を下回り過去

最低となったように,確かに少子化の波が国公立大学にも押し寄せつつある と考えられる。また,受験者の行動様式の変化や,学部の人気の動向,大学 と専門学校との垣根の低下なども,このような変化には影響しているものと 推測される。

3. 大学の地域における経済波及効果

(1) 熊本大学の経済波及効果

熊本大学の存在がもたらす地域への経済波及効果をここで試算してみよ う。熊本県の平成12 (2000) 年度の産業連関表を使用し,大学の投資等の規 模を示すデータについては平成15 (2003) 年度の財務情報を用いた[11]。

具体的な計算には,第一に大学が存在して活動することによる経済波及効 果を調べるため,人件費を除く決算額を産業連関表33分類の教育研究に投 入して波及効果を算出した[12]。1次効果として230億円,その経済効果が更 に生み出す2次効果として98億円,総額328億円の地域への経済波及効果 が認められる。これにより生み出される雇用効果は,1次効果で1,958人, 2次効果で913人,合計2,871人の就業誘発に繋がっている。大学の活動に は1.58倍の波及効果が見られた。

第二に,大学の2千人余の教職員が熊本市で暮らし,消費することによる 経済波及効果を,人件費を基礎に総務庁の「家計調査年報」の消費性向を用 いて計算すると,およそ72億円の経済効果と570人の誘発就業者をもたら していることがわかった。

最後に1万人余の学生の消費支出が及ぼす経済波及効果について,学生生 活実態調査に基づいた生活費を参考に,総務庁の「家計調査年報」の消費性 向を用いて算出した。学生の存在自体が,およそ105億円の経済波及効果 と,833人に上る地域雇用の誘発に寄与している。近年の学生の家計消費性 向として,携帯電話などの通信費が増加していることが興味深い。

以上の法人活動としての熊本大学の教育・研究活動と,それに関わる教職 員および学生が熊本市に及ぼしている消費支出の経済波及効果は,総額で 504億円になり,第1次誘発就業者数は3,356人,誘発雇用者数は2,910人

という規模である。改めて考えてみると，年間予算額400億円程度，関係者数1万2千人という大学の存在は，10万人規模の市予算や小さな町の人口にも匹敵する規模の経済主体に相当している。

さて，これまで直接的な経済効果のみ見てきたが，大学の存在とその活動は，他にも次のような社会的な意味と価値の創出を，地域社会に対して行っている[13]。

1 教育活動 → 進学機会の増大，地域を担う人材の育成
2 研究活動 → 科学・文化・芸術の振興，産業の育成，強化
3 社会活動 → 地場産業の支援，生涯学習の機会の提供，地域課題解決へ寄与，地域間交流の促進

都市の魅力向上については，おそらく大学の存在自体がバイプロダクトとして生み出しているものが大きく貢献していると考えられる。

また近年産業振興の視点で大学に期待されていることは，産学連携によるベンチャー企業の創出や，パテント取得，技術開発など，直接儲ける経済と関わる分野での成果であり，国の積極的な後押しを得ながら，各大学でその取り組みが進められている。九州山口のTLO（技術移転機関）の取り組み状況は表IV-11，大学が関わって事業化できた代表例は表IV-12に見られるとおりであるが，これからも現実に利益を上げる商品化は容易ではないことがその成功実績からも窺われる。民間企業ではリスクを負って開発と商品化を行っても，千に三つのようにヒット商品化は極めて難しいのが現状である。大学の研究体制自身は，そのような利潤追求を主目的として編成されていないことから，この効用を一般化し過大な期待を背負わせることは，大学という公共財を社会全体の利益のために使う視点が薄れ，経営的にも危険な状況を誘発する可能性もある。大学の研究スコープの広さや，地道な基礎研究に基づいた知識が，このような技術開発に結びつく場合もあるが，大学の研究が企業の研究所の代わりを果たしていく，あるいはそこに大学の収入を期待することは，仮にいくつかの成功事例が生まれたとしても，それは付随的なものであり，本業の柱にしていくことは問題が多いように思われる。

表IV-11 九州山口の承認TLO

TLO名	関連大学	承認日	特許(海外)	特許(国内)	ライセンス件数
産学連携機構九州	九州大学	2004年4月	193	36	34
北九州産業学術推進機構	九工大，九歯大，西日本工業大，産業医科大，九州共立大，北九州市立大，近畿大，北九州高専	2002年4月	108	7	15
長崎TLO	長崎大，長崎総合科学大，シーボルト大，佐世保高専	2004年10月	0	0	0
くまもとテクノ産業財団	熊大，崇城大，県立大，電波高専，八代高専	2001年8月	93	7	8
大分TLO	大分大，日本文理大，大分高専	2003年8月	9	0	0
みやざきTLO	宮大，宮崎公立大，九州保健福祉大，南九州大，宮崎国際大，宮崎産業経営大，都城高専	2003年5月	3	0	0
鹿児島TLO	鹿大，鹿屋体育大，鹿児島高専	2003年2月	10	0	0
山口ティー・エル・オー	山口大	1999年12月	139	8	39

出典）九州経済調査協会『九州経済白書2005年版』，2005，10。

表IV-12 大学が関係したベンチャー企業

企業名	本業	新規事業
高光産業（福岡市）	運輸業	地域密着型ポータルサイトの構築・運営
アルデート（福岡市）	ベンチャー	LSIテスティング
アサヒ突板工業（大川市）	化粧合板	突板を利用した照明器具
佐喜の絲（佐賀県大和町）	ベンチャー	海苔を利用したそうめん
ニューアグリワーク（佐世保市）	ベンチャー	夏イチゴの生産
エイムテック（熊本県益城町）	ベンチャー	ガス漏れ検査装置
トランスジェニック（熊本県益城町）	ベンチャー	遺伝子破壊マウス，抗体の開発
日本熱サイフォン（熊本県益城町）	温水暖房装置	畳張り床暖房装置
第一ビル（宮崎市）	総合ビル管理	抗菌グッズ
NTP（宮崎市）	ベンチャー	真空紫外線照射装置

出典）九州経済調査協会『九州経済白書2005年版』，2005，36。

大学経営の改革は，ともすると様々な点で大学の「商業化」を目指すことと同列の議論がされがちであるが，純粋に営利的な組織ではない，非常に公共的な側面を持った「非営利組織」の経営体として，大学の特性を活かす経営が求められる[14]。その意味で，熊本大学政策創造研究センターにおいて地域課題解決型のシンクタンク機能を持つ研究を熊本大学が行うことは，大学が社会づくりに積極的に参画するという意味で，新しい価値を生み出しているといえよう。

(2) 熊本学園大学の地域経済へのインパクト

ここで私立大学の地域における経済効果について考えてみよう。ケース事例として熊本学園を取り上げる。この学校法人は熊本市内で熊本学園大学，附属高校，及び附属敬愛幼稚園を運営しており，大学・大学院の学生数はおよそ7,800人と，熊本大学に次いで大規模な文系の私立大学である。

教育の規模としては表IV-7で見たように，平成2 (1990) 年の学生数およそ5,500名から平成7 (1995) 年には8,265名にまで増加したが，その後平成15 (2003) 年には7,804名にまで減少してきている。学生規模としては，熊本大学の78％に匹敵する規模である。

同大学の事業規模を見ると，平成15 (2003) 年度決算の支出額はおよそ72億円であり (表IV-13)，熊本大学の約18％程度の事業規模にある。職員数等は，表IV-14に見られるように専任教員数が平成16 (2004) 年度で148名，専任職員数が101名となっている。

荒っぽい比較であるが，教職員1人当たりの学生数で比較すると，熊本大学では教員1人当たり学生10人を相手として教育を行っており，職員も同様である (熊本大学は医学部附属病院を抱え，そこに612人の職員がいることを考慮すると，教育自体に関わる職員1人当たりの学生数は24名に相当する)。他方，学園大学は平成16 (2004) 年度には2つの大学院博士課程に11名，5つの修士課程に104名，1部・2部・学部に7,437名の総計7,552名が学生として在籍しており，教員1人当たり学生数は51名，職員1人当たりの学生数は75名となっている。この数字で見ると教員については，文系の教育機関の特性を活かした，マスプロ教育により，事務職員については

表Ⅳ-13 学校法人熊本学園消費収支決算

収入の部 (単位：千円)

科目	平成2年	平成7年	平成12年	平成15年
学生生徒等納付金	4,086,326	6,851,200	6,837,502	6,528,826
手数料	345,594	409,821	163,297	141,977
寄付金	210,854	172,698	54,636	47,988
補助金	770,200	981,968	970,948	904,121
資産運用収入	187,804	145,659	106,452	55,565
資産売却差額	104	915	0	0
事業収入	1,235	26,419	26,569	25,935
雑収入	57,433	261,614	143,991	162,578
帰属収入合計(A)	5,659,550	8,850,294	8,303,395	7,866,990
基本金組入額合計	−1,218,808	−1,428,025	−1,312,527	−1,903,371
消費収入の部合計(B)	4,440,742	7,422,269	6,990,868	5,963,619
帰属収支差額自己資金（A−C）			1,158,528	693,100

支出の部

科目	平成2年	平成7年	平成12年	平成15年
人件費	3,231,774	4,368,208	4,711,105	4,331,320
教育研究費	1,170,086	2,126,355	1,818,490	2,220,361
管理経費	403,666	540,192	514,734	554,079
借入金等利息	130,960	81,225	213,104	48,314
資産処分差額	25,060	28,887	23,808	19,320
徴収不能額	0	0	0	496
消費支出合計(C)	4,961,546	7,144,867	7,281,241	7,173,890
当期収支差額（B−C）	−520,804	−153,999	−141,028	−1,210,271

出典）熊本学園通信『銀杏並木』熊本学園大学広報部。

事務処理の合理化による，効率的な経営手法がとられていると考えられる。

理系学生が多い熊本大学では，法学部を除き少人数教育が基本であり，教育にかかるマンパワーのコストでは遥かに高いものが投入されている。逆にこのような手厚い教育環境は，将来の熊本大学が提供する教育サービスの質を反映するものとして，うまくアピールする価値のある重要な特性でもあろう。

表IV-14　熊本学園大学の教職員数の変遷

		平成7年	平成12年	平成16年
大学	専任教員	171	158	148
	非常勤講師		216	287
	専任職員	100	108	101
	嘱託	38	28	33
	臨時		44	45
高校	高校教諭	51	53	49
	職員	11	13	10
幼稚園	幼稚園専任教諭	6	7	7
	嘱託職員	2	1	1
合計		379	628	681

注）大学・高校教員数に学長・校長は含まない。
出典）熊本学園企画室「学校法人熊本学園学内報」。

　このような指標を見ても，大学という教育ビジネスは他の産業と比較して人件費のコストが大変高い知識産業であり，まさに資源は人材でしかないといえるビジネスである。総予算に人件費の占める割合は，学園大学が総支出額の60％程度，熊本大学では48％程度である。もちろん熊本大学は，学園大学に比較して研究等に投入される額が巨額であること，病院の事業会計があることなどが影響しており，一律の比較は困難である。学園大学では，教員の専任教員比率を徐々に減少させ，代わりに非常勤講師の比率を高めているが，これも人件費削減にむけた経営的判断により行われていると推測される。

　これまでの分析から，大学の事業規模については，例えば熊本大学歳出予算額のおよそ400億円という規模は，合併前の八代市の平成14（2002）年度の普通歳出決算額が357億円であり，それより50億円ほど大学の方が大きな予算を執行していた。熊本学園大学の予算規模は，例えば合志町が65億円程度であり，それよりも大きな事業規模を持っている。つまり大学は一教育機関とはいえ，地域の自治体と同程度の経済規模と人との関わりを持つ特殊な産業ということができよう。

4. 今後の課題

(1) 大学の魅力向上

　大学の魅力について，ここでは市場における評価を得るための魅力の問題と，在校生・卒業生が評価する大学の魅力の2つに分けて考えてみたい。まず前者では，少子化の中でこれまでの顧客層が大きく縮小することは避けられない現実であり，全入時代を控えとにかく定数を埋めたいというなりふり構う余裕のない大学もたくさん発生しているが，できるだけ良質の学生を獲得し，更に高度な教育を提供することで，力をつけた卒業生をどれだけ社会に送り込めるかが，この評価の基本となる。

　一番わかりやすい大学に対する市場評価は，雑誌や受験情報誌などに掲載される企業が評価するランキングや，ブーム・イメージに左右されるが学生の人気評価であろう。また入試志願者でもそれを計ることができる。これにはもちろん人気投票的な要素が大きく，真の大学の教育サービスを反映しているのかについては問題があるかもしれない。しかし現実には，情報の発信能力を含めて，これが社会の大学に対する市場評価と受け止めざるを得ないということも事実である。一般的に地方国立大学法人は，中央メディアへの情報発信は不得手な傾向がある。

　つまりこれが意味することは，地方を拠点とする人材育成が中央メディアの関心の範囲外なのか，地方大学の教育のパフォーマンスが悪いのか，出口確保への支援体制が弱いのか，学生が全国レベルの企業で挑戦しようとしていない傾向が強いのか，あるいは単に地方の学生はモチベーションが低く出遅れているのか，地方大学は情報発信や良好なイメージ形成の要領が悪いのかなど，種々の原因を推測することができるが，果たしてどのような要因による問題が個々の大学にとって大きな課題なのかを，まず大学関係者が究明することが肝要であろう。つまり熊本大学の特性，優位性と，逆に弱点を自ら理解すること，それがわかれば，処方箋は比較的容易に描くことができる。

第二に，在学生・卒業生に真に評価される教育を提供し，「愛される大学」となっているのかも重要な問題である。在学生・卒業生は，将来の顧客への重要な情報源となる人々であり，また生涯学習社会においては，もし熊本大学の教育内容が優れていると判断されれば再度入学やリカレント教育を受けるかもしれない潜在的な顧客である。

　平成16（2004）年度に始まった授業評価の一斉のアンケート調査は，個々の教員に教授法の工夫を求めるという意味で重要な情報源であるが，学部ごとに教育のディシプリンや学生と教員との関係性が大きく異なっていることから，アンケートに併せてフォーカスグループによるインタビュー調査などを組み合わせて，深いところに潜む教育上の問題点の洗い出しを行うことが求められる。

　例えば，現在留年率は，工学部，法学部で25％に達しているが，なぜ4分の1の学生というような大量の留年が発生しているのだろうか。それは1年次の早期に学習意欲を喪失しているためではないか，専門科目での積み上げていく教育課程が，つまずいた学生を置いてけぼりにしてはいないのか，社会経験の少ない学生にとって専門の勉強への理解が難しく学習することへの興味関心を失っているのではないか，あるいは偏差値に基づいて進学してみたものの想定した学習内容と違っていたなど，まず脱落へのメカニズムの分析を行い，それをカリキュラムの工夫や学生と教員との関係性の強化に反映していく取り組みが求められている。工学部では留年者を減らす試みにより，この5年間で6％留年者を減少させてきた。学生の質というレベルでは，法学部を事例に考えてみると，吉田勇法学部長によれば，過去に入学成績と在学中の成績の相関を調べたところ，トップ入学者と追加合格者が成績優良者であり，上位・中位入学者が目標を見失ったり，勉学意欲をなくしたりしている傾向が見られたという。このことからも，大学入学前からこの大学で学びたいという動機づけを勘案した学生の選抜が必要である。現代の学生に対する学習への動機付けは，過去の教育常識で対応できない面が発生していないかなど，注意して調べてみる必要性がある。ゆとり教育を受けた世代の大学入学が平成18（2006）年度から始まるが，教員自身が学んだ時代の常識は非常識となってくるのかもしれない。

とはいえ，学生は，教育という訓練を受けるために授業料を払って大学へ入学してくるのであり，学校・教員はいたずらに媚びることなく，立派に鍛えて卒業させることが契約内容であるはずである。そうであれば顧客が望んだ姿になれるよう工夫を凝らした教育を提供するための科学的な検討が，教育サービス提供機関のプロフェッショナルとしては不可欠である。

(2) 都市の魅力向上——学園都市形成の政策化

大学は，地域資源であり，高度な都市インフラとしての価値を持つ。しかし，これまで各県に立地していた国立大学では，地域との関わりを，重要な大学の使命の一つとしては捉えておらず，職員も国家公務員であり地域とは関係がないという姿勢を保持してきたことも事実である。しかし，平成14（2002）年から実施された文部科学省の地域貢献特別支援事業や平成16（2004）年の国立大学法人化を契機に，地域に愛され，地域に存在する意味のある大学という社会評価を受けることが重要であるというように，教職員の認識も変化し始めている。国立大学法人が他の私立大学法人と異なる点は，国立大学法人は設立認可された地域から離れてその拠点を他県に移すことができないという強い地域性が運命付けられており，その立地する都市・地域との運命共同体的な側面があるということである。

その意味からも，熊本大学の事業環境を良くするためには，熊本都市圏という地域を九州における教育の中心地にするよう働きかけていくことにかかっている。そしてその実現は，地域社会にたいして種々の付加価値をもたらすポテンシャルをもっている。良い教育環境に人は吸い寄せられ，不動産の価値が上昇する傾向は，街区レベルでは既に見られる現象である。都市間競争が激化し，他方で移動の時間距離が縮まるなかで，このような「学園都市」という差別化と都市のアイデンティティ化を進めることは，商業中心の福岡都市圏とは一味違う地域を形成するための重要な地域政策の一つになると考える。

(3) 自治体との連携

平成17（2005）年春に設置された熊本大学政策創造研究センターは，地域

の自治体等と連携し地域課題を解決するというシンクタンク機能を果たすことが期待されている。少子高齢化，環境問題，安心・安全などの社会的課題は，抜本的な解決は今は難しくても，何らかの緩和策を講じていくことが可能なものであり，そこに大学が蓄積し，あるいは創出する知識により寄与していくという営みは，豊かな地域社会の建設にとってとても重要な貢献であると考える。

　今後，大学と自治体との間に，多方面のコミュニケーション・チャンネルを開設していく努力が求められる。教員個人とのネットワークは以前からあるものの，大学事務職員はまだこのような仕事の進め方や，あるアイデアを企画し，予算化し，具体化するという業務に慣れていない傾向が見受けられる。活力ある大学をつくっていくためには職員の政策形成能力向上を図ることが重要であり，例えば自治体等との人事交流などを通して大学自身の体質改善を進めていくことが不可欠であろう。

(4)　地域の大学との連携

　すでに述べてきたように，地域政策，都市政策の中に大学政策を入れるようなコンセンサスの形成に向けた政策提言を，大学から地域社会に働きかけていくことが重要である。その実現のためには一つの大学だけではなく，地域的に連携が可能な熊本都市圏の大学が協働して「学園都市構想」に向けた実質的な取り組みを，まずできるところから具体的な成果としてあげていくことではなかろうか。

　熊本県立大学，熊本学園大学と熊本大学では，過去に2年間にわたって県の参加を得て大学コンソーシアム計画の検討を進めてきたが，当時は大学間で十分な理解を得ることができず頓挫してしまうなど紆余曲折があった。しかし，平成17（2005）年度に学長・校長会で大学コンソーシアムを進める合意がなされ，大学連携が熊本県でも具体的に動き出した。今後大学政策を自治体の都市政策の中に位置づけていくためには，是非このような大学・行政との関係性の構築に，熊本大学も積極的に関与していくことが重要であると考える。

(5) 生涯学習など新たなビジネスチャンスへの対応

これについても，既にその効用は述べた。リフレッシュ・リカレント教育市場の拡大を，新たなビジネスチャンスとして捉える視点は，効果が期待できる。

しかし，社会人向けのカリキュラム内容は，これまでの若者向けの流用ではなく，新たに具体的で応用的なもの，課題解決的なもの，資格取得支援的なものへと，多様化，高度化しなければならない。片手間の授業開放や公開講座ではなく，正規の商品として働く社会人向けの教育プログラムの開発を進めていくことが必要である。

平成17（2005）年度から高度職業人向けの講座として，管理職教員を対象とした5つの講座が生涯学習教育研究センターで実施されているが，新しい受講料の設定などについて，まだ将来の重要な収入源となる新規の教育サービスという視点でのコンセンサスは得られていない。市場調査では，高度な専門職業人向けの講座は，内容が充実していれば授業料として数万〜数十万円の投資価値があると人々は考えているということが分かっているが，自らの商品について価格設定を行ってこなかった大学組織の常識では，「新たな変更について，誰かに何かをいわれたらどう返答しよう」ということを恐れるあまり，何も変えたくないという組織文化が残っている。

つまり，国立大学時代の種々のルールに自ら未だ縛られたがり，あるいは基準がなくなったことにより自己責任で物事を決めることを恐れ，重要な判断が留保されることが，種々の新しい取り組みの芽をつみ取っている可能性が高い。これから大学を元気で夢のある職場にしていくためには，私たちは，何か始める前にこれまでの経理監査の慣例などを障碍として持ち出して，できない理由を考えるのではなく，まず理想の実現に挑戦する心を評価し，どのように障害を乗り越えアイデアを具体化するのかに組織や個人の能力を活かすような，前向きの仕事の進め方が常識となるような組織風土に改めていくことが極めて重要である。そして，これはトップやリーダーが率先垂範しなければ組織の慣習とはならない組織文化，意識の改革である。

第6章　地域の政策資源としての大学の価値

(6) 国際的教育サービスの展開の可能性

　新たなビジネス分野として，例えば現在学生の2.8％程度である留学生比率を10倍の学生数，つまり25％程度にするとか，アジアの大学と提携してダブルの学位がとれるような連携プログラムを作るなど，全く新しい国際戦略を立てることが可能な時代となってきた。その前提として，まず大学のプレステージをあげるためにアジアのベスト100大学に入るという明確な努力目標を定めることなども一つの方法であろう。

　以前は，民間企業も成長し始めたらまず東京に進出して，それから海外という発想を持っていた。しかし近年国際的な垣根が低くなり，九州はソウルへ1時間，上海へ1時間半と，大阪や東京に行くのと同じ時間距離で，さらに大きな市場にアクセスできる環境にある。中国をはじめとするアジアの大学と提携して熊本大学の学位を出す教育サービスを具体的に検討し，アジアに教育拠点を展開することは，将来的には東京事務所への投資よりも価値を生むのではないかと考えられる。東京を中心にした概念マップを捨て，熊本・九州を中心に再度どのような教育サービスが周辺地域や国に提供できるのかという視点で，事業モデルを見直していく価値は高いと思われる。

おわりに

　本章のメインテーマは，地域資源としての大学の価値を考えるため，大学を取り巻く環境変化を整理し，大学の存在自身がもたらす地域振興への効果をさらに高める方法について考えた。結論的には，大学自身がどのような変革をビジョンとして掲げるのかが問われており，そのことは新しい経営のあり方についても考えざるを得ない問題であることが分かった。この課題の考察により，一組織の浮沈の問題というだけでなく，地域社会自体の持続可能性と，大学と地域が運命共同体であるという認識をコンセンサスとしていくことの重要性が浮彫りとなった。その意味で，いま大学には地域資源としての価値，公共財としての役割にきちんと対応していくことが求められており，そのことが大学や地域自身にも新たな展望を開くこととなると考える[15]。

59年前のソニーの設立趣意書をもじって熊本大学のミッションを述べるとすれば,「真面目ナル「教職員」ノ技能ヲ,最高度ニ発揮セシメルベキ自由闊達ニシテ愉快ナル理想「学園」ノ建設」により,ユニークな高等教育ブランドを九州・熊本を拠点に作り出す,ということではなかろうか。

注および参考文献
1) 高崎経済大学附属産業研究所編『大学と地域貢献―地方公立大学付設研究所の挑戦』日本経済評論社,2003.奥島孝康『早稲田大学 新世紀への挑戦』東洋経済新報社,2001.友成真一『「現場」でつながる! 地域と大学』東洋経済新報社,2004.
2) 天野郁夫『日本の高等教育システム―変革と創造』東京大学出版会,2003.『別冊「環」② 大学改革』藤原書店,2001.
3) 『文部省統計要覧』文部省,「文部科学省学校統計速報」。
4) Lyda Judson, Hanifan, "Social Capital-Its Development and Use" in the Community Center, Chapter VI. Boston, New York, Chicago, San Francisco, Silver, Burdett and Company, 1920, 78-90, References, Elinor Ostrom and T. K. Ahn edts. *Foundation of Social Capital*, Edward Elgar Publishing Limited, 2003.
5) 『熊本県学校基本調査』熊本県,2004.
6) 仙台都市総合研究機構『地域活性化に果たす大学等学術研究機関の役割に関する基礎調査』仙台都市総合研究機構,1995,21.
7) 日経産業新聞編『大学 知の工場―ここから競争力が生まれる』日本経済新聞社,2002.大学未来問題研究会『大予測10年後の大学』東洋経済新報社,2001.
8) 九州経済調査協会『九州経済白書2005年度版―地域発新規事業の挑戦』九州経済調査協会,2005,21-24.
9) ソースティン・ヴェブレン,高哲男訳『有閑階級の理論―制度の進化に関する経済学的研究』ちくま学芸文庫,1998.
10) 例えばアメリカ合衆国のモンタナ州立大学では,ホームページにアクセスした潜在顧客である高校生に対して,その関心分野を答えてもらい,以後定期的にその顧客の関心に合わせた教育サービス情報をダイレクトに学生に送付することを行っている。この方法では学生が大学に関心を持った段階から,ずっとその学生に対して接触をし,その学生が期待するであろうものを継続的に紹介していくことが可能となる。また,生涯学習に参加した顧客情報の管理を行うことで,将来の正規の教育サービスの顧客に育てていくような情報の管理と発信も,同様に必要である。個人情報を蓄積することを避ける風潮が個人情報保護法の関係で保守的な組織では蔓延しつつあるが,重要な顧客情報管理を戦略的に行うことは今後の教育ビジネスにとって重要な財産である。さらに法人収入を高めるためには,よい内容の商品を作るだけではなく,その商品情報を効果的に必要な人に届けていくための情報発信の工夫が不可欠である。昨今行われている安易な印刷費や郵送費等の削減が,マーケティングのための情報発信

の障害とならないような経営判断も，この意味からきわめて重要である。このようなカスタマーズ・リレーション・マネジメント（CRM）の考え方を学生募集に大胆に導入することで，既に卒業した同窓生ですら再度顧客とする可能性が開けてくる。商品広告としての学生部の入試広報は，いわゆる宣伝であり，宣伝にかかるコストと入学に繋がる効果との比較考量を行いながら，効果的な手法を試行錯誤で編み出していくことが必要である。

11) 大学の教育・研究活動については，平成12年熊本県産業連関表により計算した。しかし教職員，学生の経済波及効果については，以前行った平成7年の熊本県の産業連関表による計算のままとなっている。産業連関表は，現実社会のモデル化であり，経済規模に関する理解を深め，あるいは政策・経営判断を行うための数値化であることから，その性格上どれだけ精緻化を試みてもモデル推計にはうまく反映できない誤差が残るという限界がある。

12) 平成15年度の熊本大学の人件費：19,137,426,000円，物件費：14,933,695,000円，施設整備費：4,698,641,000円，産学連携等研究費：1,168,239,000円，人件費を除く学校経費：20,800,575,000円を用いて計算。熊本大学『熊本大学概要』。㈶青森地域社会研究所「弘前大学・陸上自衛隊駐屯地等がもたらす経済効果」『弘前市の産業・経済の推移と現状等調査報告書』青森地域社会研究所，2003．深道春男・下田憲雄「大分大学の地域経済波及効果―地域産業連関分析モデルによる経済効果推計」『研究所報』大分大学経済研究所，2000，223-244．渡邊勝「会津大学開学に伴う経済効果を探る」『福島の進路』東京銀行協会，1993，11-25．土井英二「大学の地域経済効果の計測―静岡大学を事例に」『法経研究』静岡大学，1990，23-41．

13) 仙台都市総合研究機構，前掲書，1．山田修平「地域と共に歩む大学を目指して」『都市問題研究』，1987，71-82．長崎経済研究所編「長崎県の大学の現状と拡充の重要性（調査）」『ながさき経済』，1989，13-20．藤末健三「大学に求められる地域貢献の意味―地域社会のニーズを知るところから全てが始まる」『産業立地』，2004，22-25．

14) デレック・ボック，宮田由紀夫訳『商業化する大学』玉川大学出版部，2004．P.F. ドラッカー，上田惇生，田代正美訳『非営利組織の経営』ダイヤモンド社，1991．

15) 榎田祐一「大学立地と地域活性化」日本都市学会『日本都市学会年報』1994，104-112．加藤和暢「「地域活性化」戦略としての大学誘致―予備的考察」『開発論集』，1988，82-112．近藤桂司「公立大学が地域社会に与える経営負担と経済効果について―大学のマネジメント・デザイン(1)」『福山市立女子短期大学紀要』，2003，21-24．近藤桂司「ユニバーサル・アクセス型高等教育時代における大学の都心立地―大学のマネジメント・デザイン(2)」『福山市立女子短期大学紀要』，2004，51-56．国土庁大都市圏整備局『大学立地と地域づくりを考える―大学等の立地と地域における期待・効果等に関する調査』大蔵省印刷局，1995．埼玉銀行調査部編「大学誘致の社会・文化・経済的効果」『サイギン調査月報』，1980，6-9．佐藤誠次「新大学の設置と地域の活性化―アジア太平洋大学の事例を通して」㈶北九州都市協会，国際研究

交流セミナーでの発表。杉内昭夫「青森公立大学の地域経済に与える効果」『れぢおん青森』，1992，24-27．仙台都市総合研究機構『地域活性化に果たす大学等学術研究機関の役割に関する基礎調査』仙台都市総合研究機構，1999．鈴木誠「大学等研究機関と地域活性化」地方自治研究機構編『地域政策研究』地方自治研究機構，1997，45-50．一瀬智司「地域社会と大学立地―石巻専修大学の設立経緯と展望」『PNL』，1991，47-51．

第 7 章

麦島城跡検討委員会における遺跡保存と道路・雨水幹線建設の対立緩和に向けた CVM の利用

柿本 竜治

はじめに

今日,公共事業を遂行するにあたり,当該事業に関わる地域住民から意見を聴取することは不可欠となっている。特に当該事業遂行に関して地域で摩擦が生じた場合,合意形成のために議論の場を設けることは重要である。しかしながら,地域住民全員の参加の上で議論を行うことは不可能であろう。当該事業に関するワークショップや検討委員会に住民代表に参加してもらい意見を聴取し,事業に反映させることも可能であるが,出された意見が広く市民の意見を本当に代表している保証はない。そこで,地域住民へアンケート調査を行い,住民代表が参加しているワークショップや検討委員会にその結果を示して議論を重ねることで,幅広い意見を取り入れながら議論の内容を深めることができよう。

本研究では,熊本県八代市の麦島地区で都市計画道路建設中に発掘された城跡の保存の是非をめぐる住民アンケート調査に CVM (Contingent Valuation Method)[1] を採用した検討委員会での議論の経過と合意に至る経過について考察する。

住民参加に関する研究は,都市計画マスタープラン策定やまちづくりへの住民参加に関するものを中心にこれまで数多くなされている[2〜5]。しかしな

がら，開発工事と埋蔵文化財の保護をめぐっては各地で摩擦が起きているにもかかわらず，本章が取り扱うような道路建設と文化遺産の保護の是非に関する事例の研究はそれほど多くない。文化遺産の保護と道路建設に関しては，基本計画の決定にむけて PI (Public Involvement) 方式を導入する奈良の大和北道路が構想段階で PI を実施する全国初のケースとして注目を集めている。本章で取り扱う都市計画道路建設と城跡保存の是非の問題は，大和北道路に対して小規模事業であり，事業実施中の案件であるが，合意形成まで至った先駆的な事例である。事例研究として本研究が特徴的なのは合意形成に向けて CVM を活用した点にあろう。松田ら[6]は，1）政策段階および2）施策・計画段階における PI の現状分析を行っている。その中で，2）については，特徴的な事例について分析することを課題にあげており，本研究のような特徴的な事例の積み重ねの重要性を指摘している。

1．城跡保存と道路建設

(1) 城跡保存と道路建設における問題

八代市の麦島地区の都市計画道路麦島線は，昭和 25 (1950) 年に都市計画決定され，昭和 45 (1970) 年に第一期の事業認可がされて以降，平成 10 (1998) 年の事業完了に向けて継続的に道路建設が進められてきた。また，この地区は球磨川河口域の中洲地帯であり雨水対策の必要性から道路建設と同時に公共下水道の整備も進められていた。

一方，同地区では，昭和 40 (1965) 年に麦島城の天守台跡地が発掘され，地区一帯は埋蔵文化財「麦島城跡」包蔵地に指定されている。そのため，道路建設と同時に発掘調査も進められていたところ，平成 8 (1996) 年に新たな遺跡が発掘され，それ以降歴史上貴重な城郭遺跡が次々に発掘され続けている。その結果，都市計画道路事業は2度にわたり事業期間が延伸され，完了予定は平成 16 (2004) 年と 6 年遅延していた。

同地区で問題となっていたのは，都市計画道路麦島線の完成道路面が麦島城跡面よりも低く，またその下に公共下水道が埋設されるため，計画どおり建設事業が進めば，城跡の主要部分が撤去されることになり，国指定史跡と

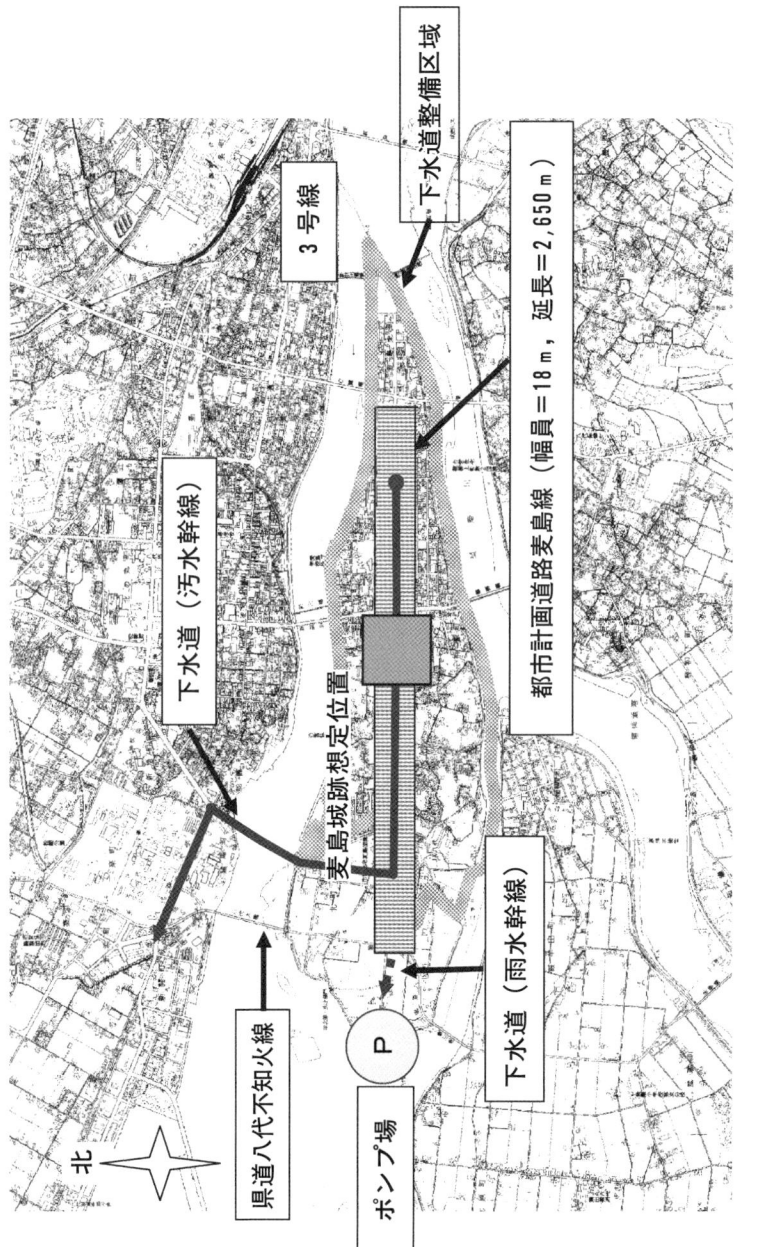

第 7 章　麦島城跡検討委員会における遺跡保存と道路・雨水幹線建設の対立緩和に向けた CVM の利用　205

図Ⅳ-7　八代市麦島地区周辺と都市計画道路麦島線・下水道位置図

なる可能性が低くなることであった。一方，城跡を完全に保存する場合は，事業計画変更や工法変更により事業費増大とさらなる事業の遅延が生じることであった。

(2) 都市計画道路麦島線と公共下水道の概要

麦島地区は，球磨川と前川に挟まれた東西約4,000 m，南北約750 mの中洲地帯で約3,400世帯が暮らしている。この地区で計画されている都市計画道路麦島線は，国道3号線を起点とし，県道八代不知火線を終点とする，全長2,650 mの麦島地区を縦断する唯一の幹線道路である。当路線は昭和25（1950）年に「都市計画街路千反中北線」の名称で都市計画決定されており，その後昭和41（1966）年の大幅な道路網見直しの際に，「都市計画街路麦島線」として計画変更された。県道八代鏡線より西側については，昭和53（1978）年に国道3号線と当時貫通した広域農道（現在の県道八代不知火線）を結ぶため路線を延長するとともに，都市交通の円滑化のため幅員を18 mに変更された。

当麦島地区は，区画整理事業などによって近年宅地化が急激に進んでいるにもかかわらず，現在，2車線道路が東西に1本通るのみで，細い路地が南北に枝分かれし，車が擦れ違うこともままならないところが多数ある。そのため，交通混雑の緩和と歩行者の安全確保，併せて中心市街地とのアクセス強化を目的とし，本路線は建設されている。平成14（2002）年当時，当路線は図IV-7に示す城跡現場の470 mを残すのみで，他は完成していた。

八代市公共下水道事業は，市街地における生活環境の改善，河川・海の水質保全，浸水の防止を目的として始められた。昭和48（1973）年度から市の中心部を対象に建設に着手し，昭和59（1984）年度末に供用を開始し，その後，順次，整備区域を拡げ，現在に至っている。またこの地区は大雨が降ると雨水の排水機能が不十分なため，浸水被害を過去に幾度も受けている。この雨水対策は地域住民からの強い要望でもある。雨水対策については，都市計画道路麦島線下に雨水幹線を埋設し，麦島地区西端にポンプ場を建設する計画である。ポンプ場建設は，平成14（2002）年度から着手し，平成16（2004）年度供用開始が予定されていた。

(3) 麦島城の概要[7)]

　麦島城は，天正 16 (1588) 年頃（安土桃山時代，豊臣秀吉の頃），当時，肥後国南部を治めていた小西行長によって築城され，その規模は東西約 400 m，南北約 350 m で八代市中心部に存在する八代城本丸跡のほぼ 2 倍の大きさである。全国でも近世初頭の遺跡を残す平城はあまり例がなく，また九州最古の石垣，日本最古級の本丸礎石建物や，日本最古の滴水瓦など様々なものが出土しており，日本の城郭築城技術の謎を紐解く貴重な遺跡として注目を集めている。そのため，全国や市内から多数の人々が見学に訪れており，麦島城について討論する「シンポジウム麦島城」（平成 12 (2000) 年 10 月）には 500 名余り，平成 14 (2002) 年 8 月に開催された見学会には 300 名余りの人々が駆けつけた。このように衆目を集める貴重な遺跡は，将来は国の指定史跡として歴史学習の場に活用できると期待が寄せられている。

2．麦島城跡検討委員会

(1) 麦島城跡検討委員会の設置

　平成 8 (1996) 年に麦島城の新たな遺跡が発掘されて以降，「歴史的な発見」と保存を求める陳情や要望が相次いで提出される一方で，地元住民からは「道路ができれば交通事故も減り，浸水もなくなる」と雨水排水機能も備えた都市計画道路麦島線の早期開通の陳情が提出された。相反する陳情が市当局に提出されるなか，平成 14 (2002) 年度で現在の発掘調査が終了するため市教育委員会は国指定史跡の要件を満たす形での保存の道を，一方，市建設部は「城のような大きな遺跡は，全体を発掘しなくては意味がなく，住宅密集地での保存は現実的に無理であり，工事を大きく変更するのは困難である」との見解から写真や書類を残す記録保存の道を探っていた。八代市は，平成 15 (2003) 年度の予算を組む平成 14 (2002) 年度秋中に城跡保存の是非の最終判断が求められることをにらみ，この状況を打開するべく遅まきながら麦島城跡の保存の可能性と，道路建設について考える「麦島城跡検討委員会」を平成 14 (2002) 年 8 月 21 日に発足させた。検討委員は 8 人であり，文化財関係者や土木・都市計画関係者，公益団体，地元住民からそれぞれ 2

人ずつ委嘱された。検討委員会に与えられた任務は，1）麦島城跡の評価，2）麦島城跡の保存活用上の課題及び方策の提案，の2点であった。

(2) 麦島城跡検討委員会の経過
① 第1回検討委員会[8]（平成14（2002）年8月21日）
　第1回検討委員会では，市当局による「都市計画道路麦島線及び下水道建設の経緯と現況」ならびに「麦島城跡発掘調査状況」の説明と，各委員からの質疑および意見聴取が行われた。文化財関係委員からは，「麦島城跡は歴史的な財産であり，地域の宝であるから，都市計画道路麦島線と並行して進む汚水・雨水幹線を計画変更し，城跡の埋設保存はできないか」と城跡の完全保存を主張する意見が述べられた。それに対し地元住民代表委員からは，「400年の歴史は日本中どこにでもあるという感覚である。文化財より現在生活している者のことを考えてほしい。市との約束は，発掘調査は平成14（2002）年度で終了し，事業を再開するとのことであった。道路および雨水対策は校区民の長年の願いである。事業を早急に進めてもらいたい」と城跡は記録保存にとどめ，計画通りに事業を進めてほしいとの要望が述べられた。さらに文化財関係委員から麦島城跡の歴史的価値やその保存の意義について説明がなされたが，地元住民代表は，「我々の意見は地元地区町内会の総意である」と一歩も引かず議論は冒頭から食い違いを見せた。他の委員は中間的な立場を取りながら両者の歩み寄りの方向を探っていた。しかしながら，結局双方に接点が見られなかったため，麦島城跡の価値や保存方法並びに道路建設について広く市民の意見を聞き，それを議論の参考にしようとの提案がなされ，アンケート調査を行うことが決まった。これに対し，地元住民代表委員は議論が不利な方向に向かっているのではないかと危惧し，「町内会2,700世帯の代表として地元委員は2人だけでいいのか」と地元委員の追加を申し入れた。しかし，この申し入れは会議の冒頭に委員全員が了承した委員会要領に反するため棄却された。ただし，幅広く地元住民の意見を聴取できるようオブザーバーとして地元住民が出席することは認められた。

② 第2回検討委員会[9]（平成14（2002）年10月16日）
　第2回検討委員会では，アンケート調査票の内容を中心に議論が進められ

た。アンケート調査票の素案作りは，筆者に依頼されていた。このアンケート調査では，城跡の保存と道路・雨水幹線建設計画の変更という次元の違うものに対する市民の関心度を計り，比較可能な形にする必要があったため，双方に対する市民の関心度を金銭尺度で表し，比較可能なものにすることにした。そこで，麦島城跡に市民が抱く価値については非市場財の価値評価が可能なCVM，城跡保存に伴う道路・雨水幹線建設計画の代替案の評価には，複数の属性の評価が可能なコンジョイント分析を採用することにした。

　当初麦島地区と地区外とでは，それぞれ異なった調査票を計画していた。麦島地区外を対象とした調査票には，城跡保存に対する支払意思額と計画代替案に対する支払意思額を聞く内容を，麦島地区を対象とした調査票には，地元住民の多くは城跡保存より事業推進を望んでいるとの想定のもと，計画代替案の支払意思額を聞く内容のみを記載していた。この調査票に対し，地元住民代表委員やオブザーバーから，計画代替案への支払意思額を課税金額への賛否により評価することに難色が示された。理由は，「このアンケート調査により当該事業を推進することで新たな税が徴収されると地元住民に誤解を与えかねず，事業推進への地元の気運が変わりかねない」とのことであった。さらに，「地区外の住民には麦島の実情は分からないし，すでに署名活動を行い，麦島地区町内会の95％以上である約3,400の署名を集めたので，もうアンケート調査の必要はない」と，アンケート調査を行うこと自体に否定的な態度を示した。文化財関係委員らは，「文化的な価値は金額だけでは計れない」と，一般市民に城跡の価値を金銭的に評価させることに難色を示し，議論は紛糾した。しかしながら，客観的な市民全体の考えを示すデータの必要性が最終的には各委員に受け入れられ，①アンケート調査票の内容を麦島地区内外で統一すること，②計画代替案の支払意思額の評価には税支払いを用いないこと，③計画代替案の記述の内容を簡単にすることで，同調査を支持する意見でまとまった。最終的な調査票の主要部分を表Ⅳ‐15に示す。また，問Bでの提示金額の一覧を表Ⅳ‐16に，問Cでの提示金額の一覧を表Ⅳ‐17に示す。アンケート実施の際には，表Ⅳ‐16，表Ⅳ‐17の提示金額1～5の中から無作為に抽出した金額を問B，Cの空欄の部分に記入し，アンケート対象者に調査票を配布した。

表IV-15　アンケート調査票

問A　「麦島城跡の保存・整備」と「都市計画道路麦島線および公共下水道の整備」のあり方について適切であると思われる番号に〇印を付けて下さい。

1. 麦島地区の道路計画や公共下水道計画を中止して、麦島城跡の保存・整備を進める。
2. 麦島城跡の保存・整備を優先として、都市計画道路および公共下水道の整備を見なおす。
3. 都市計画道路および公共下水道の整備を優先に考えて、当初の計画通り道路および公共下水道の整備を進める。
4. 麦島城跡の保存は記録保存にとどめ、当初の計画通り道路および公共下水道の整備を進める。

問B　仮に麦島城跡全域（約14 ha）の民有地を買い上げて、史跡の保存および調査を進めた後に史跡公園として整備を行なう事業が考えられていると想定します。これらの事業を実施するために、麦島城跡公園整備基金として5年間だけ特別税が課せられるものとします。麦島城跡公園整備基金に関する以下の質問にお答え下さい。

問B-1　麦島城跡全域（約14 ha）を史跡公園として整備するために、あなたの世帯に特別税として月額＿＿＿円が課せられます。あなたは、この特別税を支払うことに賛成ですか。それとも反対ですか。賛成か反対か〇を付けてお答えください。ただし、この支払いによってあなたが普段購入している商品などに使える金額が減ることを十分念頭においてください。

1. 賛成と回答された方　　→　問B-2　へ
2. 反対と回答された方　　→　問B-3　へ

問B-2　では、月額＿＿＿円の税金を支払う場合には賛成ですか。それとも反対ですか。

1. 賛成　　　　2. 反対

問B-3　では、月額＿＿＿円の税金を支払う場合は賛成ですか。それとも反対ですか。

1. 賛成　　　　2. 反対

問C 都市計画道路麦島線および公共下水道の整備に関して、仮に現在の計画が変更され、下表のような状況1〜4が生じるとします。あえて選ぶとするなら状況1〜4のどのような状況をあなたは支持しますか？一番目に望ましいもの、二番目に望ましいものを選んで番号を記入してください。(合併浄化槽と公共下水道の機能に差はありませんが、望ましい状況を選択される際には、合併浄化槽は汚水用の公共下水道と比較して、個人負担が年額 _____ 円程度高くなることとを想定してお答えください。)

状況	都市計画道路について	雨水対策について	汚水対策について
1	平成16年に道路整備完了（現在の計画通り）	平成26年に雨水対策完了（現在の計画より10年遅れ）	汚水管整備は中止、合併浄化槽を各家庭が設置
2	平成21年に道路整備完了（現在の計画より5年遅れ）	平成16年に雨水対策完了（現在の計画通り）	汚水管整備は中止、合併浄化槽を各家庭が設置
3	平成26年に道路整備完了（現在の計画より10年遅れ）	平成16年に雨水対策完了（現在の計画通り）	現在の計画通りに汚水管整備実施
4	平成21年に道路整備完了（現在の計画より5年遅れ）	平成21年に雨水対策完了（現在の計画より5年遅れ）	現在の計画通りに汚水管整備実施

一番目に望ましいもの _____   二番目に望ましいもの _____

表Ⅳ-16 問Bの提示金額

提示金額 i	初期提示額 (T_i)	2回目の提示額	
		T_iに反対の世帯への提示金額 (TL_i)	T_iに賛成の世帯への提示金額 (TU_i)
提示金額1	250 円	125 円	500 円
提示金額2	500 円	250 円	1,000 円
提示金額3	1,000 円	500 円	2,000 円
提示金額4	2,000 円	1,000 円	4,000 円
提示金額5	4,000 円	2,000 円	8,000 円

表Ⅳ-17 合併浄化層の場合の負担増額の提示額

	年間負担増額
提示金額1	18,000 円／年
提示金額2	24,000 円／年
提示金額3	30,000 円／年
提示金額4	36,000 円／年
提示金額5	42,000 円／年

③ 第3回検討委員会[10]（平成14（2002）年12月18日）

第3回検討委員会では，11月中旬に行ったアンケート調査結果の報告および市が提示した計画代替案を審議し，最終答申を提出した。

アンケート調査結果には，委員らの事前の予想を覆すものがいくつか存在した。署名活動では町内会の約95％が署名を行っていたが，アンケート調査では麦島地区住民の約25％が麦島城跡の保存に賛同していた。これは，地元住民間に道路・雨水幹線建設に対して温度差があることを示しており，この結果に地元住民代表委員らは戸惑いを見せた。また，意外にも麦島地区外の八代市民の約60％が城跡の保存より道路・雨水幹線建設を優先させるべきだと思っていることが明らかになった。

麦島城跡の評価額は，八代市民のみを対象とした場合約3億4千万円と算定された。実際にはもっと広域の人も麦島城跡に価値を見いだしているの

で，この額が麦島城跡の最低評価額と考えても差し支えない。計画変更による道路建設および雨水対策の遅延1年当りの不満額は，それぞれ約3億5千万円／年および約1億2千万円／年と算定された。これらの評価額を検討委員会に報告した。なお，各評価額の推定方法については3節に記述する。

　市より今回初めて2つの代替案が示された。代替案1は，工法変更により，可能な限り城跡を保存するというものであり，現計画より工事によって撤去される城跡部が少なくなるよう検討されていた。この場合，追加費用が約8千万円程度生じるが工事完成年度には影響がないものであった。代替案2は，工法，工事計画の変更により城跡すべてを保存するものであった。この場合，追加費用が約12億円程度生じ，工事完成年度が5〜10年程度遅れるというものであった。

　代替案の提示が遅かったため，代替案について十分な審議ができず，またアンケート結果とあわせた代替案の費用便益分析もできないまま，検討委員会は最終答申の審議に入った。しかし，この時点でも地元住民代表委員と文化財関係委員の主張には歩みよりが見られず最終答申をめぐる議論は紛糾した。この状況を見かねた委員長は，「市は麦島城跡の記録保存を前提に，発掘調査は平成14（2002）年度で終了し，事業を再開することを地元住民に約束していた。また今回の件で禍根を残し，遺跡発掘に地元の理解が得られなければ，残りの遺跡の保存に悪影響が及ぶ恐れがある」との見解から「代替案1」を最終答申として推した。しかしながら，代替案1の場合，城跡本丸部分の撤去を伴い国指定史跡の可能性が低くなるため，地元住民代表委員以外の委員の賛同が得られなかった。この結果，最終答申としては，「これまで行政が地元の人々と交わしてきた約束を果たすことが優先されなければならない。城跡の国指定を考えると工事による遺跡の撤去は極力さけることが望ましい」と城跡保存は必要だが道路・雨水幹線は優先して完成せよとの異例の両論併記となった。ところが，この答申とアンケート調査結果が，平行線をたどった地元住民と保存を求める団体との合意および麦島城跡の保存をもたらすことになる。

(3) 麦島城跡検討委員会終了後の展開

　麦島城跡検討委員会の答申が市に提出された後，これまで対立してきた城跡の保存を求める市民団体と道路・雨水幹線整備を推進する地元校区代表が急速に接近した。そして，平成15（2003）年2月3日に，市に国指定史跡としての価値を損なわない道路・雨水幹線建設を協調して迫ることで両者は合意した。この合意の背景には，検討委員会の経過やアンケート調査結果を踏まえた両者が，①自らの主張だけでは市民の賛同を得られないことを悟ったこと，②自らの主張を通した場合の他者の損失が金額といった形で理解できたことがある。

　麦島城跡検討委員会の答申と，市民団体と地元校区代表の合意を受けて市は双方の主張を活かした形での整備を迫られることとなり，城跡本丸部分を傷つけないように保存する一方，道路や雨水幹線も工期通りに完成させる工法に変更することを平成15（2003）年2月19日に明らかにした。この工法変更は当初予算より3億円程度の工事費増加を伴うものである。検討委員会時の市の代替案になかった双方の主張を活かしたこの工法の選択は，城跡喪失や工期遅延による社会的損失を考慮した場合，これまで提示された計画代替案より費用便益的に優れたものとなっている。この市の意思決定も検討委員会で市民意識を金銭尺度へ計量化した結果が活かされた形となっている。

　以上のような経過を経て麦島城跡本丸部分は保存の方向で決着し，平成15（2003）年度に基礎調査を開始し，国指定史跡の申請を目指すこととなった。

3．麦島城跡と計画変更による建設工事遅延の評価

(1) アンケート調査の概要

　本節では，「麦島城跡検討委員会」で報告した麦島城跡の価値，および道路・雨水幹線建設遅延の不満額の算定について記述する。

　「麦島城跡の保存・活用のあり方に関するアンケート」は，麦島地区の500世帯，麦島地区外の八代市の世帯1,000世帯を無作為に抽出し，平成14（2002）年11月7～22日の間に，統計調査員による訪問留め置き後日回

第7章 麦島城跡検討委員会における遺跡保存と道路・雨水幹線建設の対立緩和に向けたCVMの利用 215

表IV-18 アンケートの回収結果

	配布予定数	回収数	有効回答数
麦島地区	500	426	403
地区外	1,000	807	773

表IV-19 問Aの回答の集計結果

選択肢	城跡保存優先		道路建設優先	
	1	2	3	4
麦島地区	22	80	165	136
	102 (25.3%)		301 (74.7%)	
地区外	46	261	290	176
	307 (39.7%)		466 (60.3%)	

収方式で行った。回収されたアンケートは，麦島地区と地区外で，性別，年齢構成，職業構成等個人属性の分布に大きな違いはなかった。アンケート回収結果を表IV-18に，問Aへの回答結果を表IV-19に示す。なお，問Aで「1」か「2」を選択した世帯を麦島城跡保存優先派，「3」か「4」を選択した世帯を道路・雨水幹線建設優先派と分類した。

(2) CVMによる麦島城跡の価値の評価

問Aで選択肢「1」か「2」を選択した世帯に対して，問Bで麦島城跡公園整備基金に対する支払意思額を二段階二項選択方式によって尋ねている。また，同基金に対する支払意思額を算定するために，ランダム効用モデルを用いた。C円の特別税を支払うことで麦島城跡が保存される場合と支払わずに保存されない場合の観測できる効用差を$\Delta V(C)$とすると，C円の特別税を提示したときにYesと回答する確率は，効用の誤差項にガンベル分布を仮定すると，式(1)で表される。

表Ⅳ-20 整備基金に対する支払意思額の推定結果

パラメータ	推定値	t値
α	−1.1906	9.043
β	1.182	13.018
サンプル数	307	
対数尤度	383.63	
支払意思額（中央値）365（円／世帯・月）		

$$\text{Prob}(\text{Yes}) = \frac{\exp(\Delta V(C))}{1 + \exp(\Delta V(C))} \qquad (1)$$

ここでは，観測できる効用の差ΔVに，式(2)に示す対数関数モデルを用いた。

$$\Delta V = \alpha - \beta \ln C \qquad (2)$$

麦島地区外の世帯のデータを用いたパラメータ推定結果を表Ⅳ-20に示す。推定結果より，麦島城跡公園整備基金への支払意思額の中央値は365円／世帯・月となる。5年間特別税を支払うとすると21,900円／世帯となる。問Aの結果，麦島地区外で約40％の世帯が城跡保存優先と考えていることから八代市全世帯約37,700世帯の40％が城跡の保存・整備を支持すると仮定すると，支払意思額の総額は約3億4千万円となる。これを八代市民が抱く麦島城跡の金銭的評価額とする。また，麦島城跡の価値は八代に広範囲に発生するだろう。そこで，問Aの結果を参考に熊本県全世帯671,500世帯の30～40％の世帯が麦島城跡の保存・整備を支持すると仮定すると，支払意思額の総額は，約44億1千万～58億8千万円となる。

(3) コンジョイント分析による計画遅延の評価

問Aで「3」か「4」を選択した世帯に対して，問Cで，代替案として望ましい状況2つを望ましい順に選択させている。これは，「選択型コンジョイント」の部分ランキング法と呼ばれるものである。

表Ⅳ-21 計画遅延評価モデルのパラメータ推定結果

パラメータ		推定値	t値
道路建設の遅延年数	β_1	-0.737	38.222
雨水対策の遅延年数	β_2	-0.418	30.880
合併浄化槽設置の負担金額	β_3	-0.853	24.998
サンプル数		301	
対 数 尤 度		603.22	

各代替案の観測できる効用は,「X_1:道路建設の遅延年数」,「X_2:雨水対策の遅延年数」,「X_3:合併浄化槽の負担金額」の3変数で構成されているものとする.

$$V_i = \beta_1 X_{1i} + \beta_2 X_{2i} + \beta_3 X_{3i} \tag{3}$$

代替案の中から回答者が代替案iを最も望ましい,代替案jを2番目に望ましいものとして選択する確率P_{ij}は,効用の誤差項にガンベル分布を仮定すると,式(4)で表される.

$$P_{ij} = \frac{e^{V_i}}{\sum_k e^{V_k}} \frac{e^{V_j}}{\sum_l e^{V_l}}, \quad i \notin l \tag{4}$$

麦島地区の世帯のデータを用いたパラメータ推定結果を表Ⅳ-21に示す.推定されたパラメータを用いて,「道路建設が1年遅延することに対する不満額」を$k\beta_1/\beta_3$,「雨水対策が1年遅延することに対する不満額」を$k\beta_2/\beta_3$として算定した.ここで,kは,社会的割引率と合併浄化槽のライフサイクルを加味した補正係数である.割引率を4%,合併浄化槽のライフサイクルを30年とした場合,麦島地区の「道路建設1年遅延に対する不満額」,「雨水対策1年遅延に対する不満額」は,それぞれ,約15万6千円/年・世帯,約8万8千円/年・世帯となる.問Aの結果より,麦島地区約3,400世帯の75%に道路建設の遅延に対して不満が生じるとすると,道路建設が1年遅延した場合の不満の総額は,約3億5千万円/年となる.雨水対策は麦島地区で雨水幹線建設が完了していない約2,000世帯の75%に雨水対策事業の

遅延の影響が及ぶとすると,「雨水対策1年遅延に対する不満額」は約1億2千万円／年となる。

4．合意結果の事後的評価

　城跡の保存を求める市民団体と地元校区代表の合意に基づいて策定された工法変更案は，当初予算より3億円程度の工事費増加を伴うものであった。前節の結果を用いて社会的損失を考慮に入れて，この合意を費用面から評価する。
　地元住民代表委員の主張に基づいた場合を「現計画案」，文化財関係委員の主張に基づいた場合を「麦島城跡保存中心案」，そして合意に基づいた場合を「決定案」とし，その内容を表IV-22に，それぞれの費用の発生状況を表IV-23に示す。表IV-23より「決定案」は，城跡喪失や工期遅延による社会的損失を考慮した場合，他の案より費用的に優れたものとなっていることが確認できる。この市の意思決定は，事後的であるが検討委員会で市民意識を金銭尺度へ計量化した結果が活かされたものと推測される。また，この決定をもたらした市民団体と地元校区代表の合意の背景には，検討委員会の経過やアンケート調査結果を踏まえた両者が，①自らの主張だけでは市民の賛同を得られないことを悟ったこと，②自らの主張を通した場合の他者の損失が金額といった形で定量化されたことで一定の理解が得られたことが推測される。これらの推測は，平成16 (2004) 年1月に「麦島城跡検討委員会」の関係者33名に行った意識調査（有効回答32）からも窺える。関係者へのアンケート内容の一部およびその回答結果を表IV-24に示す。関係者の半数以上の19名がCVMによるアンケート調査の内容を理解するのが困難だったと回答しており，手法への理解不足があった。しかしながら，「麦島城跡の価値」や「社会基盤整備事業の遅延に対する不満度」を金額で表したことで市民意識の程度が具体的になったと回答している者が13名，そうは思わないと回答している者が13名と，手法の有効性については賛否が同数であった。これまで関係者に具体的に認識されていなかった社会的効用や費用が，13名とはいえ認識されたことは，麦島城の価値や建設事業遅延の

第7章　麦島城跡検討委員会における遺跡保存と道路・雨水幹線建設の対立緩和に向けたCVMの利用　219

表IV-22　事業内容の比較

対策案	現計画案	麦島城跡保存中心案	決定案
目的	現計画通り工事を行う。城跡は保存されない	道路・雨水管整備の工法・工事計画を変更し、麦島城跡をすべて保存する	道路・雨水管整備の工法を変更し、道路下に麦島城跡を埋設保存する
工事完成予定年度	現計画通り	（道路）5〜10年遅れ（雨水幹線）10年遅れ	現計画通り
城跡	保存されない	完全に保存される	道路下に埋設保存される
道路	計画変更なし	計画高の変更・道路の厚さを変更	最大80cm嵩上げ・道路厚さを4割弱まで圧縮
雨水幹線	工法変更なし	計画変更・ルート迂回	サイフォンにより城跡の地下7mに施工
追加費用	なし	（道路）18億円（雨水幹線）100億円	（道路）（雨水幹線）3億円

表IV-23　CVMの結果を用いた費用の比較

		現計画	麦島城跡保存中心案	決定案
城跡破壊による社会的費用	八代市のみ対象	3億3千万円	0円	公園として利用できない社会的費用が発生するがそれは十分小さい。
	熊本県を対象	44億1千万〜58億8千万円	0円	
工事遅延による社会的費用	道路	0円	17億7千万〜40億円	0円
	雨水幹線	0円	11億7千万〜13億円	0円
その他	追加費用	0円	(道路) 18億円 / (雨水幹線) 100億円	(道路)（雨水幹線）3億円
費用計		(八) 3億3千万円 / (県) 44億1千万〜58億8千万円	147億4千万〜171億円	3億円

第IV部　政策研究

表IV-24　麦島城跡の保存・活用のあり方に関するアンケート調査に対する関係者への意識調査

	関係者への意識調査の内容
1)	アンケートの結果、麦島城跡に関心のある人たちは麦島地区で50％、麦島地区以外の八代市で32％でした。この結果は予想通りでしたか？
2)	アンケートの結果、麦島地区の住民の25％程度が「城跡を保存してほしい」という意見を持っていました。この結果は予想通りでしたか？
3)	アンケートの結果、麦島地区以外の八代市民の60％程度が「整備事業を促進してほしい」という意見を持っていました。この結果は予想通りでしたか？
4)	アンケートの結果を用いて「麦島城跡の価値」や「社会基盤整備事業の遅延に対する不満度」を金額で表しました。このように金額に直すことで市民意識の程度が具体的になったと思いますか？
5)	アンケートを取ったことにより、「麦島城跡の整備と都市計画道路麦島線及び雨水幹線の建設共存」の問題に関する市民意見に関して、1)～4)以外に新たな発見や参考となる情報がありましたか？
6)	アンケートの内容を理解するのが困難でしたか？

関係者の回答結果

	間違いなくそう思う	そう思う	どちらかと言えばそう思う	どちらでもない	どちらかと言えばそうは思わない	そうは思わない	そうは全く思わない	回答なし
1)	1	12	8	1	8	2	0	0
2)	1	8	6	2	9	5	1	0
3)	1	8	9	2	7	4	1	0
4)	2	4	7	6	4	8	1	0
5)	3	6	3	8	4	5	1	2
6)	0	6	13	5	5	2	1	0

不満を金額で表したことが合意形成に一定の影響を与えたといえるであろう。

おわりに

この事例では，検討委員会発足から最終答申提出までの期間が短かったために，検討委員会中には十分な合意の形成はできなかったが，この委員会での議論が最終的な合意形成へ影響を与えたことは間違いない。そして，城跡の保存か生活を優先した道路・雨水幹線建設かにゆれた麦島城跡保存問題の決着は，現行計画や計画変更に伴い生じる実費用や利用効果だけでなく，外部経済や外部不経済の存在を関係者に認識してもらうことが，対立関係に協調をもたらす上で有効であるとの示唆を与える。今回の麦島城跡の保存問題を通じてCVMは対立問題の解消の有効なツールの一つに成り得ると確認できた。しかしながら，今回CVM調査に対して肯定的意見ばかりでなく，否定的な意見が寄せられているのも事実である。多くは，手法に対する理解不足から生じているものであり，また合意形成に利用された事例がほとんどないことから生じているものである。CVMが合意形成のツールとして認識されるためには，結果の信頼性や精度を高めていくのは当然のこととして，事例や実績を数多く積み重ね広く市民の理解を得ることが必要である。

参考文献
1) 栗山浩一『環境の価値と評価手法』北海道大学図書刊行会，1998.
2) 川上光彦他「都市計画マスタープランの策定体制および住民参加の実態と課題に関する研究調査──全国都道府県・市区町村調査による分析──」都市計画学会論文集，No. 35, 2000, 211-216.
3) 松田和香・石田東生「都市計画マスタープランにおけるPIプロセスのあり方に関する考察──茨城県牛久市を対象として──」土木計画学研究・論文集，Vol. 19, No. 3, 2002, 129-136.
4) 坂野容子他「既成市街地のまちづくりにおいて住民参加ワークショップの果たす役割に関する一考察──ワークショップの展開と個人の意識変化を分析する方法論について──」都市計画学会論文集，No. 35, 2000, 13-18.
5) 熊谷かな子他「住民提案型地区まちづくり計画による住環境の管理・運営に関する

研究――世田谷区まちづくり条例を事例として――」都市計画学会論文集,No.37,2002,391-396.
6) 松田和香・石田東生「我が国の社会資本整備政策・計画におけるパブリック・インボルブメントの現状と課題」都市計画学会論文集,No.37,2002,325-330.
7) 麦島城を考える市民の会『まぼろしの近世城　麦島城を観る,歩く,感じる』,2002.
8) 八代市教育委員会文化課「平成14年度第1回麦島城跡検討委員会会議録」,2002.
9) 八代市教育委員会文化課「平成14年度第2回麦島城跡検討委員会会議録」,2002.
10) 八代市教育委員会文化課「平成14年度第3回麦島城跡検討委員会会議録」,2002.

第 8 章

ヘルスプロモーションによる地域づくり

魏　長年・上田　厚

1. はじめに

(1) 健康観の転換と健康な地域づくりの展開

　健康なくらしは私たちにとって共通の願いである。日本国憲法（25条）にうたわれているように，健康に生きることは私たちが生来持っている基本的権利である。現在，私たちに最も広く受け入れられている健康の定義は，WHO（世界保健機関）憲章にある「肉体的，精神的，社会的に良好な状態」（WHO, 1946年）である。これは具体的にどのような状態を指しているのだろうか？「健康とは？」の問いかけには，一人ひとり異なった様々な答えが得られる。これらをまとめると，私たちは自分の健康を，医学的検査や診断で評価される心身の状態だけでなく，それぞれのくらしに根ざしてとらえていることがわかる。この観点から，健康は，「それぞれのライフスタイルをうまくコントロールしている状態，あるいは，それぞれのライフスタイルの様々な局面とうまく折り合っている状態」と定義される。私たちは，これを「全人的健康」と呼んでいる[1]。

　ライフスタイルと健康のかかわりについて，医学研究の分野でエビデンスとしてあげることのできる2つの重要な研究がある。一つは，米国における疾病統計において，年間死亡原因（200万人）の50％はライフスタイルの

要素で説明できるという研究である[2]。もう一つは，米国のある地域の長期にわたる追跡研究の結果，ブレスローの7つの健康習慣と呼ばれるライフスタイル因子のうち，それが出来ている個数によって，すべての年齢層で，その健康度が規定されるという研究である[3]。この2つの研究は，良好なライフスタイルの実践が，病気の発生の予防や健康の維持・増進の要点であることを示している。

いっぽう，私たちが求める最も望ましい生き方の状態をクオリティ・オブ・ライフ（QOL）と呼んでいる。私たちの人生での究極の目標は，それぞれのライフステージにおけるQOLの達成である。QOLはもともと医学・医療の分野の言葉ではなく，そのため医療の現場でも様々に使われている。したがってQOLを一つの視点から定義づけるのは大変困難であるが，病気の人も含めたすべての人々にあてはまる定義として，著者らは「人々がそれぞれにあたえられた人生の貴重な可能性をどれだけ享受しているかの度合い」[4]を採用している。

全人的健康とQOLの2つを併せて考えると，これからの健康づくりは，たんに健康のための健康づくりではなく，「QOLの最も大切な資源が健康である」[5]という新しい健康観に基づいて進められなければならない。

(2) ライフスタイルとその評価

ライフスタイルは，人々の毎日の生活活動あるいは生活の仕方と定義されている。健康の視点から，ライフスタイルは，個人の全ての行動であり，人の健康リスクに影響する行動を含んでいる。前述したように，ライフスタイルは個人の健康を規定する最も直接的な要素である。

近年，健康増進ライフスタイル（Health-promoting Lifestyle）が唱導されている。これは個人における健康維持あるいは健康レベルの向上を達成するために，また，自己実現と自己満足を得るために行われる自発的，多局面的行動である。健康増進ライフスタイルは，健康な意識，精神的成長，身体活動，人間関係，栄養，ストレス管理という6つのサブ尺度を用いて評価されており，ライフスタイルの構成要素が，より広い範囲で捉えられている[6]。ウォーカーらが開発したライフスタイル評価表は，魏らが日本語バージョン

(日本語版健康増進ライフスタイルプロフィール調査票（Health Promotion Lifestyle Profile II：HPLP II））を開発し[7]，様々な地域，集団について適用され，わが国におけるデータが蓄積されている。

　ライフスタイルの中でみられる行動は，自主的で，日常生活様式により調節できるものであることから，ライフスタイルのあり方が健康状態を規定する大きな要素であると言うことができる。この意味で，ライフスタイルは，健康の維持増進という観点から，QOLの基盤となる最も重要な要素である。

　健康行動の実行や健康な地域づくりの要点は，一人ひとりのライフスタイルを改善することにある。ライフスタイルを改善するためには，一人ひとりが自分にあったライフスタイルを見つけ，それを実現するための知識や技術を獲得しなければならない。これは，言い換えれば，日常生活の中で遭遇する健康に関する様々な決定要素に適切に対応できる能力，すなわち，自己決定力を向上させることである。自己決定力の向上は，最終的には自分の責任や工夫，努力に帰せられる問題であるが，一人ひとりが自分にあったライフスタイルを実現するためには，家族や地域社会の様々な支援が必要である。このような環境を実現するためには，それぞれの地域で住民が核となったネットワークおよび住民・企業・行政のパートナーシップが形成され，政策的に，そのための地域システムや環境を作ってゆくことが必要である。このような観点から，ライフスタイルの改善は，一人ひとりの健康の維持増進を実現するためのものだけでなく，それが地域ぐるみで進められてゆくことにより，これからの持続可能な活性化された地域づくりにつながるものである。その要点として，それぞれの地域のなかに，住民一人ひとりが平等にライフスタイルの改善につながる知識と技術を学習，獲得できるための場や機会が作られ，それが持続的に活用できるシステムが構築されてゆくことが挙げられる。

(3) ヘルスプロモーション

　ライフスタイルを良好なものにしてゆくためには，従来と異なった理念と技術を持った健康づくりの展開が求められる。ライフスタイルも健康も究極的には個人のものであるが，現実のくらしのなかで良好なライフスタイルを

表IV-25 国際化する世界でのヘルスプロモーション戦略

オタワ憲章（1986）	バンコク憲章（2005）
○健康的な公共政策づくり	○唱導
○健康を支援する環境づくり	○投資
○地域活動の強化	○能力形成
○個人技術の開発	○規則と法制度
○ヘルスサービス方向の転換	○パートナーシップ

実現するということは，たんに個人の工夫，努力や責任には帰せられない。その人を支える周りの人々や地域社会の環境が必要である。前述のブレスローらの研究においても，健康習慣のスコアを向上させる最も重要な要素はソーシャルサポートであることが確かめられている。つまり，個人の健康を向上させるためには，お互いが助け合いながら地域ぐるみで組織的な活動をしてゆかなければならない。専門家が住民を引っ張ってゆくといったこれまでの健康活動のやり方と視点を転換させる必要がある。

著者らは，このような健康活動の進め方を最も効果的に展開することのできる理念と技術がヘルスプロモーションであると考えている。ヘルスプロモーションは，「人々が自らの健康をコントロールし，改善することができるようにするプロセスである」[8]と定義づけられ，世界の多くの国や地域の健康な地域づくりに取り入れられてきた。これまでの展開をもとに，2005年8月のバンコク憲章で，これを「人々が自らの健康とその決定要因をコントロールし，改善することができるようにするプロセスである」と定義しなおし，その視点から，表IV-25にあるような，世界におけるヘルスプロモーション戦略が示された。

ここに示されているように，ヘルスプロモーションは，疾病予防と同一の概念ではなく，また疾病あるいはある特殊な健康問題に対する対策とも異なる。ヘルスプロモーションに参加することは，より質の高い健康を目指すためにとられる行動であり，自己成長や心の安らぎを求める幸福のヘルスケアである。すなわち，疾病予防は回避（avoidance）行為の側面を持っているのに対し，ヘルスプロモーションが求めているのは，正しい方向への成長と

変化への接近（approach）行為である。

　著者らは，ヘルスプロモーションのプロセスのなかで忘れてならないのは，ヘルスプロモーションの場で主役となるのは一人ひとりの住民であるという認識の共有であると考えている。すなわち，ヘルスプロモーションは，一人ひとりがヘルスプロモーションのプロセスを主体的にみんなと手を取り合いながら経験することによって，一人ひとりの健康に対する自己決定力が形成されてゆくことを基本理念とする人間形成の技術である。

　いっぽう，WHOの提唱するヘルスプロモーションの構成要素は，①健康なライフスタイルの促進，②健康な生活環境の提供の増大，③地域社会活動の強化，④健康サービス事業の効果の再調整，⑤健康政策の施行となっている[8]。このように，ライフスタイルは，ヘルスプロモーションの基盤となる要素であるとともに，それを改善してゆくことがヘルスプロモーションの現場的な目標である。

　このようなヘルスプロモーションの対象となる健康な地域社会の姿は，以下の3つの特徴を持っている。

　①混住化社会：それぞれの地域は，様々な（性，年齢，職業，経済，信条，健康のレベル）特性を持った人と生物と自然で構成されている社会である。食生活を例とした場合，安全な農作物を安定供給するために，農民は，安心な食料を作って，それが保存，流通，販売の従事者により家庭や外食産業の料理担当者に届けられ，消費者の食卓に届く。その一連の生産，流通，消費の過程においては，調理の情報を提供する栄養，保健，医療などの多様な専門家が地域社会にいなければならないし，農業においても環境保全や景観保全を基盤とした持続的な地域社会が形成されなければならない。

　②循環・共生型社会：地域を構成する人，生物，自然の特性や機能をうまく活用して，私たちの生活に必要なエネルギーを効率的に循環させ，その社会が持っている資源を持続的かつ有効に使うことのできるネットワークシステムを持っている社会である。

　③ネットワーク社会：ネットワークとは，ある単位と単位をつなぐ網の目を意味する。これまでの官僚的組織や市場機構に代わる第3の社会編成原理で形成する社会とされ，現代の産業社会の方向に最も適合した組織の一つ

であると考えられている。たとえば，この「第3の社会」の主役は，いきいきしたシニア，自立を目指す女性などの生活者であり，この新しい主役が"あたたかいお金"エコマネーを活用して，"善意の出会い"や"ネットワーキング"を求めているような社会が挙げられる[9]。

著者らは，住民参加型のヘルスプロモーション活動を，このような地域社会のシステム構築やネットワークづくりの最も有効な理念と技術として位置づけている。

上田らは，ヘルスプロモーションを，従来のような専門家主導型の健康活動ではなく，住民参加型の地域ぐるみの組織的な健康な地域づくりを進めることによって，一人ひとりの健康に対する自己決定力を高めてゆく新しい形の地域活動と位置づけ，熊本大学の地域貢献事業や拠点形成研究事業の助成を受けながら，熊本県下のいくつかの市町村と協力してヘルスプロモーションの有効性を実証する研究を進めている。さらに，その成果をもとに，上海市L町をはじめ中国のいくつかの町でヘルスプロモーションを応用した実践活動を展開している。

本章では，著者らの実践活動の事例を紹介し，ヘルスプロモーションを基盤とした健康な地域づくりの基本理念とプロセスモデルについて概説したい。

2．事例A：ライフスタイルの改善による健康な地域づくり

(1) 事業と展開の概要

厚生労働省は，平成14（2002）年以来，ライフスタイルの改善による生活習慣病対策の一環として，市町村を単位にそれぞれの地域の特性に応じて運動，栄養を中心としたライフスタイル改善プログラムを作成し，地域の施設を利用してそれを実行し，それに参加することが生活習慣病予備軍の予防対策として有効であるかどうかを検証することを目的とする「国保ヘルスアップ事業」モデル事業を企画，実施している。熊本県においては，A町がそのモデル地区となり，「メタボリックシンドローム（代謝症候群）に関連する検査異常を有する者に対するライフスタイルおよび病態の改善に関する学習

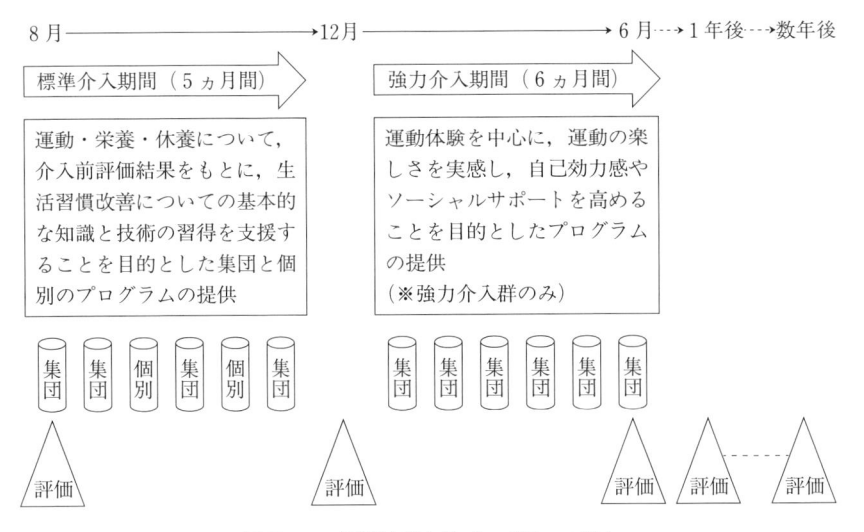

第8章 ヘルスプロモーションによる地域づくり

```
8月 ──────────→ 12月 ──────────→ 6月 … 1年後 … 数年後
  標準介入期間（5ヵ月間）        強力介入期間（6ヵ月間）
```

標準介入期間（5ヵ月間）	強力介入期間（6ヵ月間）
運動・栄養・休養について，介入前評価結果をもとに，生活習慣改善についての基本的な知識と技術の習得を支援することを目的とした集団と個別のプログラムの提供	運動体験を中心に，運動の楽しさを実感し，自己効力感やソーシャルサポートを高めることを目的としたプログラムの提供（※強力介入群のみ）

集団・集団・個別・集団・個別・集団　→　評価
集団・集団・集団・集団・集団　→　評価　評価　評価

図Ⅳ-8　個別健康支援プログラムの流れ

支援プログラムの有効性の評価に関する研究」を展開している。運動と栄養介入プログラムの企画と実施は，A町関連職員（健康福祉課）とNPO法人スポーツ福祉熊本が担当し，著者らは，臨床領域の熊本大学医学薬学研究部代謝内科分野（荒木栄一教授）とともに，評価チームとして本事業に参加している。本事業における主評価は，「学習支援プログラム実施にともなうライフスタイルの変化」，副評価は，「学習プログラム実施にともなう臨床医学的データの変化」で，本事業が，ライフスタイルの改善を評価指標とするヘルスプロモーションのプロセスモデルに沿って進められていることが示されている。

　本事業で開発されたプログラム（個別健康支援プログラム）は，2つの連続するプロセスから構成されている（図Ⅳ-8）。最初の5ヵ月間は，標準介入として，運動・栄養・休養を中心にしたライフスタイル改善の基本的な知識と技術について集団と個別の両面から学習，体験するプログラムで，メタボリックシンドロームに関する検査異常を持つ者にとってライフスタイルの改善に最低限必要な知識と技術を身につけるためのものである。引き続く

表IV-26 強力介入におけるプログラムのポイント

○参加者の主体性や自己決定を重視する
○体験型の教室である
○自己決定が可能な様々な運動メニューを提示する
○個人の健康状態やニーズに合わせ，継続できるような個別プログラムを提示する
○具体的指標により，実践効果を提示する

表IV-27 個別健康支援プログラムの効果を判定するための指標

○健康増進ライフスタイルプロフィール調査（52項目）
○一般性セルフ・エフィカシー尺度（16項目）
○運動に関する自身尺度（10項目）
○運動の情緒的支援尺度（10項目）
○健康投資カレンダーによる運動（ストレッチング，筋力トレーニング，有酸素性運動）実施頻度
＊「身体活動宣言書」と「宣言期間振り返りシート」

6ヵ月のプログラムは，継続介入で，自己効力感（セルフ・エフィカシー）やソーシャルサポートを高めるための個別プログラムとなっている（表IV-26，表IV-27）。

この体験型の健康支援プログラムは，月に1回の頻度で，標準介入5回，強力介入6回，合計11回実施された。このように，本介入研究は，まず参加者全員が標準介入プログラムを受け，その終了時に強力介入を受ける群（強力介入群）と標準介入により得られた知識と技術を使って自分で自由に健康管理をしてゆく群（標準介入群）に分けられ，それぞれ，標準介入開始時（平成15（2003）年8月），標準介入終了時（平成15年12月），強力介入プログラムの終了時（平成16（2004）年6月），全プログラム終了の1年後（平成17（2005）年6月）の4回にわたり，参加者のライフスタイルのスコアと医学検査データが測定され，得られた4回の測定データを両群で比較検討するというランダマイズド・コントロール・テクニックに準じた疫学手法がとられている。ライフスタイルを評価するスケールは，著者らが開発したHPLP IIを用いて，それぞれの検査時点における6つの項目と総合スコアについて比較検討した。メタボリックシンドローム関連の検査項目は，

BMI（肥満度），血圧（最高血圧，最低血圧），血清脂質値（中性脂肪，HDLコレステロール，LDLコレステロール，総コレステロール），血糖値（空腹時血糖，HbA1c）指数値算出項目としては，動脈硬化指数，体脂肪率，ウエスト比，IRI，HOMAR，CRP，TNF，Adiponectin，80 HdG，レプチンであった。

　本事業の最終目標は，上記のように介入プログラムの有効性を検証するという直接の目的だけでなく，ヘルスプロモーションの理念と技術を基盤として，住民のライフスタイルに対する自己決定力を向上させてゆくことが，健康な地域づくりを実行してゆくための最も効果的な手段であることを実証することである。そこで，本事業の推進に当たっては，A町住民より構成された事業推進協議会が設置され，本事業推進に伴う結果がフィードバックされるとともに，それに基づいて，ライフスタイルを向上させるための地域環境の整備について，グループワークをしながらPRECEDE-PROCEEDモデル[10]による枠組みの構築を進めた。これによって，地域住民の健康の実態とそれに関与する要素を解明するための質問調査表が開発され，A町住民に対する実態調査が行われ，その結果に基づいて，A町における健康計画の策定作業が進められた。このように，本介入事業は，A町の健康づくりに直接連動する形で進められている。

(2) 結　果

　結果として，標準介入前（8月）および5ヵ月後（12月）の対象者のライフスタイルHPLP IIの6つの構造要素である①健康な意識，②精神的成長，③身体活動，④人間関係，⑤栄養，⑥ストレス管理および生活満足度のいずれのスコアも統計的に有意に上昇し，最初の介入が，ライフスタイルの改善，生活満足度を高める方向に作用していることが認められた。項目別に見ると，「定期的な健康状態のチェック」など3項目，「良い方向への成長の実感」など4項目，「定期的な運動の実施」など8項目，「低脂肪，低コレステロールの食事の実践」など4項目，「親友を求める努力」の1項目，「自分のペースを保つ」など3項目のスコアが，それぞれ有意に上昇した。このように，運動プログラムを中心に栄養や健康管理の学習支援を絡めた介入プ

ログラムが,「身体活動」や「栄養」といった直接プログラムの内容に関わる項目だけではなく,「人間関係」,「ストレス管理」といったQOLに直接つながるライフスタイルの要素に良好な作用をしていることが確かめられた。

この状態を基盤にして,参加者を,継続的に設定された介入プログラムを受ける群(強力介入群)と受けない群(標準介入群)に無作為に群別にして,6ヵ月後の両群の変化を比較検討した。この両群間には8月時点においても,12月時点においても,ライフスタイルの6つの構成要素のいずれのスコアにも有意な差は認められなかった。強力介入プログラム終了時のHPLP IIのスコアは,強力介入群,標準介入群ともに,8月時とほぼ同様の傾向が示され,標準介入の効果が両群ともに継続されていることが確かめられた。項目としては,「身体活動」のスコアがさらに改善され,この項目のみ強力介入群と標準介入群の間に有意差が認められた。それを反映して,総合的なHPLP IIのスコアも強力介入群が標準介入群に比較して有意に高値を示した。また,この傾向は,メタボリックシンドロームの関連項目である副評価指標においても全く同様であった。全プログラム終了1年後のHPLP IIのスコアとメタボリックシンドロームの関連項目においては,強力介入群と比較して標準介入群はやや低下傾向があったが,両群ともプログラム実施前より有意に高値を示した。このように,本プログラムによって,ライフスタイルの改善とメタボリックシンドロームに関連する検査値の改善に効果があることが認められるとともに,対象者の一人ひとりに合わせた半年の標準介入プログラムにおいても,参加者のライフスタイル,メタボリックシンドローム,QOLに対する改善効果を,少なくとも1年間は持続させることができることが示唆された。

(3) 事業の成果とこれからの展開

本事業は,直接的には,メタボリックシンドロームを改善,予防するために,運動を中心とした生活習慣改善プログラムを作成し,その有効性を実証することを目的とした追跡調査研究である。これを縦糸にして,A町では,著者ら外部の専門家もまじえた住民主体の事業推進委員会を設置し,プログ

ラム実施の結果をフィードバックしながら，A町の住民参加型健康計画策定事業に有機的につなぐかたちで本調査研究事業を実施した．著者らは，本事業を，住民一人ひとりがライフスタイルを改善するための知識と技術を持つことを目的にしていること，住民参加型，住民―行政協働型の組織活動であることを評価し，これを，ヘルスプロモーションの一つのプロセスモデルと位置づけている．現在，このような形での事業を継続し，本モデルの有効性を実証してゆくことを企画しているところである．

3．事例B：住民参加によるまちづくり

(1) 事業の概要

　地域の住民が，住む人の価値づけによる健康とその決定要素をコントロールすることができるようになることが，著者らが進める健康なまちづくりの基本理念である．著者らが目指す健康な地域社会（まち）の姿かたちは次のようなものである．すなわち，少子高齢化社会のなかで，高齢者一人ひとりが，主体的に参加し，自分なりの役割を発揮できる住民活動を基盤として進められる地域（まち）づくりの一員となり，全ての住民一人ひとりが，高齢者にとって住みよいまちづくりに参加することによって，自分自身にとっても望ましいライフスタイルを形成，保持することができる地域社会である．

　例えば，熊本県蘇陽町の住民は，健康について以下の3つの定義を挙げている．①病気や機能障害，悩みなどがなく，主観的にも客観的にも快適な生活を送ることができる，②病気や機能障害，悩みなどがあっても，自分自身で対処することができ，社会的にも適応した生活を送ることができる，③病気や機能障害，悩みなどがあり，自分自身で対処することができなくても，周囲が支えてくれることにより，生活していくことができる．

　前述のように，住民参加型のヘルスプロモーション活動は，地域社会のシステムやネットワークづくりの最も有効な技術である．著者らは，熊本県下B町を対象に，熊本大学地域貢献特別事業の助成を受けた「高齢者を支えるまちづくり支援プロジェクト」を企画実施した．

　本事業の目的は，少子高齢化社会における，持続可能で活性化された健康

な地域社会をつくるために,「住む人の価値づけによるまちづくりシミュレーション」を提供し,大学と地域が協働して地域住民主体の高齢者を支えるまちづくりを支援することである。

事業を始めるにあたり,熊本大学とB町,および事業メンバーである熊本県,民間の健診機関が協働して,以下のように,そのための共通の作業仮説を設定した。

住民一人ひとりの健康なくらしを創造するための条件として,以下の6つの項目を挙げた。①住民一人ひとりの健康に対する自己決定力およびライフイベントにおける出来事に対する対処能力の向上,②地域社会におけるソーシャル・サポートシステムの構築,③行政による政策の決定とその実施,④全てのプロセスで,住民参加,みんなが主役となることが実現されていること,⑤地域ネットワークづくり,⑥活性化された持続的なまちづくり。

健康な地域づくりの基本理念としては,以下の6つのポイントを挙げた。①健康づくりは一人ひとりのくらしと環境を見つめなおすことからはじめる,②健康づくりは一人ではできない,③助け合いと支えあい,④ネットワークづくり,みんなが主役,⑤生活者,企業,行政とのパートナーシップ,⑥みんなが参加し,みんなで作る,みんなのまち。

このような目標を達成するために,具体的なB町の事業として,「地域福祉計画」と「地域健康増進計画」の策定事業をとりあげ,本事業のなかでそれを推進していくことにした。

「地域福祉計画」とは,子どもから高齢者まで,男性も女性も,障害のある人もない人も,全ての人が,人としての尊厳を持って,住み慣れた家庭や地域のなかで,安心してその人らしい自立した日常生活を送ることができる地域社会をつくり,維持していくための計画である。

「地域健康増進計画」とは,一人ひとりが生活のなかで様々な要素やできごととうまく折り合いをつけ,健康に良い生活習慣を作っていくための知識や技術を獲得することのできるシステムやネットワークができている地域に住むことによって,QOLの向上を実現するための計画である。

本事業を実施し,この目的を達成するための要点は住民参加である。その

第8章 ヘルスプロモーションによる地域づくり

ための研究技術として，質的研究（フォーカス・グループ・インタビュー，ワークショップ，グループワーク）と量的研究（質問調査票調査）を組み合わせた研究手法をとった。

本研究では，3回のグループワークによって地域福祉に関わるB町住民の想い，要望（ニーズ），意欲，能力，資源を見つける作業を行った。さらに，5回のフォーカス・グループ・インタビューを各校区単位に実施し，目指すくらしとそれを実現するためのくらしのあり方や，そのために必要な因子を明らかにした。

最初のグループワークは，「地域福祉計画」のためのもので，B町の呼びかけに応じた住民がライフステージごとのグループに分かれ，福祉に関するニーズについて，グループ間で共通の認識を持ち，次に，それに関する解決策として「本人の力をつける方法」および「社会的，政策的な対策」をグループ間でみつける作業を行った。これらの結果をまとめて，今後の地域福祉計画の策定に活かすこととした。

フォーカス・グループ・インタビューは「地域健康増進計画」のために実施されたもので，その質問項目は，次のようなものであった。①あなたが健康だと感じるのはどのようなときですか？ また，健康でないと感じるのはどのようなときですか？ 今，あなたはどちらですか？②あなた自身が健康で暮らすために，生活のなかで心がけていること，工夫していることはどのようなことですか？③あなたは生きがいを持っていますか？ あなたが喜びとか楽しみを感じるのはどのようなときですか？④あなたが住んでおられる地区で，健康上問題だと思うことがありますか？⑤あなたの地区で健康づくりを進めるために，どのような支援が必要と思いますか？ あなたはどのような活動やお手伝いができると思いますか？

このフォーカス・グループ・インタビューによって，B町住民が目指すQOLとして次の5つの項目が抽出された。①健康的な食生活を工夫し楽しむことができること，②運動をくらしの中に組み込むことができること，③自分の健康を自分で守ることができること，④支えあい，笑いの絶えないコミュニティがあること，⑤きれいな環境のなかでくらしができること。

これらの結果に基づいて，PRECEDE-PROCEEDモデル[8]を用いてB町

の保健，福祉活動の枠組みを作り，つぎに，それに基づいた「地域福祉計画」と「地域健康増進計画」に対する住民の想いやニーズを把握するための質問調査票を作成し，住民票より無作為抽出による732名の住民に対して調査を実施した。そして質問調査票の結果をB町，B域地域振興局，熊本大学，日赤熊本健康管理センターのスタッフによる共同作業で解析し，「地域福祉計画」と「地域健康増進計画」を策定する要点を住民グループワークのテーマとして整理した。

これを用いてさらに，住民をメンバーとする3回のグループワークを実施し，それぞれの計画策定に有用な具体的事項（提案）を抽出した。このようにして，策定された計画書の運用についても，行政と住民の協働で具体的な提案を行い，ともにできる活動プランを策定した。

このようなグループワークやアンケート調査から得られた健康なまちづくりに大切なポイントに対して，さらに住民メンバーが自分のくらしに根ざして，自由に，自分の想いや，それに関して実行したり工夫したりしていることを出し合い，それを校区ごとにまとめて，最終の策定作業に活かすこととした。この場合，不満や足りないことだけでなく，むしろ，地域の良いことや自慢できることをたくさん出してもらうほうが，より策定作業に活かすことができる。とくに，自分たちでできること，実現したらうれしいこと，やって楽しいことを具体的に出しあう。また，他の人の意見をできるだけ受け入れ，一つの結論を出すということよりも，みんなの意見を調整することで，それぞれの校区のまとめにするようにした。

(2) 結　果

フォーカス・グループ・インタビューの結果から，B町のQOL（めざすくらし）として次の5項目が挙げられた。①健康的な食生活を楽しむことができる，②運動をくらしの中に組み込むことができる，③自分の健康を自分で守ることができる，④支えあい，笑いの絶えないコミュニティがある，⑤きれいな環境のなかでくらしができる。

いっぽう，最初のグループワークにより，B町の地域福祉をすすめるために改善，向上すべき項目として次の5項目が挙げられた。①地域の人との

つながり，②地域の活動への参加，③日常生活の困りごと，④困りごとを解決するために一人ひとりにできること，⑤地域福祉について行政にできること．

その結果を受けた質問票調査から見えてきたB町福祉の現状は，つぎのとおりである．①近所付き合いの程度は，39歳以下の若い層が少ない，②約20％の人が，地域の人のつながりのなかで，「困ったことがある」としており，50％の人が「若い人と高齢者の交流がない」を挙げている，③約1/4の住民は，地域活動に参加していない，特に39歳以下は参加していない人が40％を超えている，④ほとんどの人は困ったときに「手助けしてくれる人」がおり，その相手は「家族，親戚」であるとした人が9割以上である，⑤高齢者に関する困りごととしては，介護，認知障害，自分自身の健康，家に留守の時の緊急事態が挙げられている，⑥住民の意見が行政に反映されているかどうかについては，3/4人がわからないと答えている，⑦「行政と住民の関係」については，約半数が「行政も住民も共に取り組む」と答えている．

現在のQOLについて，「満足」と答えた者は男性44％，女性55％，「不満足」は男性20％，女性10％で，女性の生活満足度は男性より高いことが認められた．また，年齢別に見ると，若い年齢層に「満足度」の比率が低い（図IV-9(a)，図IV-9(b)）．「親しい近所付き合い」がある者の生活満足度は「付き合いがない」より高い（図IV-10）．「積極的に地域活動に参加」がある者の生活満足度は「ある程度参加」と「全く参加しない」より高い（図IV-11）．「ボランティア活動に積極的に参加」がある者の生活満足度は「殆ど参加しない」より高い（図IV-12）．「行政・住民協働型」による住民の生活満足度の向上にプラス作用がある（図IV-13）．

このように，最初のフォーカス・グループ・インタビューで採用されためざすくらしの5つの柱「豊かな食生活」「運動を取り入れた生活」「自分の健康は自分で守る」「笑いの絶えないコミュニティ」「きれいな環境でのくらし」は，B町住民全体に，QOLを向上させるために最も大切なものと認識されていることが確かめられた．

これを受けた最終的なグループワークのテーマは以下のものであった．

238 第IV部 政策研究

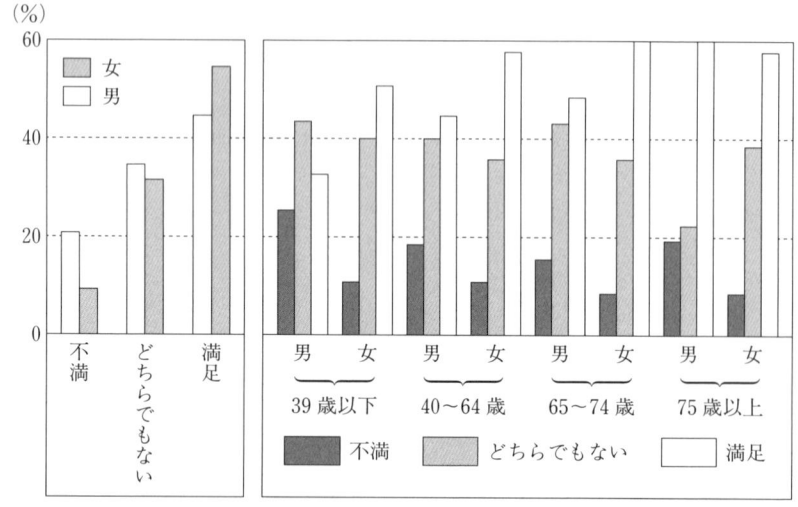

図IV-9(a) 現在の生活の満足度(QOL)(男女別割合)

図IV-9(b) 現在の生活の満足度(QOL)(年齢別割合)

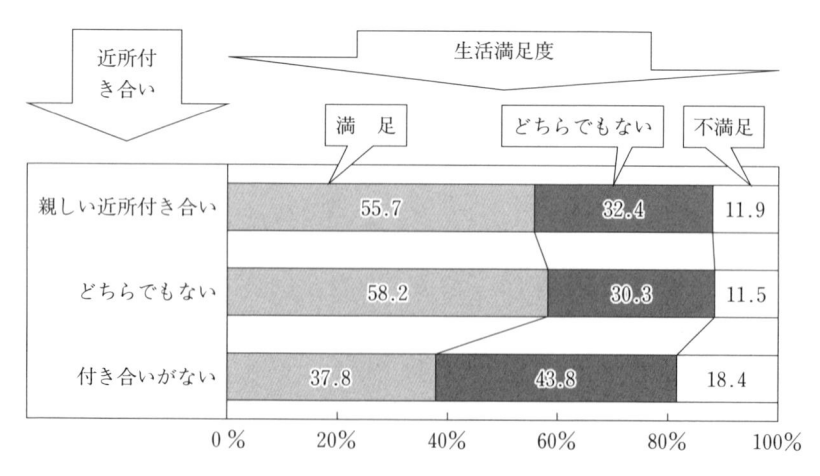

図IV-10 近所付き合いの違いによる生活の満足度(QOL)

第8章 ヘルスプロモーションによる地域づくり

地域活動への参加

生活満足度

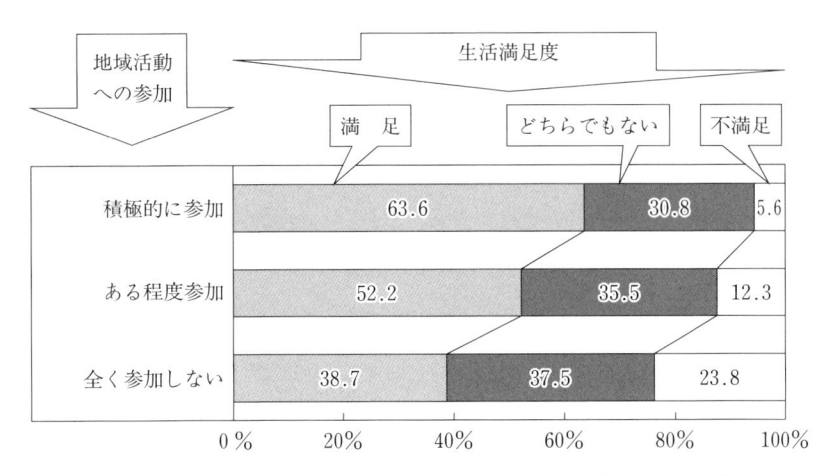

	満足	どちらでもない	不満足
積極的に参加	63.6	30.8	5.6
ある程度参加	52.2	35.5	12.3
全く参加しない	38.7	37.5	23.8

図IV-11 地域における活動への参加程度による生活の満足度（QOL）

ボランティア活動への参加

生活満足度

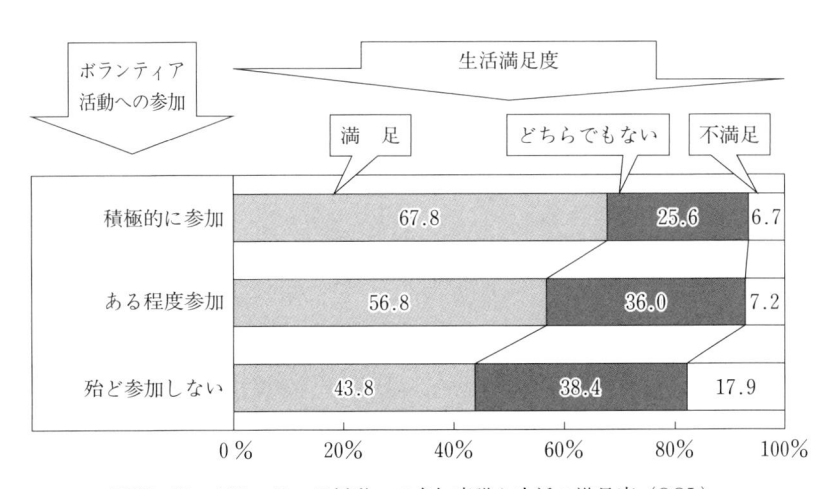

	満足	どちらでもない	不満足
積極的に参加	67.8	25.6	6.7
ある程度参加	56.8	36.0	7.2
殆ど参加しない	43.8	38.4	17.9

図IV-12 ボランティア活動への参加意識と生活の満足度（QOL）

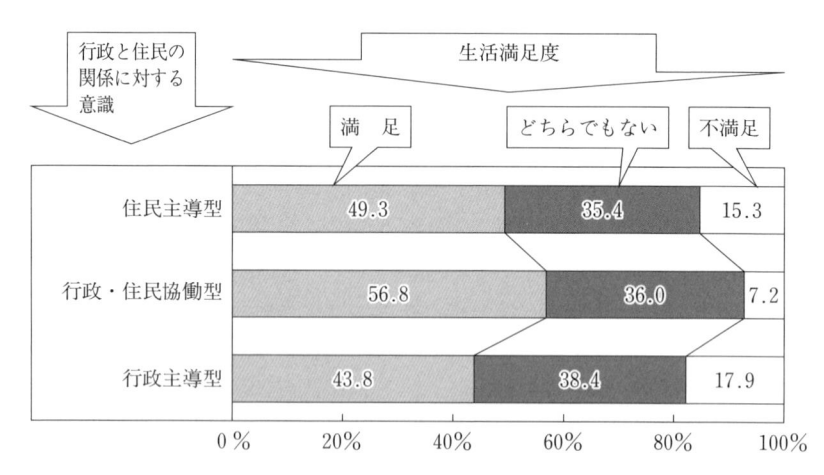

図Ⅳ-13 行政と住民の関係に対する意識と生活の満足度（QOL）

「地域福祉計画」に対しては，①高齢者が一人でいるときの緊急時の対策，②若年層が地域の活動やボランティア活動に参加するための対策，③男性が家事・子育てや介護に参加するための対策，④高齢者・子育て・障害者を支援するための地域での対策，⑤元気な高齢者を地域に活かすための対策。「地域健康増進計画」に対しては，①豊かな食生活を実現するために，②運動を取り入れた生活を実現するために，③自分の健康を自分で守るために，④支えあいのあるコミュニティをつくるために，⑤きれいな環境をつくるために。

　これらの結果をまとめ，著者らは，最終的にB町に対して次のような政策提言を上程した。「地域福祉計画」に対しては，①福祉推進員の機能と役割強化，②校区ごとのボランティア組織の構築，③地域通貨実施準備委員会の設置，④地元あるもの発見隊，いいもの発見隊の設置，⑤緊急時対策システムの整備。「地域健康増進計画」に対しては，①健康推進員の機能と役割強化，②効果的な定期健康診断の実施と事後措置のシステム改善，③子どもを交えた食・農懇話会の実施，④緑川を守り，活用するための委員会の設立，⑤新しい健康祭りの展開。

第8章　ヘルスプロモーションによる地域づくり　　　*241*

　これらの政策提言をうけ，B町では住民代表で構成される計画策定部会が組織され，それぞれの計画書が策定された。B町の「地域福祉計画」と「地域健康増進計画」の計画運用のポイントは，住民参加，住民の自己決定力の強化が前提になっているので，まず，住民，行政双方の意識の変容，活動を推進するための知識と技術の向上が必要条件である。これを効果的に進めるためには，その運営と評価を担う住民主体型のB町保健福祉総合計画推進会議を設置し，その組織の実行部会として活動会を設置することが効果的である。このような活動の核として，元気な高齢者の活用を図ってゆくことが現実的に効果的である。また，B町職員，住民の研修機会を積極的に保障していく体制が必要である。ここで出された政策提言を，それぞれいかに事業化していけるかが，実効的にB町に貢献できるポイントになると思われる。そのためには，地域にある資源（特産物など）と住民（高齢者）の生きがいをうまくつなぐことのできる事業化を志向しなければならない。つまり，住民一人ひとりの生きがいと役割の自覚を重視することである。

(3) 事業の成果とこれからの展開

　本事業は，質的研究技術と量的研究技術を組み合わせ，住民参加型の健康施策作りを進めるヘルスプロモーションによる健康な地域づくりのひとつのプロセスモデルとして展開された。本事業の成果としては，ヘルスプロモーションを基盤としたB町，熊本大学，B域振興局（B保健所），日赤熊本健康管理センター，熊本県の共同事業の体制が整備され，新しい地域活動のモデルが構築されつつあることと，B町の健康，福祉関連部局を中心にした役場各部署の共同事業の体制が整備されたことであった。また，B町健康・福祉関連スタッフが地域活動に関する新しい社会科学的技術を取り入れることができ，住民参加型の地域行政・住民活動の推進に新しい展望が得られた。特に，フォーカス・グループ・インタビュー，ワークショップ，グループワーク等の新しい社会科学の技術を活用することにより，B町住民との緊密なふれあいが可能となり，B町の地元定住の意識とそのためのニーズを生活者の目線で把握することができた。またB町のまちづくりにとって有効な様々な地域資源（人的，社会経済的，文化的）が抽出された。熊本大学において

も，最終的に上に述べたような政策提言をB町にすることができ，この研究をとおして学際的な地域づくりに関する住民参加型，地域志向型の研究，実践活動のモデルを試みることができた。

4．事例C：健康をキーワードとした国際的な地域づくり活動

(1) ヘルスプロモーションに基づいたグローバルパートナーシップの構築

　中国沿海部では，急速な経済成長と共に，効率的な社会医療・保健・福祉制度の整備が必要となっている。それぞれの地域において，住民の全てが，あらゆる生活場面において，平等に健康を享受できるような地域社会を創造することは，多様な社会体制における地域づくりの共通の目的である。そのためには，住民が自らの健康を自らで守るということが必要であり，健康に関するライフスタイルの改善に関する自己決定能力の向上と，その改善のテクニックの獲得，すなわち，ヘルスプロモーションのあり方やプロセスに関わる知識と技術が必要となる。グローバリゼーションの視点から，これらの知識と技術を用いて，国境を超えて，中国の住民の健康づくり事業を支援するためには，日本と中国の住民，行政，保健，医療，福祉，教育機関等の多分野のネットワークを構築することが効果的な手法ではないかと思われる。熊本大学の研究者と現地関係者が共に，QOL，ヘルスプロモーションなどについて学び合いながら，互いの健康な地域づくりに必要な知識・技術等の情報を交換して，新たな国際的地域づくりのモデルを構築することを試みている。

　ヘルスプロモーションが具体的な健康な地域づくりに取り入れられていない地域に対して，日本で進められている住民を主体とした地域づくりの経験を提供するためには，両国民の間の健康な地域づくりネットワークが必要である。このような事業は，政府開発援助（ODA）と異なり，ヘルスプロモーション活動を通じ，健康と平和をキーワードに両国民の間の相互理解を促進することに資するとともに，日中の友好にさらなる貢献ができると思われる。

(2) パートナーシップ・ネットワーク構築のポイント
① 信頼関係の形成

文化，生活習慣，社会制度の違いにより，健康やQOLに対する理解と捉え方は様々である。日本人の健康観あるいはQOLの持ち方に合わせてプログラムを作ることは，必ずしも中国で通用するとは限らない。現地の社会状況と住民の意識に十分配慮したプログラムであることが望ましい。重要なポイントとして，①従来の一方向性の健康教育方法を，双方向に変えること，②現地の状況に相応しい事業計画の作成と確実な実践活動を行うこと，③物を送るよりも知識と知恵を提供すること，④共に楽しみながら事業を進めること，つまり，最も有効な支援の方法は，前から引っぱっていくことではなく，後ろから押し付けることでもなく，傍に立って手を繋いで共に前に歩くことである。このようなパートナーシップ・ネットワークによって，一緒に考え，互いに協働しながら，信頼され，発展していくことができる。

② 地域に根ざしたヘルスプロモーション人材の育成

地域のヘルスプロモーションの活動を推進する人材育成は，その地域におけるヘルスプロモーション活動が，継続かつ有効に展開できるかどうかにとって最も重要なことである。特に，中国のような地域の保健専門スタッフの配置が不十分な発展途上国では，地域住民にヘルスプロモーション活動を推進するためのボランティア（以下，健康推進ボランティアと省略）がその役割を担うことは，効果や経済的な面において優れた点が多い。中国では，社会と経済の構造システムの改革によって，40歳で仕事を再配置されるあるいはリストラされる中年層の技術者や労働者がたくさんいる。これらの人たちは，時間的余裕があり，社会経験があり，労働技術も様々（医者，教員，技術者，労働者）である。このような住民集団は，健康推進ボランティアチームの構成メンバーとして貴重な人材資源となる。著者らは，中国上海市L町でこのような住民に対して健康推進ボランティア活動を呼びかけた。当初，50人の応募者を想定したが，最終的に約200人の希望者があった。人材育成の効率を図るため，健康推進ボランティア活動に参加する希望者から学歴，職歴などを選考条件として30名のボランティアリーダーを選び，図Ⅳ-14に示す人材育成ネットワークを形成した。このネットワークの特徴

```
┌─────────────────────────────────────────────────┐
│  上海復旦大学      徐匯区地域                    │
│  上海体育学院 ←→   疾病予防      ←→  熊本大学    │
│                  コントロールセンター           │
│                                                 │
│                    ↓                            │
│                  L 町                           │
└─────────────────────────────────────────────────┘
              ↑↓
        健康推進ボランティア
              ↑↓
┌─────────────────────────────────────────────────┐
│   住民クラブ          住民ブロック              │
│   企業                学校                      │
└─────────────────────────────────────────────────┘
```

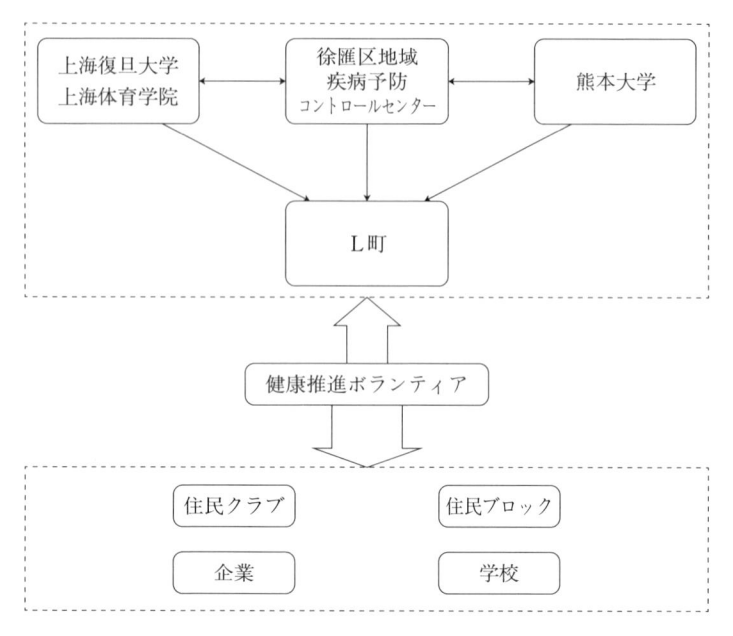

図IV-14 地域におけるヘルスプロモーション人材育成ネットワーク

は，熊本大学，地元の上海復旦大学，上海体育学院，L町の所在区の疾病予防コントロールセンターが，ヘルスプロモーション知識と技術を提供し，その支援隊として町の行政関係スタッフと緊密な連携を取りながら，人材育成プロジェクトを進めていることである。ボランティアリーダーらは，地域におけるヘルスプロモーション活動を広げていくパートナーシップ・ネットワークの中心として位置づけられ，熊本大学及び地元の大学と研究機関の参加者と直接接触して，ヘルスプロモーションの知識と技術を習得し，さらに地域における大勢のボランティアに伝達することで普及を進める役割を果たしている。このような住民ボランティアを中心とした地域ヘルスプロモーション活動を継続的に展開するためには，2つのポイントがある。第1に，ヘルスプロモーション能力形成によってボランティア活動に参加する人々自身の健康状態，生活観（ライフスタイル），QOLが変化，向上され，個人的メリットがなければならない。第2に，学んだヘルスプロモーション知識と

技術は，人生の第2の職としてやり甲斐があり，それにより実践と活躍のできる環境を創造するものでなければならない。

(3) 健康推進ボランティア活動の拡大

このように，1人のボランティアリーダーが，さらに地域において数人のボランティアとチームを作って，地域における健康推進ボランティアネットワークが形成され，地域の一つの大きな健康づくり人材資源として成長していくと思われる。ボランティア活動の拡大は，地域におけるヘルスプロモーション活動を継続させる人的資源の拡大につながる。健康推進ボランティア活動には，一つの町，あるいは，ある地域にとどまるのではなく，地域（国境）を超えてグローバルな視野に基づく地域間あるいは国際的な協力が求められる。これまでに，熊本大学と地元中国上海市の大学，研究機関，行政，市民との3年間の共同研究で，健康をテーマとして上海市L町における住民健康推進ボランティアリーダー育成とその活動を普及するための日中国際ネットワーク拠点を形成することができた。平成18（2006）年から，図IV-15に示すネットワークをさらに中国の貧困地域，またはアジアの他の国に広げたいと考えている。

　70年代に始まった改革開放政策は，国民の生活レベルの改善に大きな成果をあげた。だが，13億人の生活をどう保障するか，特に，農村と都市の所得格差をどう縮めるかが問題である。都市部と農民の所得格差が拡大し続けるなか，都市部と農村地域の医療，保健，福祉サービス条件においても大きな格差が生まれている。医療保険制度の貧弱な地域においては，経済成長の波に乗って貧困を脱した住民が，病気のため再び貧困に戻ってしまうという例は稀ではない。適切な医療・保健・福祉サービスを提供し，社会の安定をどう維持するのかは中国にとって深刻な課題である。都市部と農村地域における医療サービスの不平等の原因は，国の社会医療サービスシステムの問題のほか，農民の健康意識や健康観による原因も無視することはできない。著者らは現地調査時に，生々しい事例に接した。ある少数民族の妊婦が，妊娠中の検査で難産の恐れがあるため，医者に病院での分娩を勧められた。病院での分娩には，入院費用が500元（約8,000円）かかり，母子保健医療補

第IV部　政策研究

```
         ┌─上海市L町健康推進ボランティア─┐
    ┌────┤                              ├────┐
 上海市   │      交         流          │  熊本市
    │    │                              │    │
    │    ├──→桂林市周辺少数民族貧困地域←──┤    │
    │    │                              │    │
 熊本大学 │      支         援          │  桂林市
    └────┤                              ├────┘
         └─桂林市民健康推進ボランティア─┘
```

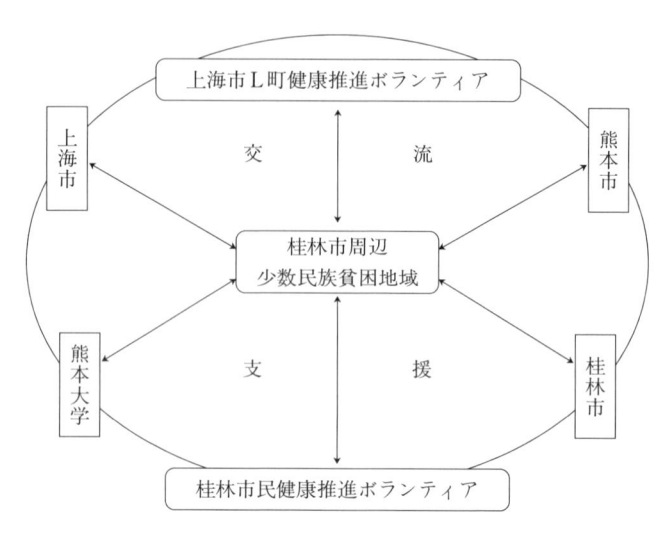

図IV-15　地域における健康の格差をなくすモデル（都市包囲農村モデル）

助制度が半分を負担する。残り250元は自分で負担する。またこの村では，昔からの伝統で出産は自宅でおばあさんの手伝いによって行われていたようである。1人当たり年収2,000元という経済的理由と伝統的習慣により，この妊婦は病院に行かずに自宅で分娩を行い，難産で命を落とすという悲惨な結果になった。夫は，子どもの誕生の祝いのために2,000元を用意したが，妻の死に，自分の過ちを責めとがめながら泣き続けた。現地の保健スタッフは，伝統的生活習慣と健康観の遅滞が，貧困地域における妊産婦と新生児の高い死亡率の最も重要な原因であると語った。中国における都市部と農村地域の健康サービスの格差をなくすために，中国政府による国家プロジェクトと国際的支援の展開とともに不可欠なのは，農村地域の人々の健康意識の向上と従来の不健康な生活習慣の改善である。施策（戦略）としては，都市部住民と農村地域住民の交流と支援活動の普及である。図IV-15に示す都市農村交流型のアプローチで，新しい健康観と健康な生活習慣の導入，すなわちヘルスプロモーションを農村地域に浸透することは，農村医療サービスシステムの改善と同じ意義を持っている。最終目標は，健康づくりにより貧困

を改善する方法を探って，実践することである。

(4) パートナーシップ・ネットワークの構築の取り組み
① 「東アジアヘルスプロモーション研究会」の発足

熊本大学とL町は，「東アジアヘルスプロモーション研究会」を設立し，日本，中国，アジアの国々の研究者，ボランティア，地域住民が集まって，互いの地域に関わる健康問題や健康な地域づくりの経験を交流し，学びながら知恵と資源を共有する交流の場と輪を形成することを目指している。これまで次のような取り組みを展開してきた。

○第1回会議　上海市L町地域社会福祉センター，平成15（2003）年2月8〜12日
　メインテーマ：健康なまちづくりにおけるヘルスプロモーション理念と技術の進め方
○第2回会議　熊本市，平成16（2004）年9月14〜19日
　メインテーマ：熊本県の市町村における健康なまちづくり事業（健康日本21）視察と地域交流
○第3回会議　上海市L町地域社会福祉センター，平成17（2005）年10月28〜30日
　メインテーマ：①平和とヘルスプロモーション，②グラウンド・ゴルフによる日中民間交流
○第4回会議　熊本県天草市，平成18（2006）年10月5〜7日（予定）
　メインテーマ：生活・環境に根ざしたヘルスプロモーション（日本，中国，韓国，ベトナム，台湾などの国と地域の参加者による会議）

② ワークショップ，グループワークの開催

上海市における健康都市づくりプロジェクトの一環となるL町の健康地域づくり事業では，ワークショップ，グループワークのような住民参加の社会科学技術を紹介して，住民健康推進ボランティアに対するヘルスプロモーションの知識と技術取得を支援し，住民参加型のまちづくりのあり方を研究している。熊本大学，復旦大学，疾病予防コントロールセンター，町の関係

スタッフと，特にこの事業に理解のある日本または中国の様々の職域からの参加者を迎えて相互に学び，交流と各個人が持っている技能を活かして，L町の健康なまちづくり事業を支援する活動を実施した。

③　ネット上の交流

東アジアヘルスプロモーション研究会の活動と様々なまちづくりおよび健康に関する情報をインターネット（http://seisaku.link.kumamoto-u.ac.jp/wei/index.htm）上に発信し，相互の交流を促進する。またL町における住民参加型ヘルスプロモーション活動の内容を世界に発信し，多くの人々の意見と情報の収集による交流の輪を広げていくことにしている。

④　民間交流イベントの開催

両国民の間の理解と交流を深めるためには，互いの文化，伝統，特に，流行しているスポーツ，料理などのような言葉の壁を超えて笑顔で心の交流ができる事柄が効果的である。著者らは，日本の高齢者に人気があるグラウンド・ゴルフをL町の高齢者に紹介することや，L町の高齢者が日本の人に中国の家庭料理の作りかたを教えることによる交流を行った。日中友好グラウンド・ゴルフ大会と健康のための中華料理交流会を，それぞれ2回開催し，企画当初の予想より大きな交流機会となった。

今後，日本グラウンド・ゴルフ協会と熊本県グラウンド・ゴルフ協会の協力を得て中国に日本発のグラウンド・ゴルフ運動の普及を図り，日中間の交流を深めていくことを計画している。平成16（2004）年12月25日に，第1回日中友好グラウンド・ゴルフ大会を上海市にて開催した。第2回大会は，平成17（2005）年10月29日に上海市にて開催した。また，上海市民に日本全国グラウンド・ゴルフ大会に参加する機会を提供することを考えている。さらに上海市市民体育協会の協力で，日中友好グラウンド・ゴルフ大会などの活動を行うことによって，5年間で上海市に新たに10万人のグラウンド・ゴルフ会員組織をつくるという企画を作成している。このことによって，日中両国における友好交流とともに，両国の旅行産業の振興にも期待している。また，グラウンド・ゴルフ用品の現地生産により，町おこし的な経済活動を実現することが期待されている。

(5) 地域づくりにおけるグローバルパートナーシップに期待される成果

　このような異文化，多局面の地域ネットワークづくり事業による新しい国際保健活動の目的は，ヘルスプロモーションの理念と技術を用いて，グローバルな地域づくりネットワークの拠点を形成し，様々な地域の住民と行政に対して住民参加型まちづくりの技術，持続可能なまちづくりのあり方を提供し，支援しながら，ネットワークの拡大と充実を目指すことである。

　また，このような事業を通して，現地の住民による参加型ヘルスプロモーションモデルの構築と，地域における健康支援システムの構築を目標としている。質的調査と量的調査法を用いて，社会診断，疫学診断，行動・環境診断，教育・組織診断，行政・政策診断を行い，住民の生活習慣の様態，健康状況，疾病構造，高齢化に伴う要介護の状況などのデータを正確かつ科学的に解明する。地域における健康の阻害因子を抽出し，生活習慣の改善と病気の発症リスクの軽減について提案する。また，行政に健康施策案を提言する。これらの活動は住民自身の健康管理能力（健康状態を理解し，考え，行動する力）の向上に繋がるものと考えられる。特に，現地の住民と政府が，自立した永続的なヘルスプロモーション活動を行うことができるように，また，現地の社会状況に相応しい総合的な健康地域づくりプログラムを作成できるように技術協力を行い，最終的に住民のQOLの向上を目指す。このようなネットワークの形成により，住民・行政・医療保健サービス機関が連携することで，次のような成果が期待できると考えている。

　① 中国における健康づくり人材の育成

　グループワーク，ワークショップなど，参加型の教授方法で，行政職員と地域住民健康推進ボランティアにヘルスプロモーション技術（フォーカス・グループ・インタビュー，アンケート調査，データの解析方法等）を取得させる。さらに，これらの技術を教授されたリーダーの活躍により，地域住民クラブ，全地域住民へとヘルスプロモーション活動を広げていく。地域づくりのための地域に根ざした人材の育成と確保の基礎づくりである。

　② 住民ニーズ，地域社会資源，疾病の構造，生活習慣の様態の把握

　健康ニーズは，社会制度，経済状況，医療保健施設によって大きく規定され，全ての地域に共通の普遍的ニーズを想定することはできない。それぞれ

の地域固有のニーズを把握することがヘルスプロモーション事業の方法と戦略を決める最初のステップである。現地の行政と医療保健サービス機関の協力を得て社会調査を行う。また，行政および医療保健機関で収集したデータの解析方法，健康施策の作成提案，医療・保健・福祉連携システムの構築などに関する技術の提供を行う。

③　住民体質フォローアップと体力アップ活動の普及

住民の基礎体力データを把握して，地域住民の体力データベースを完成する。また，体力測定フォローアップシステムと体力アップ施策の展開を支援する。

④　現地スタッフによる自主的な地域保健プログラムの作成と実践

地域健康サービスネットワーク関係者による地域住民を主体とした健康なまちづくり企画の構築と実践活動を行う。まず，地域健康増進プログラムのような取り組みから，PRECEDE-PROCEED モデルの企画—実行—評価という一連の段階を踏まえ，PRECEDE における優先項目の確認と目的設定と，PROCEED における政策，実行，評価のための目的と基準の設計をネットワークの全関係者により実践する。

⑤　日中友好の民間交流の柱に

平成16（2004）年，L町にて開催したL町住民と日本人の懇話会において，L町のこの事業に参加している住民ボランティアから口々に感謝の言葉が述べられた。親類を日本軍に殺害されたというある女性は，「熊本大学のこのヘルスプロモーション運動に参加するまでは，日本に対しては非常に悪いイメージしか持っていなかったが，今は日本に対する考えが変わった。むしろ感謝しているし，今後も指導していただきたい。日本ではこんなにすばらしい研究が行われており，それを中国人の私たちに熱心に教えていただいている。我々は，熊本大学を決して忘れることはない。もっと中国と日本は仲良くならなければならない」と話した。町の住民は，熊本大学グループメンバーを「平和の使者」と名づけた。

平成17（2005）年4月，福岡県に強い地震があった直後，L町住民から沢山の見舞いメールが届いた。特に，同年4月中旬に起こった反日デモの時には，ヘルスプロモーション活動に参加している住民から「日中関係がいくら

悪くなっても我々と熊本大学の先生たちとの友情は変わらない」とのメールが届いた。この2年間の現地住民と行ってきたヘルスプロモーション活動は，日本で得られた研究成果を国際的に広げるという実践活動ができたほか，健康の理念を通じ，両国民の相互理解を促してきた。平成16（2004）年3月，日本からの研究者達は，困難であった住民健康志向に関する質問表調査を実施した。L町行政は，調査の結果が町の新しい健康増進政策づくりに重要な参考資料となるとして期待している。

⑥ 外国で得られたまちづくり経験を日本にフィードバックする

地域における住民参加型ヘルスプロモーション事業のあり方については，世界の各国においても未だ検証されていない課題が多く存在している。しかし，欧米で開発された PRECEDE-PROCEED モデルが日本における健康地域づくり事業に効果的に機能している。この日本で得られた経験と成果を用いて，中国における地域住民ヘルスプロモーション事業を支援していくためには，一般の資金援助や単純な健康教育支援とは異なり，新たな支援モデルの開発と実践が必要である。また，これらの理論と技術が，東アジアで普遍的に機能するシステムであるかどうかを検証することも必要である。このような地域住民の健康管理や QOL の向上を基盤とした新たな日中友好交流事業を通して，両国民の交流活動が一層広がることが期待される。さらに，中国上海市L地域でのヘルスプロモーションモデルを日本での「健康地域づくり」にフィードバックすることができる。将来，中国の地域住民，行政機関，教育と研究機関，保健・医療・福祉サービス機関と連携し，日中間の研究ネットワークを構築することで，国際医療保健支援事業の新たな国際協力モデルの一つになると考えられる。上海市は，中国のヘルスプロモーション技術人材育成の中心的役割を果たすことになり，地域住民と政府が自立した永続的なヘルスプロモーション活動を行い，自主的に地域社会の状況に相応しい総合的な健康地域づくりプログラムを作ることが可能になる。

⑦ 熊本大学の国際競争力の向上

日本の大学スタッフの知識・技術を中国において応用・完成することにより，熊本大学の国際社会における評価を高め，国際貢献に寄与することにもなると考える。

参考文献

1) WHO QOL Group, Qual. Life. Res., 1993, 3, 153-159.
2) Michael, M. J. and Foege, W. H., *Actual causes of death in the United States*, JAMA, 1990, 270, 2207-12.
3) Belloc, N. B. and Breslow, L., *Relationship of physical health status and health practices*. Preventive Medicine, 1972, 3, 409-21.
4) Raphael, D., Rukholm, E., Brown, I., Hill-Bailey, P., Donato, E. *Quality of Life resources adolescent series, item # 6-1*, Toronto Center for Health Promotion of University, Toronto, 1996.
5) Renwick, R., Brown, I. and Nagler, M., *Quality of Life in Health Promotion and Rehabilitation*, 1996.
6) Walker, S. N., Sechrist, K. R., Pender, N. J., *The health promotion life-style profile : Development and psychometric characteristics*, Nursing Reseach, 1987, 36, 76-81.
7) 魏長年・米満弘之・原田幸一・宮北隆志・大森昭子・宮林達也・上田厚「日本語版健康増進ライフスタイルプロフィール」日本衛生学雑誌, 2000, 54, 597-06.
8) Ottawa Charter for Health Promotion, 1986.
9) 加藤敏春『あたたかいお金「エコマネー」』日本教文社, 2001.
10) Green, L. W. and Kreuter, M. W., *Health Promotion Planning : An educational and environmental approach, 2nd ed*, Mayfield Publishing Company, 1991.（『実践ヘルスプロモーション PRECEDE-PROCEED モデルによる企画と評価』, 神馬征峰訳, 医学書院, 2005.）

平成17年度　熊本大学政策創造研究センター
プロジェクト研究一覧

持続可能な地域社会の形成に関する分野　　（所属・役職などはプロジェクト当時のもの）

○山間地の集落機能維持システム構築のための政策研究
　概要：熊本県芦北町の山間地を主たるフィールドとした研究成果を踏まえ，わが国の急速な社会経済構造，人口構造の変化に伴う条件不利地域の再構築に向けた小さな産業づくりの政策提言を行う。
　研究者：山中　進教授（代表，大学院社会文化科学研究科）
　　　　　上野眞也助教授（政策創造研究センター）
　　　　　柿本竜治助教授（政策創造研究センター）
　　　　　鈴木康夫（政策研究員・九州東海大学工学部教授）
　　　　　田村真一（市民研究員・熊本県政策調整課主幹）
　　　　　本田佳奈（市民研究員・九州大学大学院博士課程）

○地域資源としての五高記念館の活用整備研究
　概要：五高記念館を，本学の教育・研究・情報発信，学生活動，地域交流の拠点，及び熊本市における歴史的な博物館機能を果たす施設として利活用するための可能性を調査・研究し，その整備手法について政策提言を行う。
　研究者：伊藤重剛教授（代表，工学部環境システム工学科）
　　　　　平山忠一理事・副学長
　　　　　小野友道理事・副学長（政策創造研究センター長）
　　　　　北野　隆教授（工学部環境システム工学科）
　　　　　岩岡中正教授（法学部）
　　　　　西川盛雄教授（教育学部）
　　　　　安田宗生教授（文学部）
　　　　　平岡義裕助教授（生涯学習教育研究センター）
　　　　　上野眞也助教授（政策創造研究センター）
　　　　　柿本竜治助教授（政策創造研究センター）
　　　　　魏　長年助教授（政策創造研究センター）
　　　　　畑中　寛コーディネーター（政策創造研究センター）
　　　　　藤本秀子研究員（政策創造研究センター）
　　　　　西嶋公一（政策研究員・オフィス・ムジカ代表）

公平で，効率的な社会資本の整備にかかる分野

○土木遺産を核とした野外博物館化による街づくりに関する研究

概要：美里町をフィールドに，文化財としての歴史的建築物や土木遺産，準文化財的な構造物や文化的な景観地等を調査・評価し，これらを野外展示物とした，歴史と自然が共生する文化ある街づくりを提案する。

研究者：山尾敏孝教授（代表，工学部環境システム工学科）
　　　　柿本竜治助教授（政策創造研究センター）
　　　　伊東龍一助教授（工学部環境システム工学科）
　　　　三澤　純助教授（文学部）
　　　　水上　仁（政策研究員・美里町社会教育委員会）

○白川・緑川流域圏における洪水危機管理システムの構築

概要：超過洪水に対する現行施策の問題点・課題を整理し，洪水ハザードマップの利用実態調査，住民アンケート・ワークショップを踏まえ，白川・緑川流域圏における住民に分かりやすく信頼性の高い洪水危機管理システムの政策提言を行う。

研究者：大本照憲教授（代表，工学部環境システム工学科）
　　　　松田泰治教授（工学部環境システム工学科）
　　　　山中　進教授（大学院社会文化科学研究科）
　　　　山田文彦助教授（大学院自然科学研究科）
　　　　柿本竜治助教授（政策創造研究センター）
　　　　岡　裕二（政策研究員・NPO九州流域連携会議理事）

安心で，安全な地域社会の形成にかかる分野

○公的病院，消防署の最適配置について

概要：天草の公的病院，消防署をフィールドに調査研究し，財政的効率化を図りながら，住民にとって効率的で安心な医療施設と救急サービス提供の最適なあり方や経営改善の方法を提案する。

研究者：倉津純一教授（代表，医学部附属病院長）
　　　　木川和彦教授（医学部附属病院副院長）
　　　　木下順弘教授（大学院医学薬学研究部）
　　　　上野眞也助教授（政策創造研究センター）
　　　　柿本竜治助教授（政策創造研究センター）
　　　　魏　長年助教授（政策創造研究センター）
　　　　畑中　寛コーディネーター（政策創造研究センター）

○有明海・八代海の生物棲息環境の評価・保全・再生
　概要：生物相の把握という最もオーソドックスな手法を軸に，生物多様性保全のための生物棲息環境の評価を行い，ハマグリをモデルに資源管理の確立とブランド化を目指す。また，事業者や地域住民との話し合いを通して合意形成を行い，環境に調和した防災や事業開発を行うための技術手法を確立する。
　研究者：内野明徳教授（代表，理学部理学科）
　　　　　逸見泰久教授（沿岸環境科学教育センター）
　　　　　柿本竜治助教授（政策創造研究センター）
　　　　　福田　靖（政策研究員・九州ルーテル学院大学人文学部教授）
　　　　　上村　彰（政策研究員・熊本県自然保護課課長補佐）

課題研究
○政令指定都市・道州制に関する研究
　概要：熊本都市圏の将来にかかる熊本市の政令指定都市の問題，および大都市制度と道州制の議論をにらんだ九州にふさわしい道州制度のあり方と熊本県の役割などについて，多方面から考察・分析を加え，熊本県，熊本市，熊本県民への政策提言としてまとめる。
　研究者：上野眞也助教授（代表，政策創造研究センター）
　　　　　伊藤洋典教授（法学部）
　　　　　岩岡中正教授（法学部）
　　　　　柿本竜治助教授（政策創造研究センター）
　　　　　中川義朗教授（大学院法曹養成研究科）
　　　　　畑中　寛コーディネーター（政策創造研究センター）
　　　　　平岡義裕助教授（生涯学習教育研究センター）
　　　　　山下　勉教授（法学部）
　　　　　石和田二郎（熊本県総合政策局企画課長）
　　　　　今長岳志（熊本市企画財政局長）
　　　　　岩永祥三（財団法人地域流通経済研究所専務理事）
　　　　　白石義晴（熊本市企画財政局広域行政推進課課長補佐）
　　　　　豊永信博（熊本市企画財政局広域行政推進課長）
　　　　　村山栄一（熊本市企画財政局総括審議員）
　　　　　山本國雄（熊本県総合政策局企画課課長補佐）

市民参加による「サイエンスショップ型研究」

○坪井川と中心市街地活性化

　概要：熊本城の内堀として，食料物産等の物流ルートとして重要な役割を果たしてきた「坪井川」は，現在その役割を失ってはいるが，「築城400年と熊本ルネッサンス」県民運動の一環で精霊流し，長塀前河川敷でのお茶会，スケッチ大会などのイベントが行われている。本研究は，「坪井川」を歴史的，科学的に捉え直し，中心市街地の活性化に向けた新たな政策提言を行う。

　市民メンバー：西嶋公一（代表，オフィス・ムジカ代表）
　　　　　　　　平野有益（熊本日日新聞社編集委員・論説委員）
　　　　　　　　反後人美（ナチュラル&ハーモニックピュアリ代表）
　　　　　　　　小森田伊都（伝統文化コーディネーター）
　　　　　　　　松尾亮爾（熊本県労働雇用課主任主事）
　　　　　　　　古谷博史（株式会社地域総研主任研究員）
　　　　　　　　長嶺友子（法学部2年）
　学識メンバー：両角光男教授（工学部環境システム工学科）
　　　　　　　　小林一郎教授（工学部環境システム工学科）
　　　　　　　　大本照憲教授（工学部環境システム工学科）
　　　　　　　　冨士川一裕特任教授（工学部まちなか工房）
　　　　　　　　上野眞也助教授（政策創造研究センター）
　　　　　　　　柿本竜治助教授（政策創造研究センター）
　　　　　　　　畑中　寛コーディネーター（政策創造研究センター）

執筆者紹介（執筆順）

小野　友道　熊本大学理事・副学長
平山　忠一　熊本大学理事・副学長
岩岡　中正　熊本大学法学部教授（政治思想史）
田川　憲生　熊本日日新聞社常務取締役
上野　眞也　熊本大学政策創造研究センター助教授（政治学）
中川　義朗　熊本大学大学院法曹養成研究科教授（行政法）
柿本　竜治　熊本大学政策創造研究センター助教授（土木計画学）
魏　長年　熊本大学政策創造研究センター助教授（社会医学）
上田　厚　熊本大学大学院医学薬学研究部教授（環境保健医学）

地域公共圏の構想II
大学と地域形成
——大学政策シンクタンクの挑戦——

2006年6月10日初版発行

編著者　小野　友道
　　　　上野　眞也

発行者　谷　隆一郎

発行所　（財）九州大学出版会
　〒812-0053　福岡市東区箱崎7-1-146
　　　　　　　　　　九州大学構内
　電話　092-641-0515（直通）
　振替　01710-6-3677
印刷／九州電算㈱・大同印刷㈱　製本／篠原製本㈱

© 2006 Printed in Japan　　ISBN4-87378-914-1

地域公共圏の構想 I
山間地域の崩壊と存続

山中　進・上野眞也 編著　　A5判・250頁・3,150円（税込）

いま，山間地の多くの集落が消滅の危機にある。本書は，暮らしの支えをなくした人々が村を去り，ついには住民が居なくなろうとしている山村の実態を明らかにし，持続可能な地域社会をどう形成していくかを，実証的なアプローチにより論じた地域政策研究の書である。

〈主要目次〉

まえがき……………………………………………山中　進・上野眞也

第Ⅰ部　山間地域の危機
第1章　産業構造の変動と地域産業の消失 ……………………山中　進
第2章　家族構成の変化と高齢化世帯の課題 …………………山中　進
第3章　農業集落消失の危機と存続の条件 ……………………上野眞也
第4章　持続可能な地域をつくる政策 …………………………上野眞也
　　　　——ソーシャルキャピタルの視点から——

第Ⅱ部　潜在的な地域資源
第5章　地域資源としての農林産物 ……………………………山中　進
　　　　——熊本県と葦北郡を事例に——
第6章　地名の記憶——球磨川地域の資源と林産業……………本田佳奈

第Ⅲ部　持続可能な地域づくりへの挑戦
第7章　行政と大学の新しい協働 ………………………………田村真一
　　　　——水俣・芦北地域振興を事例として——
第8章　共同性の再構築——周縁からの価値転換………………岩岡中正

九州大学出版会